老旧城区绿色重构价值评定

李 勤 段品生 杜海军 著

北 京

冶 金 工 业 出 版 社

2020

内容提要

本书系统阐述了老旧城区绿色重构价值评定的基本原理和方法。全书分为 2 篇，共 8 章，在深入梳理老旧城区绿色重构价值评定内涵、理论、指标及方法的基础上，进行了绿色重构价值评定理论基础的研究，并分别从老旧厂区、老旧住区、老旧街区、综合城区四种类型进行了绿色重构价值评定理论应用的研究，以不同角度结合工程案例对研究成果进行了实践应用。

本书可供建筑师、建造师、规划师及相关工程技术人员阅读，也可供高等院校城乡规划、建筑学、工程管理、工程造价等专业的师生参考。

图书在版编目（CIP）数据

老旧城区绿色重构价值评定／李勤，段品生，杜海军著．——北京：冶金工业出版社，2020.8
ISBN 978-7-5024-8524-5

Ⅰ．①老… Ⅱ．①李… ②段… ③杜… Ⅲ．①旧城改造—研究—中国 Ⅳ．① F299.23

中国版本图书馆 CIP 数据核字（2020）第 101392 号

出 版 人　陈玉千
地　　　址　北京市东城区嵩祝院北巷 39 号　邮编　100009　电话　（010）64027926
网　　　址　www.cnmip.com.cn　电子信箱　yjcbs@cnmip.com.cn
责任编辑　杨　敏　美术编辑　吕欣童　版式设计　彭子赫
责任校对　卿文春　责任印制　李玉山
ISBN 978-7-5024-8524-5
冶金工业出版社出版发行；各地新华书店经销；三河市双峰印刷装订有限公司印刷
2020 年 8 月第 1 版，2020 年 8 月第 1 次印刷
787mm×1092mm 1/16；12.25 印张；294 千字；182 页
73.00 元
冶金工业出版社　投稿电话　（010）64027932　投稿信箱　tougao@cnmip.com.cn
冶金工业出版社营销中心　电话　（010）64044283　传真　（010）64027893
冶金工业出版社天猫旗舰店　yjgycbs.tmall.com
（本书如有印装质量问题，本社营销中心负责退换）

《老旧城区绿色重构价值评定》
编写（调研）组

组　长：李　勤

副组长：段品生　　杜海军

成　员：耿博强　　樊崇科　　强波海　　段品生　　程　伟

　　　　熊　雄　　于光玉　　王立杰　　龚建飞　　郭晓楠

　　　　王　蓓　　郁小茜　　尹志洲　　田伟东　　崔　凯

　　　　周　帆　　邱　巍　　陈　旭　　武　乾　　孟　海

　　　　李慧民　　田　卫　　张　扬　　贾丽欣　　裴兴旺

　　　　李文龙　　胡　昕　　张广敏　　郭　平　　郭海东

　　　　刘怡君　　王孙梦　　马海骋　　柴　庆　　杨战军

　　　　华　珊　　陈　博　　高明哲　　王　莉　　万婷婷

　　　　孟　江　　任秋实　　刘钧宁　　王　楠

前 言

本书全面系统地阐述了老旧城区绿色重构价值评定的基本理论与方法，并结合实际案例对理论进行了分析与应用。

全书分为 2 篇，共 8 章，第 1 章从老旧城区绿色重构价值评定的相关内涵入手，阐述了绿色重构价值评定基础知识；第 2 章从可持续发展、城市双修、生态安全、宜居城市以及价值工程的视角，论述了绿色重构价值评定的相关理论；第 3 章从空间安全、投资价值、文化价值、生态价值、社会价值等方面进行了评定指标的探索；第 4 章从评定内容、评定流程和评定模型等方面进行了评定方法的研究；第 5~8 章从绿色重构价值挖掘、价值评定的指标体系、价值评定的方法等方面入手，分别对老旧厂区、老旧住区、老旧街区、综合城区进行绿色重构价值评定理论分析，并从不同角度结合工程案例对研究成果进行了实践应用。

本书主要由李勤、段品生、杜海军撰写。其中各章分工为：第 1 章由李勤、熊雄、耿博强撰写；第 2 章由程伟、李勤、杜海军撰写；第 3 章由王立杰、段品生、田伟东撰写；第 4 章由段品生、李勤、邱巍、周帆撰写；第 5 章由于光玉、樊崇科、尹志洲撰写；第 6 章由龚建飞、段品生、崔凯、周帆撰写；第 7 章由李勤、郭晓楠、杜海军、郁小茜撰写；第 8 章由李勤、王蓓、强波海撰写。

本书内容涉及的研究得到了住房和城乡建设部课题"生态宜居理念导向下城市老城区人居环境整治及历史文化传承研究"（批准号：2018-KZ-004）、北京市社会科学基金项目"宜居理念导向下北京老城区历史文化传承与文化空间重构研究"（批准号：18YTC020）、北京市教育科学"十三五"规划课题"共生理念在历史街区保护规划设计课程中的实践研究"（批准号：CDDB19167）、北京建筑大学未来城市设计高精尖创新中心资助项目"创新驱动下的未来城乡空间形态及其城乡规划理论和方法研究"（批准号：udc2018010921）和"城市更新关键技术研究——以北展社区为例"（批准号：udc2016020100）、中国建设教育协会课题"文脉传承在老城街区保护规划课程中的实践研究"（批准号：2019061）的支持，同时得到了西安高科集团、西安圣苑工程设计研究院有限公司和西安市建设工程质量检测中心的资助。在撰写过程中还参考了一些专家和学者的有关研究成果及文献资料，在此一并表示衷心的感谢！

　　由于作者水平所限，书中不足之处，敬请广大读者批评指正。

作　者
2020 年 7 月

目　　录

第1篇　老旧城区绿色重构价值评定机理

第 2 篇　老旧城区绿色重构价值评定案例

第1篇

老旧城区绿色重构
价值评定机理

1 老旧城区绿色重构价值评定内涵

老旧城区作为时代更替的产物，见证着城市的发展兴衰；作为居住场所，表现着居民的归属感；作为文化遗产，其价值具有多元性。随着时代的发展，老旧城区现状堪忧，传统风貌和特色大量遗失，而绿色重构对老旧城区合理再生、优化改善功能空间、充分整合既有资源价值、再显城区活力意义重大。

1.1 老旧城区的内涵

1.1.1 老旧城区的源起

在 21 世纪，实现现代化是中华民族的伟大目标。在社会主义现代化建设过程中，我国遇到了前所未有的机遇以及挑战。城市现代化的实现是社会乃至国家实现良好发展的根本前提。城市是由人类社会聚居而成，人类社会生活文化的经济中心与城市的发展及人们的生产劳动密切相关。

伴随着我国城市化进程的不断加快以及我国社会主义市场经济建设的不断完善，传统老旧城区的功能，已经不能很好地适应当前社会快速发展的需求，不能满足人们追求高质量、高标准的美好生活需求。很多老旧城区基础设施建设不完善，脏乱差现象十分严重，在一定程度上影响了城市整体形象的提升，因此有必要对老旧城区的功能空间进行重构设计。

老旧城区是城市系统的一个重要组成部分，在一定程度上见证了城市的发展，是时代发展的必然产物。通过对老旧城区进行重构改造，充分利用既有城区空间，合理利用老旧城区中的价值资源，重塑和完善其各项功能，使其得到复兴，促进区域经济的发展，适应快速发展的城市化进程，已成为当前相关学者研究的重大课题，其意义重大。

1.1.2 老旧城区的界定

本书的研究对象为国内广泛存在的一般老旧城区。然而，在既有的正式文献中，并未直接对"老旧城区"进行界定，与之相关的研究概念则有"旧城""古城""历史城区"等，对其辨析如下：

（1）旧城。通常以"旧城改造"和"旧城更新"的组合形式出现。旧城一般规模不大，主要指在 18 世纪以后发展起来并保留了一定时期的面貌、具备历史文化特色的城区。如北京旧城(指明清时期北京护城河及其遗址以内的区域,这一界定更接近下文中的"古城")，如图 1.1 所示。

（2）古城。古城是指在18世纪以前已发展起来，并保存着当时风貌的城区。古城通常具有明确的边界（一般形式为城墙）、较为完整的格局和历史风貌，并保留有一定数量的历史建筑群。在我国，古城通常是历史文化名城的一个组成部分，如苏州古城、平遥古城、丽江古城、凤凰古城等，如图1.2所示。

（3）历史城区。历史城区在《历史文化名城保护规划规范》中的定义是指"城镇中能体现其历史发展过程或某一发展时期面貌的地区"，这一定义实际包含了"旧城"与"古城"。然而规范同时指出，"本书中指的是历史城区中历史范围清楚、格局和风貌相对完整的需要保护控制的地区"。如西安历史城区、广州历史城区和澳门历史城区等，如图1.3所示。

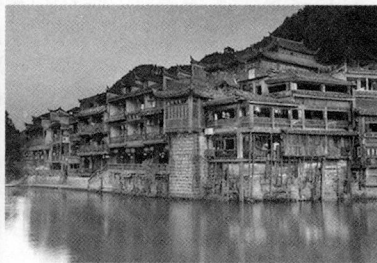

图1.1 北京旧城　　　　　　　图1.2 凤凰古城　　　　　　　图1.3 澳门历史城区

在本书中，老旧城区的概念主要指历史城区，即城镇中可以反映其历史发展过程或某一发展阶段的区域，以及涵盖具有一定历史文化文脉，能够体现城市发展过程或某一发展时期特定风貌的历史城区，它涵盖了一般所指的古城区和旧城区。

1.1.3　老旧城区的文化

1.1.3.1　老旧城区的文化类型

现代文化理论的新发展为城市发展理论带来了新的启示。随着时间的推移，老旧城区文化类型是自下而上的崛起，而非自上而下的传递，如图1.4所示，此特征确保了老旧城区文化的大众性和多样化。老旧城区需要繁荣的文化经济，以改善这里的社会和经济条件，并为促进该地区的生活发挥积极而有益的作用。

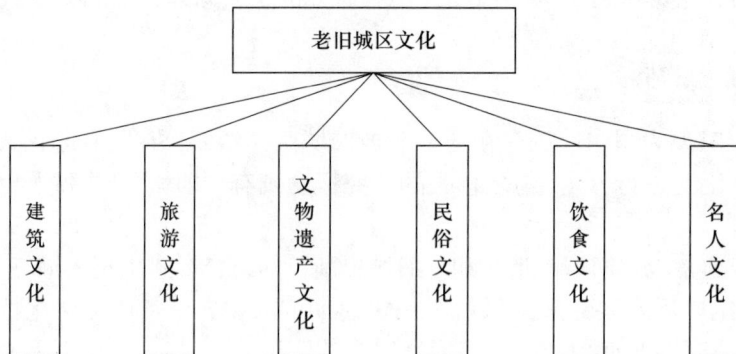

图1.4 老旧城区文化

（1）建筑文化。城市建筑彰显着城市形象，具有深厚的文化底蕴。老旧城区的建筑风貌体现着过去与现在、传统与现代的文化传承能力，这种能力的高低展示着城市的审美情趣和个性特征，对老旧城区的文化形象乃至整体形象都至关重要，如图1.5、图1.6所示。

图1.5 武汉黄鹤楼

图1.6 西安钟楼

（2）旅游文化。人类的旅游活动与文化有着不可分割的关系，旅游本身就是一种文化交流活动。旅游文化是人类过去和现在所创造的与旅游有关的物质财富和精神财富的总和。无论自然旅游资源还是人文旅游资源，它都是老旧城区文化中强大的活力增长点，增进了游客和当地居民的互动性，扩大了老旧城区对外的影响力，从而推动老旧城区经济发展，如图1.7、图1.8所示。

图1.7 丽江古城

图1.8 凤凰古城

（3）文物遗产文化。老旧城区中具有许多历史、艺术和科学价值的文物，包括古建筑、石刻、近现代重要史迹等不可移动文物以及历史上各时代的重要物件、艺术品、文献、手稿、书籍等可移动文物。它们都是文化遗产的宝贵财富，能够集中体现城市的历史风貌、特色，成为彰显城市个性的重要传承基因，具有不可再生性，如图1.9、图1.10所示。

（4）民俗文化。民俗是一种基于人们生活、习惯、情感和信仰而产生的文化。沿着历史的痕迹，在老旧城区中保存的由民族和地区中集居民众所创造、共享、传承的民风民俗，是老旧城区一道靓丽的风景线，体现着人们生产生活过程中的物质和精神文化，如图1.11、图1.12所示。在老旧城区中可以选择性地保留其精华加以更新传承，营造城市的特色文化。

（5）饮食文化。中华饮食文化内涵丰富，可概括为"精致、悦目、坠情、礼数"四个

图1.9 天雄关古遗址

图1.10 应县木塔

图1.11 瑶族民俗风情

图1.12 乌兰察布民俗风情

词组，反映了饮食活动中饮食品质、审美体验、情感活动、社会功能等所包含的独特文化。在老旧城区的重构中，良好地继承发扬当地特色饮食文化，创造经济价值的同时增强城市居民的认知感和归属感，成为老旧城区文化不可缺失的环节，如图1.13、图1.14所示。

图1.13 长沙臭豆腐

图1.14 武汉热干面

（6）名人文化。名人是一个城市的代表性旗帜之一，大多数城市都会和一些历史上名人的光辉紧密联系在一起。名人文化实质就是精神和意识、观念和理论、知识和素质、情操和品格的高度凝聚，名人辐射了一个地域独特的人文特征。为继承发展名人文化，可以将历史文化名人曾有过的理念和成就融入城市精神中，让名人文化融入群众生活，潜移默化中提高市民的文化素质和文明程度，突出老旧城区的文化特色，对当地社会、经济发展做出更大贡献，如图 1.15、图 1.16 所示。

图 1.15 孔子像

图 1.16 李时珍像

1.1.3.2 老旧城区的文化特征

老旧城区是历史遗留的产物，见证着城市的兴替发展。每个老旧城区都有自己的文化，充斥着独特的内涵，其文化的特征也丰富多彩，本书将从四个方面展开其特征的阐述，如图 1.17 所示。

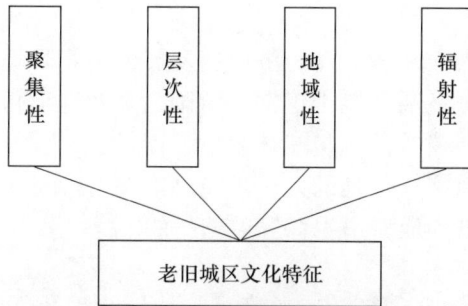

图 1.17 老旧城区文化特征

（1）聚集性。城市具有独特的向心力，它将人类的财富和信息以及全部生活方式都以城市为中心进行汇集，这个过程使人们对城市的作用认识越来越具象，其文化涵盖面的增大和凝聚力的增强，使各类文化元素在城市中聚集和繁荣，形成城市特有的形象和魅力。城市积累的文化不仅包含古代和现代的文化，还囊括外来的和民族本身的文化。这些文化在城市中不断积累、融合、渗透和创新，为创造城市特色营造了机遇。

（2）层次性。文化既是物质财富，也是精神财富，是人类通过历代的生存和发展而创造出的产物，从城市文化本身角度而言，它是一个多层次的、综合的、复杂的统一体。其自身形象的构建可分为三个层面，即物质文化层、行为文化层和观念文化层。

（3）地域性。城市的每一个地域中心，均承载着这个区域所有的历史文化传统的积淀和属于这个区域的各类文化元素。这是人们在城市文化中产生认同感、归属感的基础，也是城市个性形成的根本原因。城市文化间地域性的差异决定着城市应保存其自身价值的文化内涵，是城市居民对本民族和本地区乃至本城市的历史、宗教信仰及其载体的一种成熟的看法及行为表现。

（4）辐射性。城市的形成为城市间人流、物流、财富流、信息流的频繁互动提供了极为便利的场所，让不同领域的文化在各城市间交流和发展，并向四周辐射，增强城市间人群的认同感，形成良好的邻里关系，促进各城市文化的发扬和传承。城市间的辐射作用驱动了人类的知识、思想、经验、技能的传承和发展，为文化创新做出贡献。

1.1.3.3　文化传承在老旧城区再生重构中的作用

（1）老旧城区居民的精神支柱。从社会价值角度来看，文化传承是内部动力，促进着市民自身素质的提高和文明城市的建设。人文精神和创造精神影响着老旧城区经济的发展。老旧城区的文化环境是城市的灵魂，它涵盖了社会风气、民俗风情和新闻传播等各种文化现象和活动，以及与之匹配的文化措施。城市居民不仅是文化活动的直接力量和热情参与者，而且是重要的生产力因素。对于城市文化而言，在积极创造和传承各类元素的同时，也为城市经济发展和社会全面进步提供了强大的精神动力和智力支持。

（2）老旧城区经济的产业支柱。从经济价值角度来看，文化传承是促进老旧城区经济可持续发展的中坚力量，同时文化产业是被誉为未来最具发展前景的产业之一，在文化资源的开发带动下，城市经济效益和社会效益可以迎来双丰收。越来越多的人意识到，各种形式的经济活动，不同程度的文化或文化符号，将会更好地促进城市经济发展。在社会各个领域，在经济与文化的共生互动中，文化生活虽被经济生活所制约，但却是经济建设的宝贵财产。

（3）创建老旧城区的人文环境。在经济快速发展的市场环境下，社会文化环境质量的高低在一定程度上决定着经济活动能否正常、协调、高效地运行，文化在构成城市环境中发挥着非凡的作用。例如，建筑艺术、园林艺术、街景、文化设施等都塑造了城市的文化形象，体现了城市的文化风格。优良的人文环境已被同等经济基础的城市和地区视为生存和发展的重要前提，甚至被当成城市生存发展的目的。

1.1.4　老旧城区的特征

（1）空间格局混乱。我国大多数老旧城区的城墙在解放初期都被拆除，由于交通工具的革新，老旧城区内部原有街道尺寸多次被拓宽，形成了公共空间、新建居民楼包围传统民居的格局。老旧城区内公共活动场所的亲切感、凝聚力基本消失，老旧城区低层建筑和高密度的空间格局受到严重破坏，如图 1.18、图 1.19 所示。

（2）交通问题频发。由于交通方式的改革，我国大部分老旧城区内的主要道路都经过了大规模的改造，但是因历史交通工具的合适尺度所造就的历史街巷宽度、建筑体量等，让交通仍然十分拥挤混乱，大量进出老城的交通直接混入城市交通，人行、车行交通方式混杂，缺乏统一的控制规划，如图 1.20、图 1.21 所示，进而导致老城内交通阻塞严重，相关问题频发。虽然部分城市的老旧城区道路被划为步行街，但建筑体量和道路宽度等客观条件不能满足防火救灾的要求，这也成为限制老旧城区健康发展的重要因素之一。

图 1.18　空间格局混乱

图 1.19　高密度空间格局

图 1.20　交通拥挤

图 1.21　交通方式混杂

（3）景观风貌丧失。由于缺乏统一的规划设计及景观引导控制，老旧城区内的大型建筑修缮更新建设各自为政，致使老旧城区内景观风貌难以统一。建（构）筑物风格各异，景观整体效果不佳，建筑高度等也未得到有效控制，严重突破了老旧城区景观建设合理的控制高度，破坏了老旧城区内的景观风貌氛围，如图 1.22、图 1.23 所示。

图 1.22　山西榆次老城风貌

图 1.23　福州老城风貌

（4）文化文脉断失。对于西安、南京、杭州等历史文化名城而言，老旧城区不仅仅是传统历史文化保护的重点，同时，它也兼承着城市文化文脉传承的重要任务。在过去的几十年里，这些城市的老旧城区都进行过一系列的改造及整治活动，如拓宽街巷、拆迁民居、修建仿古街道等。老旧城区内的传统风貌和空间格局的历史特征及完整性丧失。老旧城区中许多独具历史文化特色的民居建筑，早已被无序的建设取代，如图 1.24 所示。

(a)　　　　　　　　　　　　　　　　　　(b)

图 1.24　新疆喀什老旧城区高台民居

(a) 高台民居（一）；　(b) 高台民居（二）

（5）生态环境恶化。由于追求利益的最大化，导致对旧城的更新和开发强度过大，最终超出了环境自我调节的范围，造成老旧城区生态环境质量下降，主要表现为我国能源消耗激增，空气质量下降；新建、扩建和改建住房数量增多；城市的工业生产、建筑、餐饮、日常生活会产生大量的固体废物污染；与此同时，城市水污染、土壤污染等生态资源严重破坏问题也日益突出，如图 1.25、图 1.26 所示，进一步凸显了改善老旧城区生态环境的迫切性。

图 1.25　建筑垃圾　　　　　　　　　　　　图 1.26　水体污染

1.1.5　老旧城区的发展

1.1.5.1　老旧城区发展困境

（1）资源相对匮乏、承载力弱、发展空间不足。老旧城区的人均公共设施、基础设施和公共绿地的比例相对较低。城市发展面临着人口密度大、建筑密度高、缺乏土地资源和交通支持等发展"瓶颈"。

（2）开发复杂艰难、成本过高。拆迁补偿费用过高已成为老旧城区发展的主要制约因素。拆迁补偿是老旧城区项目中最大的难点，开发商不仅要进行拆迁补偿，还需要为道路扩建和市政管线更新等市政配套设施的变更承担相应的费用。与此同时，由于高额拆迁成本导致的城市房价上涨，又反过来抬高老旧城区的"影子地价"。在这两种因素的共同作用下，老旧城区的拆迁比重在总建设投资中飞速上升。

（3）城市历史文化保护与发展的矛盾突出。在过去的城市建设中，我国大部分城市的老旧城区的改造都以"推土机式"的方式进行，历史风貌遭到大规模的破坏，如在老旧城区改造过程中，济南老火车站被拆除；杭州中国美术学院旧校区完全拆除重建等。

1.1.5.2　老旧城区发展对策

（1）空间结构的重构。空间结构的重构是实现城市可持续发展的重要途径。在老旧城区的改造过程中，有必要调整城市区域的空间布局，如疏散过量的人口、迁出不宜布置的工厂企业、更新滞后的基础设施。

（2）产业结构调整。产业结构的调整是城市发展的核心动力，城市现代化发展的过程实际上就是一个产业结构持续优化与升级的动态变化过程。

（3）制度创新。制度创新是促进老旧城区可持续发展的持久动力和根本途径。通过制度创新，老旧城区能够改变竞争格局，巩固提升原本处于有利地位的城区以及改善原本处于不利地位的城区，有利于经济的可持续发展。

1.2　绿色重构的内涵

1.2.1　绿色重构的理念

重构的词义是结构变形、重新建构、再配置、再组合。本书提到的重构是基于其词义重新建构的含义上，是系统科学的一种方法论。一个系统在运行或发展的过程中，会因为外力的作用加之内部构成因子的发展运作，导致原本的系统组织结构产生异化甚至解体现象，使系统整体难以保持良性的可持续发展以及系统内各构成因子难以正常运行。由于构建系统的机构已经异化、解体，所以为了进行最佳组合，必须对其进行重新建构。

绿色重构主要是指重构过程中，从决策、设计、施工及后期的运营这一全寿命周期内，结合相关的绿色设计标准的要求，在满足新的使用功能要求、合理的经济性的同时，最大限度节约资源、保护环境、减少污染，为人提供健康、高效和适用的使用空间，和社会及自然和谐共生，以此为基础形成的一种绿色理念以及所实施的一系列活动。

1.2.2　绿色重构的原则

由于老旧城区情况复杂多样，更新改造形式千差万别，为了更好地实现其绿色再生，在进行重构设计时，我们必须建立对应的原则，如图1.27所示，将其纳入理性化、科学化的轨道上，改变以往存在的盲目性和随意性。

（1）可持续发展的原则。老旧城区绿色重构设计不能只注重经济效益，还需要保持生

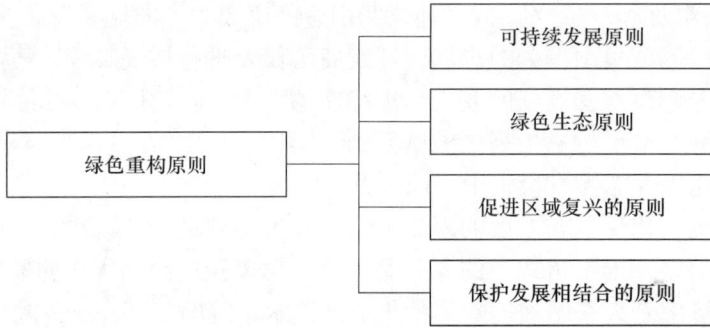

图 1.27　绿色重构原则

态环境的合理性，保持建筑格局的整体性。尤其老旧城区承载着浓厚的历史文化，它的绿色重构不是简单地让其免受损坏，而要重点保存富有历史文化价值的古迹，让其展现历史文化价值，让城市充满文化氛围，让人们通过历史遗迹可以认识历史，感受历史。

（2）绿色生态的原则。绿色生态原则，就是通过合理设计，有效地运用绿色技术手段，在对老旧城区进行再生重构设计时实现"四节一环保"的目的。绿色生态是立足于整个生态环境的高度，它是绿色重构中一个宏观的全局规划，旨在实现城区建设与环境和谐共生。

（3）促进区域复兴的原则。绿色重构设计不仅要实现老旧城区的再生，还要通过合理的规划带动周边经济的发展，促进整个城区的复兴繁荣，为老旧城区的运转注入新的动力，实现其绿色重构的目标。因此在重构设计时，应充分考虑老旧城区的区位、周边的环境及日后的发展规划等。

（4）保护发展相结合的原则。老旧城区是城市文明进程最好的见证者，是记忆的存储罐。因此，在对其进行绿色重构设计时要坚持保护发展相结合的原则，既要满足时代发展的需求，又要尽量保持其原貌。通过合理的重构设计展示城市文化的多样性，提升老旧城区的文化品位和内涵。

1.2.3　绿色重构的目的

绿色重构就是在不改变老旧城区原有基本元素的前提下，利用全新的绿色生态设计手法和技术赋予其新的功能，使其能承担新的用途，以满足社会发展的变化。本书通过对老旧城区的现状分析，引入绿色重构的理念，对其进行合理化的改造，以达到促进区域复兴、营造良好的生态环境、减少能源资源的利用和提升居民居住舒适度的目的。

（1）促进区域复兴。对于一些由于产业结构落后，经济发展滞后且原有的功能已经不能满足社会发展需求的老旧城区，可以对其进行绿色改造并赋予新的使用功能。只有采取合理的功能转化和可持续发展的策略，才能使老旧城区恢复区域活力。在改造过程中合理进行功能定位，使原有的物质空间得到持续利用，恢复其活力以达到促进区域发展和复兴的目的，且老旧城区原有的建筑和空间得到持续利用可以满足绿色环保中节地与节材的目的。充分利用老旧城区既有资源，不仅能达到节约成本和节约建设用地等目的，产生的社会影响也非常显著。

（2）营造良好的生态环境。绿色重构的理念强调老旧城区改造与自然环境相融合，彼此相互映衬、相互作用，在对自然环境保护的同时间接改善老旧城区内部环境。重构设计时要针对老旧城区不同的地域特色，进行适宜性环境改造。在改造时尽量减少对原有生态环境的破坏，促进老旧城区对自然环境的积极作用。通过对老旧城区生态绿化环境的营造来改善城区内部居民的生活及居住条件，达到人与自然和谐共生的目的，如图1.28、图1.29所示。

图 1.28　生态环境规划效果图

图 1.29　生态环境实体图

（3）减少能源资源的利用。在进行重构设计时要考虑资源的合理利用及循环利用的可能性，在选择新材料及能源时尽可能选择可再生材料及能源（如风能、太阳能、生物质能等）。这些能源形式都是无污染且可再生的，并且这些技术可操作性都较强，应充分利用这些能源以减少消耗。资源循环利用是老旧城区绿色重构的重要手段之一，也是其可持续发展的重要途径。

（4）提升居民居住舒适度。老旧城区由于经济发展滞后，导致其功能老化，在一定程度上已不能满足人们对高品质居住生活的需求，因此提升居民居住舒适度已成为老旧城区改造的必然趋势。在重构过程中，充分利用自然资源，优化其外部空间环境，进行内部空间重构时，应结合其既有布置，改善内部的空间品质，使通风采光满足规范要求。通过对内外空间环境的重构设计，整体上改善老旧城区居民的生活质量，提升居住舒适度，如图1.30、图1.31所示。

图 1.30　良好的居住环境

图 1.31　齐全的配套设施

1.2.4　绿色重构的价值

（1）安全指标。老旧城区由于年代久远，各方面的使用功能逐渐退化，已不能满足安全生活和聚居的需求。在对老旧城区进行重构规划时，全面考虑其潜在的风险因素，对不利因素进行规避和处理，保证重构过程的安全实施。因此对重构过程中安全指标的监控，是保证改造后的老旧城区能更好地满足人类居住和生活的前提，也是体现后续其他价值的先决条件。

（2）投资价值。老旧城区是城市历史的聚集地，有着深厚的文化底蕴且具有良好的区位优势。随着城市化步伐的加快，老旧城区的经济发展受阻，现状堪忧。在资源合理配置的前提下，确定其投资规模，明确投资效益，对老旧城区进行绿色重构，优化其产业结构和重塑其功能，以良好的区位优势带动周边经济的发展，升华自身的价值。

（3）文化价值。吴良镛先生曾谈道："文化是历史的沉淀，存留于建筑间，交汇在生活里。"老旧城区建筑是城市产业发展、空间结构演变、产业建筑发展的历史见证以及城市风貌的重要景观。老旧城区的重构设计不仅保持了实体环境的历史延续性，还保存了地方特定的生活方式，如图 1.32、图 1.33 所示。

图 1.32　延续城市肌理　　　　　　　　图 1.33　延续老城历史

（4）生态价值。对老旧城区进行绿色重构设计，是对其既有资源的一个良好利用过程，具有良好的环保生态价值。一方面，老旧城区的重构设计保留了老建筑自身蕴含的能源；另一方面，拆除老建筑还得消耗大量的能源，如拆除建筑的人力资源、运输和处理建筑垃圾的能源等。对老建筑进行合理的绿色重构设计，通常比新建建筑节省 1/4~1/3 的费用。

（5）社会价值。老旧城区的社会价值是人们在这个长期居住地建立的紧密的社会联系，这种无形的社会网络是人们生活的驱动力和依靠。现有的老旧城区由于经济和相关政策的原因，导致居住密度过高，个性空间完全或大部分丧失，恶劣的环境影响了邻里的和谐，生活方式变得无序。对老旧城区进行绿色重构，不仅能极大地提高居民的生活质量，还能促进社会的和谐稳定发展。

1.2.5　绿色重构的内容

当我们面对历史老旧城区这种珍贵的文化遗产片区时，不能只保护其中某个建筑单体，应以单体带动整体，以局部环境扩展到整体环境；不仅要关注历史留给我们的建筑物和空间实物，还要探索其中包含的传统文化，将其传承下来并发扬光大；不能以单一方式修复建筑空间，要根据其空间特征进行功能定位和转换，赋予其新的价值并使其从根本上复兴。

（1）建筑本体及空间环境的重构。老旧城区最重要的组成部分就是城区内部的历史文化建筑以及建筑群所组成的空间格局，其中包括建筑单体的外立面、内部空间及装饰、建筑群所围合的院落和街巷空间环境，如图1.34、图1.35所示，对其建筑本体和空间环境进行合理的重构，意义重大。

图1.34　丽江古城

图1.35　平遥古城

老旧城区内部的建筑格局是历经数载流传下来的历史文化积淀，记录了区域背景发展的变化。每一个细节都反映了老旧城区所在城市的肌理和文化特征，街区的整体环境特征，也代表了当地的传统风貌特色。因此，我们应该将老旧城区的建筑及环境作为一个整体来重构，使这些具有时代意义的建筑化石能更好地流传后世，如图1.36、图1.37所示。

图1.36　苏州山塘历史建筑

图1.37　太原历史建筑

（2）人文环境及历史文脉的重构。在对老旧城区的保护工作中，不仅仅要对其城区内的建筑空间本身进行保护，在历史文化城区中蕴含的传统民风民俗文化以及非物质文化遗产也应该是我们所保护传承的重点。对老旧城区的整体性保护，究其根本目的，是对城市历史文脉进行传承，让人民走进城区中，能够感受到浓浓的城市历史风貌，能够感受到鲜活的地域特色以及传统的民俗文化。因此，对于老旧城区的保护，不仅仅是对老旧城区本身建筑空间的修复，更重要的是保护其中的历史文化元素，使得城市历史文脉得以传承。

例如上海田子坊所代表的上海弄堂文化，如图 1.38、图 1.39 所示，成都锦里中的蜀锦工艺展示，如图 1.40 所示，杭州桥西街中国伞博物馆对于中国伞的传统工艺展示，如图 1.41所示，这些有着地域性传统文化代表的历史文化遗产都应得到保护传承及发扬。因此，保护老旧城区不仅仅是对老旧城区本身建筑空间的修复，也是对其历史文化元素的保护，使城市历史文脉得以传承。

图 1.38　上海田子坊

图 1.39　上海田子坊——弄堂文化

图 1.40　成都锦里

图 1.41　杭州桥西街中国伞博物馆

（3）整体空间环境功能的重构。城市老旧城区在其形成的历史时期，一定与其周边的环境乃至整个城市环境是相互融合的，也就是说，在城市的发展中，老旧城区仅仅是城市空间的一个组成部分。随着历史的发展与时代的变迁，现代城市中的老旧城区会显得与整个城市的大环境格格不入。因此，我们在面对老旧城区保护问题的同时，也要考虑老旧城区在现代社会中的生存和发展问题。这就需要我们对老旧城区整体的空间环境进行细致的片区划分，合理规划、改造，赋予其不同的新功能，使其融入现代社会的生活中去，而不是仅仅将其单纯地修复之后空置起来成为一个没有生命、没有活力的老古董。这些赋有新功能和新生命的老旧城区，才能适应现代社会的可持续发展，才能真正代表其形成时期的历史意义，得到真正意义上的复兴，如图 1.42 所示。

图 1.42　成都宽窄巷子

(a) 宽巷子实景；(b) 窄巷子实景

1.3　价值评定的内涵

1.3.1　价值评定的含义

1.3.1.1　价值的概念

价值是一个多维度、多视角的概念，不同国家、不同群体、不同个体甚至同一个体在不同的时期、不同的背景条件及不同利益驱动下，对价值的理解差别也可能很大。价值多见于哲学、社会学、经济学、建筑学和美学等领域，不同学科和领域价值的概念是不一样的。

哲学上的"价值"是指事物对于人，更确切地说是客体对于主体的"意义"，也就是具有特定属性的客体对于主体需要的意义，可以说"价值"就是揭示外部客观世界对于满足人的需要的意义关系的范畴。价值由于受主体和客体二者关系的影响，具有以下特征：

（1）价值具有主体性，表现为不同的国家、群体和个体因为政治观、世界观、人生观、价值观的不同，看法差别很大。

（2）价值还具有多维性，表现为由于功能效用的不同，事物普遍存在多种价值类型，如科学价值、文化价值、经济价值和社会价值等。

1.3.1.2　价值评定的概念

评估、评价和评定，都是对对象的价值进行评判，从字面上看，评价就是评判价值的缩略语，而评估则似乎在判定之外有估计之意。一般认为，判定是确定性强的，而估计则是确定性弱的。但事实上未必如此，将价值评判用于广泛的社会领域，价值的定义必然是广泛的，判定不可能是很确定的，必定有较强的估计性质。因此，评价与评估从确定性程度上并没有什么原则的区别。两者都是基于衡量某一特定对象的标准（如质量、特征、价值等）而所做出一个评判的过程及其结果。而评定是指经过评判和审核来决定等级、能力等的等级好坏，根据判定的等级来对所属对象进行类别划分。

价值评估是依据某种目标、标准、技术或手段，对收到的信息，按照一定的程序进行分析研究，判断其效果价值的一种活动。通常是对某一事物的价值或状态进行定量分析和评价的过程。从某种意义上来讲，评估是对评估对象或所处状态的一种意见或判断。

价值评价本质上是判断的一个处理过程，通过对评价对象的各个方面，根据评价标准进行量化或非量化的测量过程，最终得出一个可靠的结论。

价值评定是主体在对客体本质认识的基础上，以主体的内在需要来评定客体。主要是评定客体对主体是有利还是有害、是好还是坏、有价值还是无价值，以及价值是大还是小。价值评定是以价值的客观性为基础，更主要的是体现主体需要，故评定侧重于价值的主体性，可能导致偏差。因此，在价值评定过程中需要制定科学的评定体系和评定标准，使评定更加合理。

1.3.2 价值评定的原则

（1）客观和"三公"原则。"三公"即公平公正公开。价值评定的"三公"原则是保证评定客观的基础，针对评定中未涉及的保密内容，应尽量公开评定标准、评定方法和评定过程，以公开促公正，用公正保公平，实现公开公正公平环境下的客观，并保证评定主体的独立性。

（2）科学性原则。科学性原则是指价值评定中用到的方法、标准、程序以及评定结果都应经过科学的筛选或论证，同时还要保证评定过程和结果的可重复性。所谓的可重复性，即按照相同的评定过程、相同的评定方法得出相同评定结果的概率。一般而言，得到同一结果的概率越大，表明评定结果的科学性及可靠性越高。由于多种因素耦合作用，评定结果往往作为一种概率事件，但是评定过程越公正、方法越科学，结果的趋同性必然越强，评定结果也就越科学。

（3）全面性原则。所谓全面性原则，就是对评定对象进行价值评定时，应从系统的整体性、有机联系性、动态性和有序性等特点出发，遵循全面、相互联系、发展的观点进行评定，使评定更准确、更概括和更深化。同时由于价值评定是一个复杂、多因素综合的系统，而且各因素之间存在相互关联、相互制约的关系，因此对其评定时不能使用单一的评定指标，必须以多因素为依据，建立综合的评定指标体系，保证评定的全面性。

（4）可操作性原则。评定的目的在于指导工程项目实践活动，因此要求评定能迅速、准确地反映评定对象的价值，这就要求评定既要兼顾全面，又要适当舍弃影响不大的次级效应，简化评定过程，选择有效指标，迅速得出评定结果。因为价值评定涉及的相关因素较多，关系冗杂，而且评定的方法和指标也十分复杂，在实际的评定中不可能做到面面俱到，所以必须以实用和可操作性为原则，保证评定过程的实用及可操作性。

（5）定性评定与定量评定的原则。随着电子计算机的广泛应用，各学科包括管理科学都有可能从已知数据中推论出未知的数据，所以定性评定和定量评定的作用日益重要。由于影响价值评定的因素众多，同时许多因素具有模糊性及复杂性，因此进行评定时，要坚持定性评定和定量评定二者的结合运用，同时将定性描述采取逻辑判断的方法进行量化处理，保证对被评定对象做出的评定准确科学。

1.3.3　价值评定的机制

从评定机制上看，价值评定是一个研究主客体价值关系的过程，其研究方向可以在与评定相关的认识和观念活动层面以及外显的主体实践层面去寻找，辩证唯物主义认识论认为，实践是一种价值尺度，因此评定离不开作为认识活动之一的认知活动，两者不可分割。通过对评定客体属性的了解和认识，评定主体才能根据自身的需要做出价值上的判断。评定的机制如图 1.43 所示。

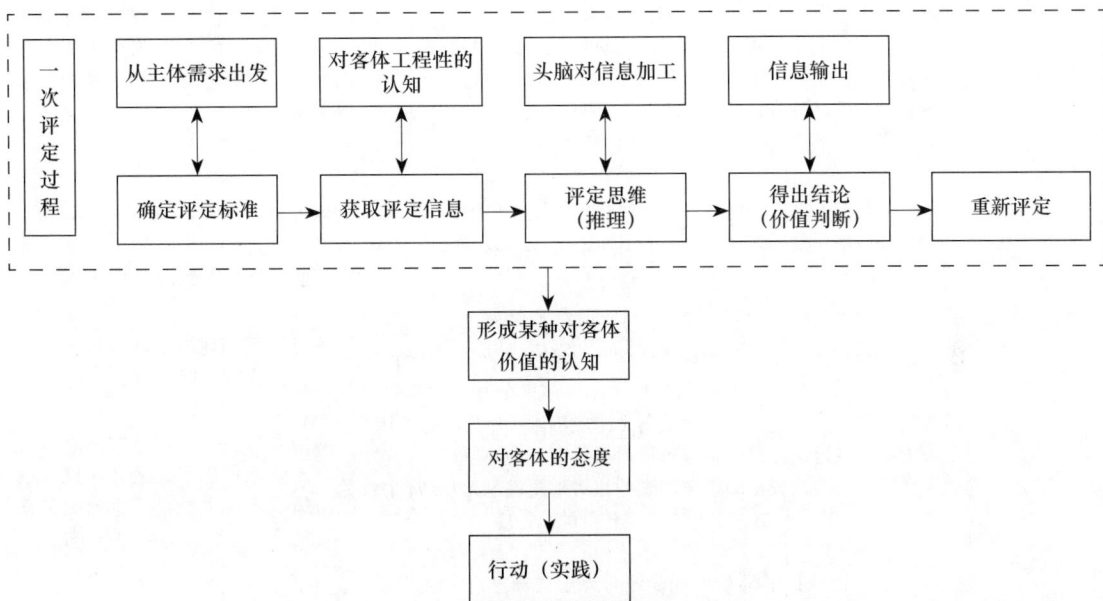

图 1.43　价值评定的机制

（1）确定评定标准，提出具体的评定指标，并建立评定标准体系。实质上就是把握价值主体的需要。

（2）获取评定信息，形成对评定客体的认识。获取的办法有两种：信息筛选和信息揭示。

（3）评定思维，按照评定标准体系的要求与价值客体进行比对与衡量。这个过程相当于将价值客体按照评定指标进行分解，并以评定指标衡量价值客体各个部分。

（4）得出结论，根据一定的计算方法求出价值客体的综合评定值，做出价值判断。

价值判断是评定主体经过一系列的评定环节而得到的关于价值客体与价值主体关系的结论，是关于价值客体对价值主体有无价值、有何价值、价值大小的判断。

1.3.4　价值评定的方法

项目评定的方法有很多种，但归结起来一般可分为定性评定和定量评定两大类。定性评定主要是根据评定者自身经历和经验，结合现有文献资料，综合考察评定对象的表现、现实和状态，直接对其做出定性结论的评定判断；定量评定主要是采用某种数学方法，收集和处理数据资料，通过数学运算对评定对象做出定量结果的评定判断。无论哪种方法在评定应用的过程中都是存在一定的主观性，评定结果难免存在某些偏差或遗漏。每种评定方法都具有其自身的特点和适用范围，研究者需要根据项目特点以及研究现状等因素对评定方法进行对比选择。当前工程建设研究中比较常用的几种价值评定方法见表 1.1。

表 1.1　价值评定方法

评定方法	主要内容	特　点
专家打分法	该方法主要利用专家的经验、智慧等隐性知识，直观判断工程项目在各单因素下所体现出的可持续效果，确定各效果取值，假若取 0~1 之间的数，0 代表可持续效果完全不理想，1 代表效果最佳。同时要给定每个效果评定指标的权重，将各指标权重与相应效果评定值相乘后加和即为项目的综合效果评定值，并与预先制定的标准进行比较，以确定项目的成败以及需采取的应对措施	该方法易于操作，结论易于理解，但其有着主观性较强、有时候不收敛等缺点，在工程项目研究中历史数据缺乏、指标难以量化等情况，可以考虑应用
德尔菲法	该方法与专家打分法类似，但相对专家打分法更为精确合理。主要通过专家反复的调研问函讨论，汇总专家一致看法作为预测结果	该方法最主要的缺点是不能和专家进行当面的交流，缺乏沟通，造成信息不对称而产生错误意见
层次分析法	其是一种广泛运用于管理学、经济学以及社会学等学科的方法。该方法可将难以量化的指标按大小顺序区分开来，首先，需将复杂系统按一定关系分解成各个组成因素，然后将这些因素按支配关系再次分组，最终形成阶梯层次架构。通过对各层的因素进行两两比较，确定各因素的相对重要程度，并结合决策者的判断，确定最终方案相对重要程度的总排序	该方法很好地将定性分析和定量分析相结合，并能体现出人的综合分析、比较、判断能力，对复杂多变的因素进行排序，并找出对总目标影响较大的因素，适合多目标系统决策。不足之处是权重的确定需要专家评分，受主观因素影响较大
模糊综合评定法	在多数工程项目中都难以准确地对评定指标进行定量化描述，但可以通过专家的经验知识以及历史数据资料对其用模糊的语言或变量加以描述，这就可以应用模糊数学理论中的综合评定法使其得以实现。基于模糊数学综合评定法的工程项目效果评定思路是：结合考虑各评定指标的相对重要程度，并通过设置权重来区分所有因素的重要性，建立模糊数学模型，计算出项目实施效果的各种优劣程度的隶属度，隶属度值最大的一项即为项目实施效果水平的最终确定值	该方法的缺点是各因素权重的确定一般是借助专家经验确定，主观因素大，而且不能解决评定指标间相关造成的信息重复问题
TOPSIS 法	TOPSIS 法是一种逼近于理想解的排序法，是常用且有效的多目标决策方法，其具备理想解和负理想解的两个基本概念。理想解即为设想的最优的解，其所包含的每个属性值都达到各备选方案中最好的值；负理想解则为设想的最劣的解，其解所包含的每个属性值都达到各备选方案中最坏的值。通过对比各备选方案的理想解和负理想解，选择其中最接近理想解，同时又远离负理想解的方案作为最优方案	在评定之前依然通过其他方法确定指标的权重，因此指标权重的确定也是 TOPSIS 法进行效果评定的关键
人工神经网络法	人工神经网络是通过模仿人类大脑处理基本信息的方式来解决复杂问题的方法。一个实际的人工神经网络是由相互连接的神经元构成的集合，这些神经元不断地从它们的环境（数据）中学习，以便在复杂的数据里捕获本质的线性和非线性的趋势，以及能为包含噪声和部分信息的新情况提供可靠的预测，它可执行包括预报或函数逼近、模式分类、聚类及预测等多种任务，当模型与数据匹配时，它能以任意期望精度使任何复杂的非线性模型与多维数据匹配	基于人工神经网络的项目效果评定一般是通过应用神经网络不断地训练大量样本，寻找或拟合输入数据（评价指标值）与输出结果（项目实施效果水平）之间的关系，以期对以后类似工程进行有效项目效果评定或水平预测

评定方法	主要内容	特　点
可拓优度评定法	可拓优度评定方法是可拓学中的一种工程评定方法，主要用于评定一个对象的优劣程度，评定的对象可以包括事物、策略、方法和方案等。该评定方法可以针对单级或多级评价指标体系，建立评判关联函数计算关联度和规范关联度，根据预先设定的衡量标准，确定评定对象的综合优质度，从而完成单级或多级指标体系的综合评定	可拓优度评定方法是基于可拓学理论的新兴评定方法，以基元理论和基本扩展变换方法为基础，有机结合基础关联函数确定待评定对象关于衡量指标符合要求的程度，是定性分析与定量分析相结合的方法，适用范围广，不过其指标权重依然需通过其他方法确定

1.3.5　价值评定的作用

　　日常生活中我们不停地在做出评定，从各种角度对不同事物表现出各异的态度，如好不好、美不美、有利或是有害、利用还是回避等。评定表明了在主客体之间一定的价值关系中，客体是否能够或已经使主体的需要和愿望得到满足，客体是否适合主体的需要并使主体意识到这种适合，因此评定就是一定价值关系主体对这一价值关系的现实结果或可能后果的意识。

　　评定具有主观性，它在很大程度上是出于人们对事物的主观反映；评定还具有主体性，它反映出的不是客体本身，而是客体对主体的意义和客体的价值需要；评定需要借助于一定的评定标准或规范来完成，评定的结果不仅有描述意义和认知意义，而更主要的是其对价值的性质、大小、变化及可能性的规定意义，它服务于主体的时下选择和行为方向。

　　评定被视为一个信息的处理过程，而后评定形成的认知影响态度和行为。这一关系符合理性行为理论的观点：在理性行为模式中，个体对态度对象的信仰和评定产生态度，态度直接作用于行动意向从而影响行为。因此，评定对各领域的管理起到不小的推动作用：（1）通过评定的判断功能，对评定客体进行价值判断；（2）依据价值客体的需要还可以反过来对将形成的客体做出价值预测；（3）通过评定来分析和展示价值客体的各个层面和作用，对人形成导向；（4）通过评定判别客体的价值高低。

1.4　老旧城区价值评定的内涵

1.4.1　老旧城区价值评定的理论

　　价值评定理论来源于经济学，从现代哲学的视角切入，跨越了经济学的范畴，逐步变为了多种行业中的一种科学的管理路径。价值评定可以分为定量评定与定性评定，定量评定是通过将多种指标进行量化，依靠数学计算评定对象系统的估计值。将定性对象转换成数字值，使评定结果更加科学、准确。定性评定通过对管理对象的估计建立评定指标体系，用定性语言表述评定对象零星、定性、笼统和模糊的性质，并得出一个可靠合乎逻辑的结论。有助于提高价值评定的准确性、有效性、经济性和满意度。在老旧城区保护中，价值评定是保护历史资源的基础，是科学保护和发展的重要前提。

本书所涉及的价值评定是指通过调研（实地勘测、调查问卷与访谈），选择与老旧城区价值相关的影响因素作为评定因子，运用相应的方法建立指标评定体系，经过定量的分析，来确定老旧城区价值的等级。

1.4.2　老旧城区价值评定的标准

建立评定标准是老旧城区价值评定的核心内容。各种价值不总是一致的，甚至相互冲突，实现某一历史建筑的经济价值可能会毁坏其历史、宗教或美学价值。我国许多历史名城在"破烂不堪、无保留价值"的口号下被无情拆除，老旧城区的残破与杂乱造成了人们对其价值判断产生误区，只凭片面的经济价值指标而忽视与扼杀历史文化价值。在多元价值认识的基础上，应当协调相互间的矛盾，树立城市文化、经济、社会多元价值协同发展的理念。

（1）形态特征的原真性。形态是老旧城区价值传承的基础，只有保证其形态的原真性，才有可能保证其承载历史信息的真实性。恩罗斯对其解释为："这种价值与一件艺术作品被真实、原本、唯一地表现出来的事实相关。"主要表现为老旧城区的形态属性，按照其区域内的建筑和街区的空间结构、形式、比例、材料、纹理、色彩与各部分的相互关系以及达到的艺术层次与技术层次。

1）形式：指空间结构、造型、装饰、材料、比例等方面的研究。可以引用类型学方法，由类型的稀有与典型程度来评定，或者以不同历史时期的建筑风格为划分标准。

2）技术：指结构、施工、材料、构造等方面的稀有与典型程度。

3）时期与年代：指在地区历史发展中所属阶段的古老程度。建造时间的判定有助于揭示老旧城区的历史差异性，显示其建造时期的风格特征。

4）艺术水平：按照构思、构图、技巧、细部处理的优秀程度，或艺术价值形成的吸引力与独特性评定，甚至在我国或世界建筑史中的地位与意义评定。这一标准主要涉及外形、技术等形态特征及艺术感染力，主要体现为视觉特征。

（2）地域特征的典型性。针对老旧城区整体景观特征而提出的标准，更全面地对老旧城区特色的建筑文化遗产予以保护。主要指老旧城区与周围环境的关系和在其中的重要位置，包括是否成为城市地标，是否有助于城市特色的形成与增强。

1）整体性：它是由不同时期的建设而逐渐形成的有序整体。通过老旧城区的组成部分在形式、比例和材料等方面是否形成高度统一的整体，按照过渡与连接的良好与特色程度评定。

2）融合性：老旧城区处于不断更新改造的状态，从形态、比例、规模、尺度等方面评定不同时期老旧城区的发展之间是否协调。

3）独特性：由于老旧城区所处自然环境的不同而形成的特殊性，通常指老旧城区的组成部分在形态、布局和细部等方面是否体现地方气候、地貌等自然因素特征，按照其特色程度评定。

4）地标性：老旧城区是否成为特殊重要的地区或城市的视觉标志，或者其内部是否含有城市地标。

（3）社会特征的关联性。老旧城区由于很多不同原因而具有社会关联价值，以特定的历史事件与人物为基础，与某个生活方式有关系，或是与文学名人、技术革新或公众情感有关联，同时老旧城区内的建筑文化遗产能够提高社会生活品质。

1）事件：文化遗产总与城市社会兴衰的重大历史事件紧密相连，按照历史事件的重大程度以及遗产与事件的关联程度评定。

2）人物：按照历史人物的著名程度以及老旧城区与人物的关联程度评定。

3）革命运动：按照老旧城区与革命运动的关联程度评定。

4）社会生活：遗产是人类生活需要而带有社会生活的印痕。按照遗产与社会风俗习惯、生产方式、政治制度等关联程度评定。

5）老旧城区是否有更新改造的必要与可能，很大程度上取决于它能否继续满足城市生活的需要，是否有助于提高居民的生活品质，以促进社会发展与城市活力的提升。以公众参与的成效性、生活品质的改善程度评定。

（4）历史信息的完整性。老旧城区保留历史信息的完好程度直接影响其价值大小，必须科学确定其变更状况，鉴别价值损失度。

1）加建部分：老旧城区的形态可能在多方面被改变，需要鉴别建筑或街区中后建部分的时代，及其与原建部分的关系，其中对于影响到老旧城区原有特征的改建部分，尤其是现代加建，则会导致评定价值降低，而对于改建或扩建部分年代久远且效果生动，则可以提升其价值。

2）原有功能与后续功能：老旧城区的功能往往是随时代不断变化的，需要鉴别其原有功能、曾经功能、现代功能，这样有利于把握社会生活的更替而产生的意义与对其造成的正面与负面影响。

3）地域环境特征是否失损：随着城市发展建设，老旧城区所处的环境处于动态发展之中，原建部分是否威胁到遗产的整体性与融合性，街区的整体空间骨架是否损害，以及其内部的景观地标性是否受到影响等。

（5）市场特征的经济性。基于我国城市大力发展经济的时代背景，在对老旧城区进行保护传承中应高度重视其建筑文化遗产的外在与潜在的经济开发价值。在全球化社会中，经济价值与其他价值之间的关系日渐突出，经济价值的地位明显上升。但目前存在的两种倾向都失之偏颇，一是政府决策仅以外在经济效益与市场机制为主导；二是遗产保护专业人士完全忽视经济价值，在保护决策中很少或根本不考虑经济效益。因此将建筑文化遗产的经济价值纳入评定框架，以遗产保护促进经济发展。

1）功能适应的潜力：绝大多数文化遗产面临着适应现代生活而再利用的问题，对现代需求的满足与适应程度越高，其开发利用价值就越大。主要可以从三个方面评定：其一是设施条件，按照其作为现代用途的设施条件和抗损能力评定；其二是兼容性，按照现有功能与该地段土地利用、分区的兼容程度评定；其三是适应性，按照其功能改变而又不损害其历史文化价值的潜力评定。

2）区位开发的潜力：实践证明，文化遗产可以在城市区域土地开发中发挥重要作用，一个文化价值较高的标志性建筑的开发也会影响整个区域的命运。主要可以从三个方面评定：其一是城市区位的重要性与优越性；其二，交通可达性等，区域的交通条件直接影响其开发的经济效益；其三，周边效应的影响力，文化遗产复兴会对周边地区复兴产生不同程度的影响与作用，以其影响力大小评定。

3）文化旅游开发的潜力：旅游开发越来越被证明是名城保护与经济接轨的有效途径，在不损失历史信息前提下的旅游开发是文化遗产价值的最好彰显。主要从两个方面评定：其一是吸引力大小，文化遗产普遍被视为是旅游目的地的吸引物，文化遗产对游客的吸引力大小可以显示旅游开发的前景；其二是旅游设施设置的可能性，作为旅游开发的文化遗产地段，在满足城市居民的日常生活需要的前提下，还要符合游客的特殊需要。

1.4.3　老旧城区价值评定的目的

（1）发掘老旧城区价值特色。通俗来说，老旧城区价值评定就是为了回答某一座旧城有没有价值、有哪些价值、有多大价值的问题。价值评定是老旧城区保护与利用的必要阶段，在整个保护工作中起到承上启下的作用，它是调查和研究工作完成以后为制定科学完整的保护规划所必不可少的工作步骤。因此，老旧城区价值评定的根源就是为了寻求更为科学的保护。

（2）全面掌握老旧城区价值资源状况。从地域分布层面来说，通过对各地域的老旧城区建筑价值进行综合性评定，以便老旧城区建筑的"个体档案"的完整建立和"建筑等级分布图"的形成，使我们进一步了解城市老旧城区建筑的分布状况、价值特色和发展方向，并将其与城市建设的发展规划结合到一起，从而对它们的前景有所预期。

（3）量身定制老旧城区保护方案。通过对老旧城区内在价值和可利用性的评定结果分级，可以为我们更规范更科学的归类分级、保护策略的制定和各类规划的编制提供前提依据，并通过对老旧城区建筑遗产所处外部环境因素的评定，使建筑遗产保护中必须面对的与经济效应相关的建筑利用方式问题获得同步认识，为选择适宜的可适应性再利用方法提供较为科学的量化依据。

（4）达成属性价值共识。通过评定指标体系的建构，使规划管理部门、规划编制部门等多方沟通成为可能，而评定体系的建构实际上也是一个各方对资源属性价值达成共识的过程。

1.4.4　老旧城区价值评定的分类

老旧城区包含兼备客观性和主观性的多种价值资源，是由一系列关联密切、分类明确组合的综合价值。结合老旧城区的特殊性，在依据科学性、定性与定量、结果导向等原则的基础上对其价值进行解析，将其分为历史价值、科学价值、艺术价值、文化价值、社会价值和经济价值，如图 1.44 所示。

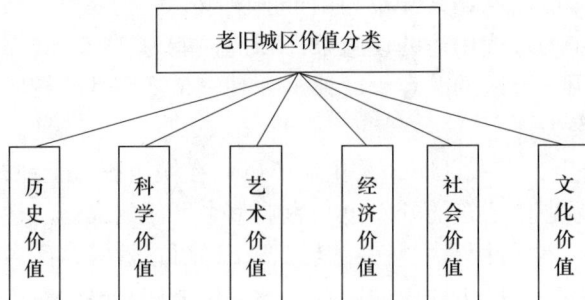

图 1.44　价值分类

（1）历史价值。历史价值是老旧城区价值的基本内容和核心要素，是特定历史文化时期下的物质与非物质遗存的浓缩，孕育和创造了数量众多、异彩纷呈而又特色鲜明的文化形态，充分展示了遗产资源的历史沿革、民族风俗、建筑风格、传统工艺、服饰礼仪等。历史价值评定昭示着老旧城区遗产在历史视点中的尊崇性，历史的可信性要求遗产负载信息的原真性。

（2）科学价值。科学价值是老旧城区价值组成的重要部分之一，包括科普认知价值、科技的发明和创造价值、历史时期工艺工法和科学考察价值等。它积累着人类实践过程对自然规律的理解的成果，是指老旧城区资源中所蕴藏的科学技术、科学精神以及伟大科学成就，反映和体现着在不同历史时期的生产力水平，成为了解和认识老旧城区的历史见证；科学技术层面上成为一个参考标准，使科学技术理念、技艺技能等潜在价值得以展现，对科学研究具有重要的参考依据。

（3）艺术价值。艺术价值同历史价值和科学价值一样，是老旧城区价值的核心组成部分，是在审美方面给予人们视觉、听觉、触觉以及心理上的感受，可以给人带来一种舒适、愉悦的心情。艺术价值可反映在老旧城区街区和建筑布局的合理性和美观性，独特的地方特色、传统文化的传承程度、建筑艺术的精美程度、建筑的表现力和吸引力。

（4）经济价值。经济价值是关于历史、艺术和科学价值的衍生价值，老旧城区着重表现其文化、生态和经济性，汇集了文化遗产的保护、旅游开发、休闲游憩、功能整合等多重经济价值。经济价值包括整体形象推广，促进文化遗产在旅游者心目中的广泛认同，并结合当地生态景观，以及休闲养生等理念加以阐释，构建文化遗产保护开发体系，如对老旧城区内的大型遗产点开展修复建设、主题文化演艺产品的利用、文化休闲旅游产品的利用建设等。

（5）社会价值。老旧城区的社会价值主要表现在教育科普、地域文化认同等，以及当地人民群众的地域认同感、归属感，聚集着强大的凝聚力和号召力，成为传承文化永不断层的精神纽带，是人们精神和意识的集中表现形式之一，夯实了社会认同感和归属感的基础。

（6）文化价值。根据相关文化价值理论的研究发现，文化价值主要由三部分组成：一是审美价值：老旧城区孕育了众多包含美学内涵的遗址遗存，它们迎合相应历史时刻或超越时代的审美心理和观念；二是精神价值：不同的区域都具有自身独特的文化，延续着它们的精神文明，展现着老旧城区资源独特性、传承性和地域性；三是象征价值：老旧城区资源的象征价值不仅包括其本身的潜在价值，还包含对游客的感染力、核心文化的要义以及对文化基因链条的全方位解读。

1.4.5　老旧城区价值评定的内容

老旧城区作为时代更替的产物，其价值具有多元性。本书把老旧城区所具有的价值放在特定的属性空间里，对其进行评定，其评定内容如图1.45所示。空间安全评定是老旧城区其他价值评定的先决条件，只有安全得到了保障，其他后续工作才有评定的价值。同理后续其他价值的评定是对其的一个反馈过程，说明空间安全在评定的基础上已经得到了保障。

（1）空间安全评定。空间安全的评定是保证后续老旧城区其他价值效益评定的先决条

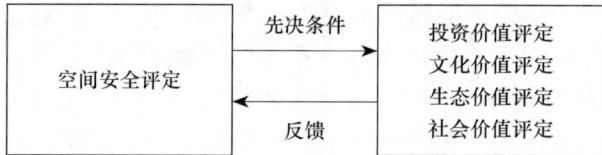

图 1.45　价值评定内容

件，在对老旧城区进行绿色重构设计前，应对城区内地上、地下既有及拟建的建（构）筑物及其所处环境进行综合评定，对潜在的不利因素进行规避，保证重构项目后续的安全进行。

在保证安全的基础上，对老旧城区所处空间范畴运用合理的绿色改造技术手段，对老旧城区进行合理重构，实现其功能再生，在真正意义上复兴老旧城区。

（2）投资价值评定。老旧城区绿色重构项目应在总体规划的指导下，按照统一规划、合理布局、因地制宜、综合利用、配套建设的原则进行绿色重构模式选择，合理重构空间。在对老旧城区改造项目投资决策时，应在满足空间安全评定要求的基础上，节约投资成本，明确投资收益。

（3）文化价值评定。老旧城区所蕴含的历史文化价值，人类不仅需要保护，还需要通过可持续发展的方式来利用。城市的动态发展过程趋向于演化而非保护，在演化过程中历史性建筑能保留下来，形成城市发展的推动元素。通过对老旧城区的重构再利用，可以织补城市环境肌理，延续城市历史风貌，更好地保持地域文化的多样性。

文化价值评定的内容应包括老旧城区建筑的风貌与特征，反映文化价值的建筑工艺、人本创新及宜居文脉，其宗旨是对传统文化的保护与延续，对历史地段和建筑群的维修改善与整治。

（4）生态价值评定。通过对建筑全生命周期的损耗与污染进行分析可得出，一座老旧城区内的旧建筑代表一定能量的投入，毁掉它就意味着消耗另外一些能量驱散这些已有能量，同时大量排放废物。旧建筑的合理再利用则通过对资源的循环利用，使建筑在生命周期内不断更新使用，避免重复的资源消耗和环境污染。

不难看出，合理再利用是对旧建筑最好的保护，也是对生态环境的保护。针对建筑全生命周期产生的损耗和污染进行修复性治理，可以减少城市建设污染程度，对有效利用社会资源及环境可持续发展起到重要作用。

（5）社会价值评定。老旧城区绿色重构社会价值评定应考虑其对社会发展的影响，与社会环境的交融程度以及可能带来的风险等因素，考察与社会环境、自然环境、生态保护、经济发展的关系。评定过程中应遵循"以人为本"的原则，科学预测重构项目的社会价值，并对有关不利影响提出措施建议。

社会价值评定主要涵盖两方面内容：一是对社会经济发展的贡献，即包括影响区域经济文化发展、促进就业和增加税收三个方面；二是对维护社会和谐的影响，包括改善公共卫生环境和促进城市更新两个方面。

2　老旧城区绿色重构价值评定理论

老旧城区绿色重构是以对原有环境损害程度最低为设计目标，与生态相协调的一种建设过程。这种在设计时形成的协调性意味着设计时需要做到合理地利用场地自然资源，尊重原有环境的多样性，维持并且提升现有的环境质量，以最小的工程实现老旧城区安全系统良性循环。

2.1　可持续发展理论

2.1.1　可持续发展的基本原理

可持续发展的形成经历了"发展＝经济"的传统发展、增长的极限、"零发展"的认识阶段，最终形成人们普遍认可的可持续发展，如图2.1所示。

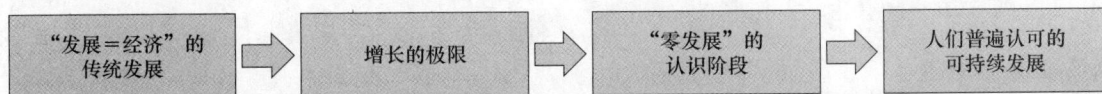

图2.1　可持续发展经济的阶段

到20世纪80年代，人类终于就走可持续发展之路达成共识。1980年3月，由联合国环境规划署，国际自然保护同盟和世界野生生物基金会共同组织发起，多国政府官员和科学家参与制定《世界自然保护大纲》，初步提出可持续发展的思想，强调"人类利用对生物圈的管理，使得生物圈既能满足当代人的最大需求，又能保持其满足后代人的需求能力"。1987年，联合国环境与发展委员会在《我们共同的未来》一书中正式提出可持续发展的概念，即可持续发展是既满足当代人的需要，又不对后代人满足其需要的能力构成危害的发展。1989年，在联合国环境署第15届理事会上，通过了《关于可持续发展的声明》，其中指出可持续发展意味着维护、合理使用并且提高自然资源基础，在发展计划和政策中纳入对环境的关注和考虑。1992年，在巴西里约热内卢召开的联合国环境与发展大会上通过的《21世纪议程》，使可持续发展思想走向实践。2002年，在世界可持续发展首脑会议的报告中，提出社会、经济和环境的可持续性，进一步补充了可持续发展的概念，因为社会经济子系统被嵌入在环境系统中，所以人类圈的可持续发展取决于环境的可持续性，这意味着社会进步和经济增长不能危及环境的可持续性。按照研究的学科领域，一般将可持续发展研究分为自然科学和社会科学领域。

老旧城区自然科学领域，更加关注生态、环境的可持续性，而老旧城区社会科学领域，更加关注人类发展的可持续性。人们面临着生态系统和社会系统可持续的挑战，同时从自然科学和社会科学领域提出可持续发展的基本需求，即自然科学领域可持续的基本需求包括：生态系统吸收能力、净化能力、粮食生产能力、气候调节能力和生物多样化等；社会科学领域的可持续基本要求包括：人与人之间、人与社会制度之间的信任，个性、年龄、技能的多样化，学习能力和组织能力的多样化等。根据可持续发展强调解决环境、社会和经济等三个方面的问题，可持续发展越来越多地被作为是通往理想社会的途径。

通过对老旧城区可持续发展中环境、社会和经济之间的关系分析，可持续发展具有三个特征，即发展度、协调度和可持续度。发展度即判别老旧城区是否在真正地发展、是否在健康地发展、是否是理性地发展，以及是否是保证生活质量和生存空间的前提下不断地发展。协调度是能否维持老旧城区环境与发展之间的平衡、能否维持效率与公平之间的平衡、能否维持当代与后代之间在利益分配上的平衡。可持续度是判断老旧城区在发展进程中的长期合理性，"持续度"更加注重从"时间维"上去把握发展度和协调度，如图2.2所示。

图2.2 老旧城区多尺度协同发展

老旧城区可持续发展主要涉及人口、经济、社会、资源与环境等方面，由于学科不同，阐述的重点和强调的角度亦不同。简而言之，在可持续发展的诸多因素中，人口是中心，经济是基础，环境是前提。总体上看，这一概念中有两个最基本的要点：一是强调人类在追求健康的生活权利时，也应当坚持其与自然环境相和谐，而不应凭借手中的技术，采取耗竭资源、破坏生态和污染环境等方式追求这种发展权利的实现；二是强调当代人在创造和追求当代发展与消费的同时，应承认并努力做到使自己的机会与后代人机会相等，不允许当代人片面地、自私地追求自己的发展，而毫不留情地剥夺后代人本应合理享有的同等权利。

2.1.2 可持续发展的理论基础

长久以来，学术界对可持续发展一直没有一个统一的定义，不同学者从不同的角度出发，对可持续发展进行了不同的阐述与表达，至今可持续发展的定义已经有超过一百种版本了。但所有定义中最著名的版本是 1987 年世界环境与发展委员会在《我们共同的未来》中提出的：既能满足当代人的需要，又不对后代人满足其需要的能力构成危害的发展。可持续发展体现了人们对社会发展方向的思考与对自然环境的关心，是顺应时代发展潮流的思想。

可持续发展的内涵非常丰富，不同学者也提出了不同的见解，见表 2.1。

表 2.1 国内学者多可持续发展内涵见解

学 者	观 点
欧阳锋	世界一体化的说法：世界是一个整体，它的发展应该是统一的，自然、社会、人口都应该一体化发展。世界是由很多层面组成的，且各层面之间牵连紧密，它的发展是多层面共同的协调发展
耿世刚	多种角度解释了可持续发展：从伦理学角度出发，他认为可持续发展体现了公平，包括人与自然的平衡，地域间和代际间的分配公平，也体现出了人类的核心地位
瞿璐	归纳了现有的五种可持续发展理论：第一种可持续发展理论研究人与自然，认为经济人口和资源环境之间存在联系，彼此就像矛和盾牌，相互之间既存在促进作用，也存在抑制作用。这种理论对不同地理位置下人类的各种特征进行分析，将人与其存在的自然环境系统相联系。第二种可持续发展理论是循环经济理论，这种理论主要专注于经济的循环发展，研究角度涵盖能量流动和物质循环两方面。第三种可持续发展理论是区域生态系统理论，这种理论强调区域间系统的和谐发展。第四种可持续发展理论是工业生态理论，这种理论认为我们应该选取高效环保的方式来发展工业经济，而不是沿用传统粗放的经济发展方式。第五种可持续发展理论是三维系统理论，这种理论分为三个维度，第一个维度是人口，第二个维度是地域，第三个维度则是社会经济系统，只有这三个维度和谐统一发展，才能实现可持续发展

我国可持续发展能力及其研究主要有以下几个方面的特点：
（1）运用概念的模型进行的实证研究，见表 2.2。

表 2.2 国内学者运用概念的模型进行的实证研究

学 者	观 点
高 凤 潘建伟	根据目前国内学者对可持续发展指标体系的研究成果，从经济、发展、社会人口等四个方面建立了可持续发展指标体系，对全国 31 个省市的区域可持续发展能力进行测算，进而对我国区域可持续发展能力进行综合评定，为实施地区可持续发展战略提供依据
姚晓东	通过分析区域可持续发展能力内涵，从生存、支持、能力等五个方面构建了江苏区域可持续发展能力综合评定体系，提出了江苏不同区域可持续发展协调性评定的方法
刘艳玲 欧阳志云	就国家环保总局批准的七个生态示范省的经济发展及区域可持续发展能力进行比较，发现七省的经济发展现状及区域可持续发展能力在全国 31 个省市（自治区）中属于中上水平，均有创建生态省的条件，但区域可持续发展各方面的能力极不平衡，各省要从实际出发，扬长避短，因地制宜，探索具有本地特色的生态省建设的新路子
梅 琳 邱俊娟 刘 青	从区域可持续发展的观点出发，根据湖北省具体区域特征，通过构建湖北省区域可持续发展指标体系和评定方法，得出湖北省 12 个地市可持续发展指数以及区域综合可持续发展指数
詹华群 曾 翀	介绍了《江西省区域可持续发展能力定量评定研究》，课题组在 2002 年确定了可持续发展评定指标体系，并对江西省 1996~2004 年可持续发展状况进行了评定，即进行了可持续发展能力定量评定，得出了评定结果和分析报告

（2）基于最新评定方法和技术能力的评定，见表 2.3。

表 2.3 国内学者基于最新评定方法和技术能力的评定

学 者	观 点
王兰霞	针对区域可持续发展系统的模糊性，以黑龙江省典型区域为例，建立了可持续发展评定指标体系，并将模糊综合评定方法用于区域可持续发展评定研究
· 朱玉林	通过构建区域可持续发展能力评定指标体系，运用灰色综合评定方法对湖南 14 个市州的可持续发展能力进行综合评定和差异分析
覃成林 刘迎霞	从区域可持续发展系统的角度构建了区域可持续发展能力评定指标体系，运用主成分分析、Mapinfo 技术等分析方法，对河南区域可持续发展能力进行分析、评定
郭 力	将区域可持续发展能力分解为经济、社会、自然资源可持续发展能力等 3 个子系统，借助 SPSS 统计分析工具，采用多元统计分析的因子分析技术对各区域可持续发展能力进行定量研究
邱俊娟 梅 琳	应用层次分析法构建安徽省可持续发展综合评定指标体系，求算出安徽省各市可持续发展能力指数，结合 Arcmap 技术对安徽省各市可持续发展能力进行了空间差异分析
王淑云	从投入产出角度出发结合可持续发展的指标，建立 DEA 模型，评定内蒙古自治区 1996~2005 年的可持续发展状况

（3）针对省级行政区做了典型区域研究，见表 2.4。

表 2.4 国内学者基于省级行政区典型区域的研究现状

学 者	观 点
张纯记	回顾了区域可持续发展理论基础研究、区域可持续发展的现状和水平的评判、区域可持续发展的能力研究等领域的研究进展，对研究中的成就和不足之处提出了见解，并指出了今后区域可持续发展研究努力的方向
吴 涛	认为我国区域可持续发展能力的研究从其概念到理论研究至今还没有达成普遍共识，目前的实证研究受限于理论层面的分歧，结果也往往缺乏公允而不能直接应用，这些因素都妨碍了能力建设的继续深入，在对当前理论和实证研究归纳的基础上，应加强该领域的拓展，构建核心概念，提炼一般分析框架，并注重有针对性的案例研究
刘 伟 肖永琴	比较分析各省市可持续发展能力具有重要的现实意义。以 2005 年统计资料为依据，38 项指标组成指标体系，利用主成分分析法得出各省市可持续发展能力

可持续发展能力评定研究已取得重要的进展，研究方法逐渐多样化，研究区域从省域到小区域均有，其中最重要的是在评定指标体系构建方面取得了较大进展，更加重视资源环境承载力、生产能力、环境缓冲力、社会稳定能力和管理能力。但就目前已有的研究来看，针对老旧城区的可持续发展能力还不多见，尤其是这类区域可持续发展能力评定指标体系构建的研究和应用不多。

2.1.3 可持续发展的理论核心

（1）老旧城区可持续发展并不否定经济增长。经济发展是人类生存和进步所必需的，也是社会发展和保持、改善环境的物质保障。在老旧城区改造过程中，必须正确选择使用能源和原料的方式，力求减少损失、杜绝浪费，减少经济活动造成的环境压力，从而实现老旧城区具有可持续意义的经济增长。

（2）老旧城区可持续发展以自然资源为基础，同环境承载能力相协调。老旧城区可持续发展追求人与自然的和谐。可持续性可以通过适当的经济手段、技术措施和政府干预得以实现，目的是减少自然资源的消耗速度，使之低于再生速度。如果在老旧城区改造经济决策中能够将环境影响全面、系统地考虑进去，可持续发展是可以实现的。"一流的环境政策就是一流的经济政策"的主张正在被越来越多的国家所接受，这是可持续发展区别于传统发展的一个重要标志。相反，如果处理不当，老旧城区环境退化的成本将是巨大的，甚至会抵消经济增长的成果。

（3）老旧城区可持续发展承认自然环境的价值。这种价值不仅体现在老旧城区环境对经济系统的支撑和服务上，也体现在环境对生命系统的支持上，应当把生产中环境资源的投入计入生产成本和产品价格之中，逐步修改和完善国民经济核算体系，即"绿色GDP"。

（4）老旧城区可持续发展是培育新的经济增长点的有利因素。老旧城区贯彻可持续发展选择质优、效高，具有合理、持续、健康发展条件的绿色产业、环保产业、保健产业、节能产业等提供的发展良机，培育大批新的经济增长点。老旧城区的发展不否定经济的发展，但应当站在保护环境、全部资本存量的立场上去纠正它们，使传统的经济增长模式逐步向可持续发展模式过渡。老旧城区发展追求人与自然的和谐，通过适当的经济手段、技术措施和政府干预得以实现，减少自然资源的消耗速度，使之低于再生速度。

2.2 城市双修理论

2.2.1 城市双修的基本原理

"城市双修"是指生态修复、城市修补。其中生态修复，旨在有计划、有步骤地修复被破坏的山体、河流、植被，重点是通过一系列手段恢复城市生态系统的自我调节功能；城市修补，重点是不断改善城市公共服务质量，改进市政基础设施条件，发掘和保护城市历史文化和社会网络，使城市功能体系及其承载的空间场所得到全面系统的修复、弥补和完善，如图2.3所示。

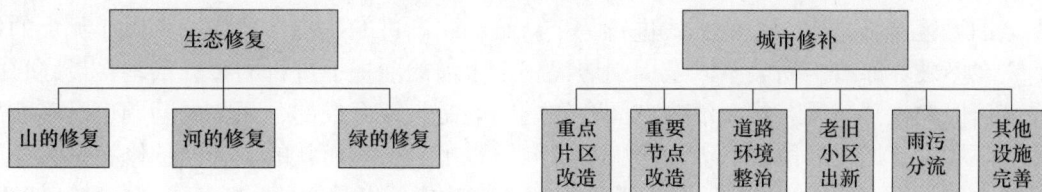

图2.3　城市双修的基本内容

如今城市的发展建设模式已经由原来的大规模扩张转变成为更新与再利用，修补、更新、再利用已成为如今老旧城区建设的关键词，城市双修也已被提上日程。城市双修包括城市山体、河流、空间、建筑、景观等各方面的内容，城市双修不仅是物质环境的修补，也包括软环境的修补。消极空间属于城市公共空间的一部分，消极空间因功能性不明确，或使用需求不符导致空间使用效率低甚至废弃，它没有充分发挥公共空间应有的作用，如图2.4所示。

图2.4 城市消极空间
(a) 消极空间（一）；(b) 消极空间（二）

消极空间的修补是城市双修的一部分，它的修补包括：空间环境的整治、功能的完善与多样、活力的提升、文脉的延续等。找到每个空间的真正问题所在，针对重点，协同各方，共同修补。面对"城市病"的大量社会问题，不宜采用"大刀阔斧"的方式来解决，这种方式有一定的产生条件，在一定的时期里确实解决了一些城市难题，但同时又带来了很多新的问题。如拆除城市中的贫民窟而不去解决贫困人员的安置问题，从而导致贫民窟向郊区转移；一些街区的大规模改造导致传统的邻里感随之消失等。对城市问题只是进行表面处理，忽视城市社会、文化等因素，难以真正治理城市问题。而在经历长期实践后探索出来的"城市双修"，借鉴了以往"宏大叙事"的经验避免不必要的损耗，在提升合理性的同时，对治理过程中可见与不可见的挑战对症下药，追求效益最大化。以重点地区为切入点，以小尺度规划为手段，以问题为导向，以小微弥合的方式来修补城市的漏洞，激活城市的可持续发展，修补城市的场所和文脉，修复和改善城市的生态环境。小规模的更新方式更在意的是片区的整体性、连续性和过程性，同时注重市民的参与性和经济适用性等，修补主体也由开发商或政府单方转变为多方。消极空间的修补应注重的是片区内局部空间的微调整治、开发利用，这样才能保证片区整体风貌与脉络的延续。

老旧城区修补是用织补的方式进行一个持续的、渐进的过程，形成一种以小见大的效应。它在不破坏原有空间关系以及周围居民正常生活的前提下进行的修补活动，最终目的是提高居民的生活品质。然而消极空间存在的问题是长期形成的，面临的问题也是多方面的，如环境、交通、居民诉求等，所以解决问题也不是一蹴而就的，空间的修补是一个渐进式再生的过程。所谓欲速则不达，消极空间的修补更新也是如此，细节决定成败。持续、渐进的过程一方面体现在时间上，需要修补的各方面可以持续地完成，以便较早地看到成效；另一方面是在空间上，可以先对小片区的消极空间进行修补实践，为后续的实践工作找出经验与不足。持续发展的更新策略力求慢工出细活，同时空间的修补不仅是对城市空间的织补，也是对其周围社会关系网络的织补，它可以形成活力点，改善周围空间环境和居民的生活品质，如图2.5所示。

图 2.5 城市消极空间改造

(a) 空间改造（一）；(b) 空间改造（二）

2.2.2 城市双修的理论基础

2.2.2.1 理论渊源

2000 年，刘力在对北京西单商业地段的规划设计中，认为西单片区交通系统紊乱，建筑排列紧密，且建筑单体之间缺乏联系，由此提出了功能修补手法，对城市功能景观进行修补，促进多元化交通形式的接驳，城市风貌和谐，并在繁华而拥挤的商业地段植入文化广场引导触媒作用，以提升片区内部的商业环境。

2006 年，蔡新冬针对教堂与周围新环境的形式冲突问题提出了"修补城市"的理念。建议采取小规模渐进式的方式，以片区整体风貌的维护为考量基础，运用"中心场"来统筹片区内整体形象风貌，整体性地修复城市交通。

2011 年，萧百兴在我国台湾某小镇的规划中，对当地现状与历届规划进行总结得出，城市空间的营造并不是一次规划的成果，而是随着时间积淀而逐步呈现的状态，在规划的过程需选择"小针美容般的精准外科手术的修补式设计"，通过对城市整体脉络的梳理，提取关键节点，运用"着重点滴"的建设形势，促进旧区的整体性发展。

2012 年，徐卡迪在旧工业用地的更新设计中，权衡高昂的建设成本以及社会成本，提出"修补型"建设，摒弃传统更新中大尺度改造的方式，进而选取必要性用地进行置换与更新，集中填补城市基础设施的不足，防止片区文脉的断裂。

2013 年，李绒在对营口老城更新规划中，将景观修补提高到战略位置，把景观修补视作城市修补的重要环节。通过景观的修补，可以完善城市物质环境的构建，并提高居民的精神认同。

2014 年，陈又萍明确断言原有"大拆大建"式规划必将由"修补型"规划替代，在城市建设的过程中，需要在现状资源充分解读的基础上，实现物质资源、文化资源、历史性资源的再利用。运用局部的小规模的更新，让城市用最小的成本换取利益最大化。

2.2.2.2 理论发展历程

2015 年，我国首次提出"城市双修"概念，将其归纳为生态修复、城市修补。2015 年 4 月，三亚经过批准成为我国第一个"城市双修"试点城市。2016 年 2 月 21 日，中共中央明确指示应加大推动城市修补与有机更新，以此缓解城市旧区居住条件下降、空间失序、功能设施缺失以及历史建筑被破坏等问题。推动建筑体量、色彩、街巷格局、城市天际线等更协调灵动，同时加大对历史建筑的保护、改造风貌不协调片区、合理配置基础设施，逐步推进城市旧区功能与风貌的优化，推进城市历史文脉的延续。2016年3月，住建部对"城市双修"理念进行深化，做出了目前最权威的解释，指明用再生理念，以恢复生态系统的再生能力为目标，减少人为干扰，修复已破坏地区的自然要素，促进生态优美城市的建设；采取更新织补的手段，填补基础设施欠缺、营造优美的空间环境以及景观风貌，促进城市特色化建设。2017年3月，住建部新增了以福州为代表的19个城市作为第二批"城市双修"试点城市，2017年7月14日，包括保定在内的38个城市被选作"城市双修"第三批试点，标志了"城市双修"工作从理论探索到实践的迅速发展。

2.2.2.3 学者的进一步思索

伴随着"城市双修"理论的兴起，一些以城市修补、生态修复以及"城市双修"为主题的论坛在全国各地召开，城市双修工作也遍及全国各地，引发了城市规划工作者对城市双修理论进行进一步探索与交流。孙安军教授认为从当前城市双修工作进程来看，我国的城市双修存在以下突出问题：如侧重于物质硬件的修补，却忽视了软环境的营造；政府在城市双修工作中具备着绝对主导权力，却忽略社会主体的参与。洪亮平教授对城市双修进行了反思，认为城市双修理应提升对社会问题的关注，提出社区是人居治理的重要对象，人口结构复杂的棚户区等是治理的重点。王世福教授将城市双修工作总结成对城市化进程的主动人文干预，目的在于协调城市生产生活生态空间与经济增长的关系。袁锦富总规划师认为城市双修不仅针对城市旧区，新建开发区作为城市发展的重要承接空间，其合理的转型与更新也应是"城市双修"工作需要涉及的。

2.2.3 城市双修的理论核心

"城市双修"是一种城市更新的方法，它是针对城市在快速发展过程中存在的问题和缺憾而提出的，重点关注的是老旧城区短板。生态修复就是用再生态的理念，在尽量降低生态系统所受干扰的前提下，恢复其功能、形态结构或自我调节能力，使生态系统处于动态平衡状态。段进教授认为对待城市和自然的态度有三个阶段，见表2.5。

表2.5 段进教授认为对待城市和自然的态度的三个阶段

阶段性	内　容
第一阶段	开发利用，城市快速扩展
第二阶段	旧城更新，利用保护
第三阶段	有机织补，系统再生，拓展生境，合而为一，是说生态和城市两者去创造一个新的生境

"城市修补"理念主要是小尺度渐进式的有机更新，以修为主，强调对原有环境的低干扰来解决城市病。"城市修补"实际上是对城市空间环境的微更新，比起大拆大建，"细微之处见真章"反而是一种更合适的城市更新模式，见表2.6。"城市双修"对指导城市消极空间的修补具有宏观把控的作用，通过对老旧城区的消极片区进行系统的指导与修补，

来解决老旧城区环境品质下降，空间秩序混乱等问题，进而提升城市活力，传承历史文化，塑造地域特色，引导城市的可持续发展。

表 2.6 "城市双修"的特点

特　点	内　容
改善空间环境	提高生活品质，城市公共空间是城市活力的容器，消极空间是城市公共空间的一部分，却并未发挥应有的作用，大多数消极空间都处于未被利用状态，环境萧条、功能缺失，不能满足市民使用的基本需求，这是人们抛弃它们的最主要原因。所以，改善消极空间的环境现状，提升空间活力是最首要的事情。随着人们生活水平的提高，居民越来越追求健康舒适的生活，人性化、人文精神也越来越重要。消极空间的修补需要从使用者的角度出发，结合空间现状、使用者要求及其之间的互动，从物质层面及精神层面对消极空间进行分析，找出解决相应问题的手段。通过环境的整治、设施的完善、空间要素和功能的提升等来改善消极空间的现状，改善空间环境，让人们在城市中生活得更方便、更舒心、更美好
完善城市功能	消极空间渗透于城市中各处，尤其是老旧城区。通过对消极空间的修补来完善老旧城区功能，通过城市营造策划老旧城区新的功能和活力增长点。把对城市空间和环境的修补和完善城市功能相结合，针对老旧城区消极空间的实际情况，分级分类增加公共服务设施供给，定位区域功能业态，调整优化其产业、人口和空间结构，优化其资源配置，使其在城市中良性运作，让城市的体态丰盈起来；同时通过对交通的梳理，优化慢行交通进而优化城市交通系统，让城市的血脉通畅起来。另外，完善基础设施，以功能完善提升城市的整体服务水平，使城市"功能完善、富有活力"
传承城市历史文脉	消极空间修补的过程也是历史文脉传承的过程。消极空间的历史文化会在衰败的过程中慢慢丧失和断裂，在对空间修补的过程中梳理其文化元素以及其原有的特色资源，并对其重新运用，形成特色空间节点同时织补整体的文化脉络，有助于提升整体空间及城市的风貌特色。如发掘整理历史文化遗产，结合老旧城区的改造，保护并修复那些物质和功能老化衰退，但整体上有文化价值和历史文脉的街区，展现地方历史文化特色等，形成独一无二的城市名片。所以要把城市消极空间的修补与城市文化的传承和建构相结合，尊重、保护、传承城市历史文化，同时优化城市的空间和风貌，突出城市的文化内涵和品质特色
注重社会治理	城市的经营模式已从城市管理开始转向城市治理。传统的城市管理由政府主导，用行政命令的方式来维护城市的运营，具有单向性和强制性，自上而下的模式已经不能满足需求；而治理则是由政府、社会、市场等多元主体共同参与，相互协调和沟通，通过协作共同管理城市公共事务，体现出开发性与互动性。消极空间的修补的过程同样也是实现社会治理的过程，它需要各方共同参与，定位好自己的角色，协同参与修补设计的各个阶段，共同完成任务。不同参与者发挥着不同作用，政府部门的角色应该更偏向于宏观调控和倡导者，协调各方共同参与其中；城市设计师是在城市规划设计过程中比较专业的人员，需要面临政府、企业、居民等各方的需求，同时还要平衡各方的利益，从中找到合理的解决方法，作为一个为各方提供专业指导的辅助者；社会公众是由不同的价值群体组成，他们参与城市消极空间的修补是基于有与自己一致的目标或共同的情感价值，所以通过践行公众参与，能够有针对性地制订城市修补的行动计划。让各方力量共同参与到修补工作中来，有利于实现社会治理，实现修补工作的共创、共建与共享

2.3　生态安全理论

2.3.1　生态安全的基本原理

近年来，城市化引发的城市生态安全问题逐渐引起人们的关注。城市生态安全问题的内容主要包括气候变暖、土地荒漠化、海平面升高、生物多样性锐减、雾霾、水污染、交通堵塞等，如图 2.6 所示。为应对城市生态安全问题，随着城市生态系统功能、城市生态安全范畴和城市生态风险评定等方面的研究日益深入，国内外学者从城市生态系统发展过程、城市生态服务功能的维持、提高城市生态系统价值、城市生态安全指标体系的构建、城市生态安全评定方法、城市生态风险评定的内容、方法和步骤等方面开展了研究，取得了丰硕的研究成果。

图2.6　城市安全问题
(a) 安全问题（一）；　(b) 安全问题（二）

（1）人地关系理论。伴随着人类社会的发展和进步，人类社会活动与地理环境之间的相互关系始终处于变化之中，不断向纵深进化，这种不断变化的关系被称为人地关系。从系统的角度来看，人地关系是由人类活动和地理环境这两个各不相同但又相互联系、彼此渗透的子系统构成的复杂系统，既包含了人类活动对地理环境的适应、利用和改造，也包括地理环境对人类社会的影响和反馈。在这个系统中，"人"并不是指单个自然状态下的人，而是社会性的人，是多层次的人类活动主体；"地"则是由自然要素和人文要素按照一定规律，有机结合构成的多功能地理环境整体。人地之间的客观关系可以从以下两个层面进行探讨：

第一个层面是最基本的层面，是人类的生存问题。老旧城区作为生存的物质基础和活动空间的角色却从未改变，人类的生存依赖于地理环境，这种依赖程度取决于人类对地理环境的认识和利用能力的变化；一定范围的地理环境，其承载力是有限的，只能容纳一定数量和质量的人类和一定形式的人类社会活动。

第二个层面是老旧城区人的生存与自然环境之间协调发展问题。人地关系的协调与否取决于人，但这并不意味着人类可以完全地、随意地支配地理环境，人类在利用和改造地理环境的过程中，需要主动并自觉地遵循自然规律，以此约束人类活动，达到人与地和谐共处、持续发展的目的。人地关系具有丰富的内涵，不仅涉及人与土地综合体的关系，人与人、人与社会等多个层次的关系也被纳入其中，它们共同组成了人地关系地域系统。

（2）系统理论。系统论是研究系统的结构和功能演化规律的科学，其核心思想是把研究对象作为一个系统，从整体的角度揭示各系统、要素之间的相互关系和内在规律。系统论认为系统具有一定的层次和结构，是由多个要素组合而成的有机整体，各要素相互影响、相互制约，整体大于各要素之和。系统具有整体性、层次性、动态性和开放性等基本特征。

1）整体性。老旧城区系统内部各要素之间、各子系统之间相互关联和相互制约，组成了不可分割的一个整体，任何单一要素、单一子系统的变化，都会对其他要素甚至整个系统产生影响，正所谓牵一发而动全身；系统的整体性还表现在系统的整体性质、功能大于各要素的性质、功能之和。系统的整体性要求人们在观察和分析问题时，不能只看问题的一方面，应从全局上考虑问题。

2）层次性。老旧城区系统由各个子系统组成，子系统又由各要素组成，而要素又由次一级子系统构成，以此类推，形成了不同质态、不同等级的多个分系统，根据时间、空间、数量的不同，可划分为多个类型的层次和结构。

3）动态性。老旧城区系统本身及其外部环境，无时无刻不处于动态变化之中。系统的动态性要求人们以发展的眼光看问题，不能只停留在问题的眼前，应着眼于事物的长远发展。

4）开放性。老旧城区系统都是处在一定的环境条件下，系统与外部环境相互作用和影响，时刻进行着物质、能量和信息的交换。

（3）生态承载力理论。老旧城区生态承载力是指在一定时间和空间范围内，老旧城区生态系统的自我调节功能不被破坏的前提下，为维持人类生存和人类发展所能提供的资源支撑和环境容纳能力，是生态系统整体水平的表征，如图 2.7 所示。

图 2.7　生态承载力有限

其概念包括了两层含义：一是为维持老旧城区生态系统自身健康的自我调节能力，以及资源供给和环境容纳能力；二是为老旧城区人类活动和社会发展承受的生态系统压力。前者为生态承载力的支持部分，后者为生态承载力的压力部分。当支持部分大于压力部分，意味着生态承载力在承受范围之内，生态系统处于稳定、有序状态；反之，则意味着生态承载力超出了承受范围，生态系统处于失衡、无序状态。土地生态安全研究应结合生态承载力理论，深刻认识到土地生态系统的承载能力是有限的，不仅表现为土地资源、水资源等各种资源和能源的有限性，还表现为容纳环境污染能力的有限性。因此，人类不能无节制地向土地生态系统索取资源和服务，人类活动的强度不能超过土地生态系统的承受范围，即承载阈值，否则，将造成土地生态系统的结构失衡和功能退化，引发严重的土地生态问题，而最终自食其果的将是我们人类自身。

2.3.2　生态安全的理论基础

19 世纪末期，英国学者霍华德撰写著作《田园城市》，试图用理性的规划方法来协调城市化与城市生态环境之间的发展，标志着城市生态学研究的兴起；20 世纪中期，欧洲学者运用生态学方法就城市健康、土地及社会分层等问题进行研究，取得了丰硕成果；20 世纪 80 年代，研究者从多学科、多角度、多层次研究城市生态问题，城市生态治理备受瞩目；进入 21 世纪，城市化及城市生态安全问题几乎都围绕着生态城市、城市可持续发展研究而展开，对城市可持续发展及生态环境评定的研究掀起热潮。具体来看，可分为四个阶段：

尝试研究阶段：19 世纪末，研究者利用生态学和社会学的原理，从对城市外部生态问题的研究转向城市内部社会空间结构和土地利用的研究，城市化及城市生态问题成为研究的主流。生态安全最初以"环境安全"的概念出现，围绕环境变化与安全之间的关系而展开，主要指生态系统的健康和完整情况。

全面研究阶段：20 世纪 60 年代，研究者从政府与非政府组织、经济模型、数学分析方法等渠道对城市生态安全问题的动态性进行了全面而深入的研究。

深入研究阶段：20 世纪 80~90 年代，关于城市生态安全治理的研究异常活跃，它不仅在经济学、社会学、生态学、环境科学、管理科学和地理学等学科间展开，其微观机理与运行机制也引起了环境科学和城市研究者的极大兴趣，跨学科综合研究成为研究城市生态安全问题的重要发展趋向。

综合研究阶段：20 世纪末期至 21 世纪，有关城市生态安全治理的研究紧密围绕生态城市、可持续发展城市、卫生城市、安全城市、健康城市等主题而深入，相关的国际组织积极参与其中。1987 年发布的《我们共同的未来》报告中将可持续发展定义为：既能满足我们现今的需求，又不损害子孙后代，能满足他们的需求的发展模式，为城市可持续发展的研究拉开了序幕。

2.3.3　生态安全的理论核心

20 世纪 80 年代初，从环境科学的角度对城市生态安全问题进行的研究相对较多，通过环境学、地理学、生态学中的技术措施应对城市生态问题；20 世纪 90 年代中期后，随着可持续发展理论的兴起，国内学者先后从经济、社会、环境、生态和地理学的角度对城市可持续发展进行研究，城市生态安全的研究呈现多元化发展的趋势；21 世纪初，从多学科角度探索城市生态、城市人居环境等要素之间的相互关系，注重探讨城市化引起的城市生态危机、城市社会经济与环境协调发展的评定、模拟调控以及城市生态环境可持续发展问题。具体来看，国内相关研究可分为三个阶段：

第一阶段，从环境科学的角度研究老旧城区生态安全问题。老旧城区生态问题研究，以保护生态资源与环境为目标。首先，环境学家对生态安全问题的研究。环境学家注重对环境变化的内在机理进行分析，以求实现生态环境的良性发展。其次，地理学家对生态安全问题的研究。地理学家以区域差异对于生态环境的不同作用为研究起点，探寻正确处理人与自然关系的方法，以求实现不同地域间生态环境的健康发展。

第二阶段，从经济、社会与生态环境协调发展的角度研究老旧城区生态安全问题。研究学科主要包括经济学、社会学、城市规划和生态科学，研究重点是评定不同城市间社会、经济与生态环境协调程度，以及规划的合理程度。从自然系统到城市复合生态系统的转变，为老旧城区生态安全治理的研究提供了契机；把以生态 – 环境为主体的生态关系置于人

类 - 环境关系为主体的研究中，使得生态学与人类社会的生产活动关系更为紧密，对解决城市化过程中所带来的各种老旧城区生态安全问题具有重要的理论指导与现实意义。

第三阶段，以可持续发展理论为基础研究老旧城区生态安全问题。首先，20 世纪 80 年代，可持续发展理论兴起，先后从经济学、环境学、生态学、管理学及地理学的角度对老旧城区生态可持续发展问题进行了不同层次的研究。作为老旧城区生态复合系统下的社会子系统、经济子系统、环境子系统共存共生、共促共进，在矛盾运动中共同推进老旧城区复合生态系统的协调发展，最终实现社会生态化、经济生态化和环境生态化。

最后，20 世纪末期，老旧城区生态安全研究进入综合、多元化发展阶段，研究集中于老旧城区生态系统中的人口、经济、资源与城市生态环境的交互作用。2002 年发表的《深圳宣言》对城市化、生态城市建设与可持续城市发展等问题进行一系列总结。2016 年在中国深圳举办以"森林城市与人居环境"为主题的首届国际森林城市大会，突出了森林城市建设在生态文明建设以及实现 2015 年通过的联合国 2030 年可持续发展议程中"建设具有包容性、安全、有复原力和可持续的城市和人居环境"的战略目标中的积极作用。

2.4　宜居城市理论

2.4.1　宜居城市的基本原理

"宜居城市"的概念是随着人类生产力的发展而逐步提出来的。第二次世界大战以后，Smith 出版了《宜居与城市规划》一书，提出了宜居的概念。Hahlweg 认为在宜居城市中，能健康地生活，能方便地出行。Salzao 认为：宜居城市还应该符合生态可持续发展的要求。Lennard 则提出了如下宜居城市建设的基本原则：在宜居城市中，人们可以彼此自由地交流。Palej 认为，宜居城市就是一个充满友爱的地方，A.Casellati 认为，宜居城市的本质有"生活"和"生态可持续"两个方面。

从 20 世纪 90 年代开始，"宜居城市"这一理念在我国逐步受到关注和重视。专家学者们提出了许多富有建设性的解读。中国著名的建筑学与城市规划专家吴良镛院士将系统论融合进了人居环境建设理论，国内的宜居城市理论开始得到了发展；任致远从生活方便舒适与和谐人文环境方面定义宜居城市；俞孔坚从自然生态环境与人文环境方面提出了宜居城市建设理念，宜居城市需要具备良好的自然环境和人文环境；李丽萍、郭宝华等定义的宜居城市是指经济、社会、文化、环境等方面得到协调发展、可持续发展的城市，人们可以充分享受人居环境的舒适和美好；颜毅认为宜居城市定义包括两个方面：一个是宜居城市应该具有强大、可持续发展的经济后盾，另一个就是城市公共基础设施、优质服务的普及。老旧城区的建设需要融入宜居城市的理念。

2.4.2　宜居城市的理论基础

"可持续性"的概念，要考虑居民贡献，而不仅仅从个人得失方面，例如安全、舒适、便利、健康等衡量。宜居城市不仅关乎过去的建设还与将来的发展有关，并且可以充分地利用所有自然资源与物质条件，以促进城市的健康可持续性，由此来看，宜居城市也同可持续城市有着密不可分的关系。宜居城市含有下面四个层面的含义：第一，居民享有广泛的生活机会；第二，居民享有具有一定价值的工作和机遇；其三，安全而洁净的环境；其四，良好的城市管治。国内学者也对宜居城市的概念同样进行了众多解读，见表 2.7。

表 2.7　宜居城市概念解读

学　者	观　点
任致远	技术层面：强调"易居、逸居、康居、安居"八个字
俞孔坚	宜居城市，须含有两个层面的要素：其一包括新鲜的空气、干净的水、充足的设施、安全的步行空间等物质要素；其二包括人性化、平民化、充满人情味和文化、归属感等人文要素
何　永	强调优良的精神文明氛围、社会道德风气、人际环境、法治社会秩序、充分的就业机会及完善的社会福利以及良好的人文社会环境
李丽萍 郭宝华	从宏观、中观、微观三个不同尺度诠释了宜居城市内涵。其中，宏观层面关注得最为全面，包括三个方面：健康的自然生态环境、人工建筑设施环境、社会人文环境；中观层面较为详细，包括亲切和谐的邻里关系、合理的规划设计、优美的自然环境、完善的公共设施等社区环境；微观层面关注环境细节：舒适的房屋结构、适宜的居住面积、先进的卫生设施，以及舒适的风、光、音等居室内部环境
张文忠	宜居城市的五项基础层面应该关注：安全的居住与出行、良好的社会人文环境、便捷的交通、完善公平的公共服务设施、健康的空气与水等自然条件
顾文选	宜居城市，应该具备良好的物质环境、高效清洁的生产环境、健康的生态与世界卫生组织（WHO）总结的满足人类基本生活要求的条件，提出了居住环境的基本理念，即"安全性、健康性、便利性、舒适性"

2.4.3　宜居城市的理论核心

宜居城市是宜居的人居环境，宜居的人居环境的概念由道萨迪亚斯（C.A.Doxiadis）在 1968 年在其著作《人类聚居学》中最早论述的。他认为人居环境，是形式单一、功能简单的遮挡体，规模庞大、人口密集的城市给人类生活提供了直接使用的、客观存在的物质环境。吴良镛在道萨迪亚斯创建的人类聚居学的影响下，在 20 世纪 90 年代首先阐述了人居环境科学的概念。他指出，人居环境既包括广义的内涵，又具有狭义的含义。广义上意味着与人类各种活动紧密联系的空间，狭义上意味着与人类生存活动紧密联系的空间。联合国教科文组织发起的"人与生物圈"计划，于 1972 年最早正式提出了"生态城市"的概念，见表 2.8。

表 2.8　生态城市概念解读

学　者	观　点
O.Yanitsky	将生态城市理解为可以实现社会、自然、经济的三个系统和谐发展，以及物质、能量、信息的高效合理利用，一种按生态学法则建造起来的理想的城市形态。美国学者理查德·雷吉斯特，强调生态城市，是一种充满活力、紧凑、健康、节能并与生态环境协调相处的居住模式
黄光宇	生态城市包含综合了社会 - 经济 - 自然等三个方面，且通过多种技术方法而成立的社会、经济、自然可持续发展，居民满意，经济高效发展，生态良性循环的人类聚居地
李文华	生态城市是在一定空间范围内人与自然环境和谐共生、生产高效安全、自然环境宜人的人类聚居形态；是人类居住模式发展的高级阶段和最高成果

第一，宜居老旧城区需要经济繁荣。经济水平不仅是一个国家发展的基础，也是一个城市发展的根基。只有强大的经济实力，才能更好地发展国家、建设城市家园。在城市中，只有高水平的经济能力，才能有充足的资金完善基础设施、增加安全预防、治理与预防环境污染，也才能改善医疗条件，增加对居民的社保补贴等，真正地开展优民惠民政策；也只有经济水平的提高，才能将城市建设得更加美丽、更加生态，生活也才能更加舒适、更加满足居民的各种需求。宜居老旧城区的建设与发展过程中，需要大量的资金、技术以及人才，这就需要有较高的经济水平作为支撑。

第二，宜居老旧城区需要社会和谐。和谐社会要求一切存在的东西之间都相处融洽，既有民主又有法治，诚信互助，活力向上，安定有序。平稳的政治局面、和睦的层级关系、完善的治安条件才能让居民生活得更舒适，才能更好地满足居民的物质生活需求和精神层面的追求。同时，完善的保障服务制度能够维持城市的长远发展。城市是现代社会的核心，是人们安居乐业享受文明的地方，进行宜居老旧城区的建设要以和谐稳定的社会环境为前提。

第三，宜居老旧城区需要有文化积淀。城市所具有的文化彰显着这座城市的历史与发展轨迹，不仅是长久的历史古迹的遗存，更是这座城市居民的情怀寄托。因此，老城文化的体现不仅表现在物质上，还在思想上；不仅具有传统的历史文化，也有当代的文化设施与风采。老城中的传统历史文化，不仅包含了著名的古建筑等有形文化资产，也包含了民族风俗、节日等无形文化资产。这些传统文化不仅熏陶了老旧城区居民的文化情操和品德，更是彰显着居民对老旧城区的归属与深沉的依恋。而现代文化则体现在博物馆、展览馆等大型公益建筑，同时也有现代歌曲、舞蹈等无形文化存在。这些现代文化体现着时代的进步，居民思想的革新。

第四，宜居老城需要居住舒适便利。首先，体现在居住环境的舒服程度。宜居老旧城区不仅要有完善的配套设施，同时也要有良好的邻里关系和人际关系，这样才能增强居民对老旧城区的感知水平以及对居住城市的归属。其次，体现在生活质量上。它不仅表现在居民的工作岗位状况、家庭经济收入情况等个体方面的因素，也表现在城市的社保、医疗、教育等社会方面的因素，只有二者都能够使得居民的需求得到满足，才能使得居民感知到高质量的生活水平。最后，体现在生活出行方便情况。通畅的交通、便捷的信息设备等都能在一定程度上影响居民对老旧城区宜居的感知水平。

第五，宜居老旧城区需要生态环境良好。生态环境主要是指自然生态环境和人文生态环境。在老城宜居的建设过程中，不仅要重视自然生态环境的保护与改善，同时也要注重人文生态环境建设的合理性与惠民性。将二者统筹起来，实现既有机统一又互相协调。自然生态环境主要体现在空气、水、土壤质量等方面，宜居老城建设就要对水资源以及空气质量进行保护与改善。人文生态环境主要体现在绿化布局、景观设计等方面，在建设方面，坚持以居民需求为导向，细心谋划，注意与自然生态环境相匹配。

第六，宜居老旧城区需要居住安全。根据需求层次论可知，只有当居民感受到安全，他才会生活与工作，才能促进城市发展与社会进步。如果老旧城区连安全都保证不了，必然不是一个适合居住的老城，更谈不上宜居老城。由此可见，安全对一个人一座老城来说，是多么的重要。而对各种灾害的预防和治理等机制完善才能保证居民的人身以及财产安全。因此，对于洪水、瘟疫等自然灾害的预防，对暴乱、恐怖分子等人为灾害的处理能力，保证把一切危险事物带来的危害降到最低程度，确保居民的安全，是每个国家每座老城所必须做到的事情。

2.5　价值工程理论

2.5.1　价值工程的基本原理

老旧城区价值工程从基于技术与经济两者之间的结合出发，将经济效益作为其管理的核心内容。它以提升老旧城区的整体价值为最终目标，利用功能系统分析为重心，借助于创造性思维、集体智力资源，以最优成本保证功能的实现。目前针对价值工程的定义有多种，但是其核心意义趋于一致，可总结为：

（1）价值工程是针对研究对象的功能展开全面的分析，将其中不合理功能进行去除，有效控制成本，提升整体效益。

（2）价值工程实施的主要目的是为了最大程度提升老旧城区的整体价值，针对不同的研究对象，提升其价值的方法也具有一定的差异。无论最终采取何种方法，只要其整体价值得到提升，便代表价值工程实施有效。

（3）针对价值工程研究对象的成本分析，通常会采取全寿命成本分析的方法，该方法的优势在于尽可能地降低全寿命周期成本，旨在从控制使用成本、生产成本等方面着手。

（4）价值工程这种研究方法，其优势突出体现在既能够创造出更多更有效的方案，同时还能够立足于多个视角，客观准确地观察并分析问题。价值工程的价值也被称为比较价值，具体就是耗费单位成本所带来的功能。人们购物经常追求性价比，性即为产品性能以及质量，价即为产品成本，消费者若认为商品有较高价值，这样才认为商品值得购买。

功能即为用途以及使用价值，是产品最为关键的部分。产品功能是针对用途以及性能而言的。所有产品都有功能，消费者正是因为产品功能才购买。麦尔斯提出："产品是表象，产品功能才是人们购买的原因。"世界上并不存在没有功能的产品或服务。产品功能可能会非常多，不过其重要性并不一样。因此必须要展开功能分类，明确功能的主次关系。

当前，价值工程定义并不统一，有着多种表述，见表 2.9。

表 2.9　价值工程表述类型

表述类型	表述内容
表述一	属于一种现代化管理科学，有效结合了技术以及经济。价值工程重点分析了产品功能，围绕产品核心功能的实现，尽可能地压缩成本
表述二	属于一种创新性管理技术，价值工程以产品核心功能实现为中心，耗费最低的寿命周期成本，价值工程最为重要的就是功能分析
表述三	价值工程本质上属于一种技术经济分析方法，围绕产品核心功能的实现，探究人财物耗费怎样最小化，尽可能少用时间，侧重于分析以及优化产品的功能
表述四	价值工程侧重于技术角度分析以及经济角度分析，也可以被视为一种管理技术

2.5.2 价值工程的理论基础

根据价值工程的特征，相应提高价值的途径具体为：根据老旧城区固定的功能，尽可能降低产品改造的成本，可提高原有的价值；若老旧城区成本是固定的，这种情况下以提高产品的功能为主，以提高老旧城区价值；若尽可能大地提高老旧城区功能，而成本也增加，不过增加幅度相对较小，此时产品会有相对更高的价值；若稍微降低老旧城区功能，而成本也降低，不过降低幅度相对较大，此时产品会有相对更高的价值；若提高老旧城区的功能，同时降低老旧城区的成本，此时产品会有相对更高的价值。

老旧城区价值工程分析过程中发现问题所在，对出现的问题进行全方位的分析，提出对策促进问题的解决。价值工程自诞生后就不断发展，现阶段工作程序已经十分完善。价值工程的应用步骤分为：价值工程中的准备过程；价值工程中的分析过程；价值工程中的创新过程；价值工程中的实施过程。价值工程还需要重点探讨的问题有：需要对哪些对象进行研究？该对象有着怎样的作用，其所需的功能有哪些？需要耗费怎样的成本？其他方案能否替代？后提出的方案需要付出怎样的成本？后提出的方案可达到预期与否？价值工程工作阶段可分为四个阶段，即准备工作阶段、分析工作阶段、方案创新阶段、方案实施阶段。其中准备阶段应明确价值工程的工作对象是什么，工作步骤依次为选择研究对象、组建价值工作小组、制定价值工程活动工作计划。分析阶段应明确研究对象是干什么用的，其耗费成本和价值是多少，工作步骤依次为收集整理全面的资料信息、进行功能系统分析、进行功能评定。方案创新阶段创建了新的更合理替代方案及新方案的成本费用分配，具体步骤为方案创新工作、方案评定工作、提案编写工作。实施阶段论述新的方案是否满足要求，工作步骤为主管部门进行审批、方案实施与检查、最终成果鉴定。对象选择在很大程度上决定了价值工程应用的效果，作为最基础的环节，而应用的核心是功能评定以及分析，起到关键作用的是方案创新。

（1）以提高价值为目标。提高研究对象的价值被视作价值工程活动的根本目标，具体而言，即运用尽可能少的资源来寻求最大的经济收益。

（2）以功能分析为核心。功能分析被视作价值工程的核心所在。当然，功能分析是面向产品这一对象而展开的。功能分析的意义在于突破原有的束缚与隔阂，寻求最优的施工设计方案。借助功能分析，能够削减产品的不必要功能，以此来达到压缩成本的效果，尽可能地在成本与功能这二者之间寻求一个平衡。价值工程的各个阶段均离不开功能分析这项基本内容。

（3）以集体智慧为依托。价值工程是一项综合性较强的工作，需要集合多方面的人力、物力资源，将集体智慧尽可能地发挥出来。想要将价值工程的作用充分发挥出来，必须要建立合理的组织形式，解决企业部门间横向联系缺失的问题，以此来寻求更大的突破，创造更高的社会效益。

（4）以创造精神为支柱。"突破、创新、求精"是价值工程的内在灵魂，也是其精神支柱。在这一过程中，必须要充分发挥创新精神，打破层层框架的禁锢，以用户需求为指导，建立更为科学、更为合理的方案，并高效率地执行下去。从一定程度上来讲，价值工程的成败，与"创造"这一核心词汇息息相关。

（5）以系统观点为指针。基于方法论的角度来看，价值工程活动主张以系统观点为指针，强调对系统分析方法以及系统思想的运用。具体而言，即秉持着全局化的理念，立足于宏观角度，对价值工程的研究对象进行系统性的分析与讨论；与此同时，在价值工程活动的全过程中，也应该渗透系统性的思想与理念，运用系统性的方法来展开讨论。

2.5.3　价值工程的理论核心

价值工程于 20 世纪 40 年代起源于美国，至 20 世纪 50 年代初期，在不断的努力之下，价值工程技术趋于成熟。可以将其归纳为五点：

（1）用户购买产品的过程中，对于产品的结构并不是最重视的，产品功能才是用户关注的核心，商品必须满足用户的使用需求，才会购买。

（2）物美价廉是用户的普遍期望，较高的性价比会更吸引用户。

（3）产品功能与此功能的实现所要消耗的成本可利用价值来进行衡量，引入数学模型对其展开评定，令"价值"具象化、明确化。

（4）价值工程是针对产品价值的提升而存在的一项管理技术，一方面确保功能满足需求，另一方面选择成本较低的材料，优化结构设计，从而有效控制成本。

（5）提升产品的价值。价值工程应从产品设计环节进行优化，确保功能的同时，对其成本展开系统、合理的优化，才能提升产品的整体价值。

价值工程属于新兴管理技术，经历了半个多世纪的发展，目前已经构建了相对成熟的理论体系以及丰富的实践应用经验。老旧城区价值工程基于技术与经济两者之间的良好结合，着力于对价值的提升、成本的控制，与客观发展规律一致。在老旧城区成本控制中目标成本有着举足轻重的作用，是以功能分析为基础，故目标成本的确定是在满足老旧城区功能条件下进行体系结构、建筑材料、施工方案等的分析和选择，通过功能成本关系以评定和改进各环节的实施效果。通过确定老旧城区成本来落实全员负责制和目标管理具体化，建立以经济效益为中心的目标责任制，充分调动项目全体成员在成本控制中的创造力和责任感。因此，将价值工程方法用于老旧城区目标成本的确定是十分必要的，使老旧城区目标成本更加科学合理，为老旧城区施工提供依据。

3 老旧城区绿色重构价值评定指标

老旧城区绿色重构价值评定指标的选择是立足于老旧城区的特征，在绿色重构价值建构的基础上细化各项指标，目的是为了更完整地描述老旧城区在每一维度上的价值内涵，更深入地挖掘老旧城区的价值特性。完善的价值评定指标体系有利于提高价值评定的可靠性。

3.1 空间安全指标

3.1.1 建（构）筑物安全

老旧城区的绿色重构是一种全新的改造形式，其既具有一般改造工程的共性，又具有需要单独考虑研究的特性。由于老旧建筑的先天因素影响，绿色重构项目容易造成质量缺陷，在后期运营过程中需要重视建（构）筑物安全问题。

（1）建筑单体结构。老旧城区中的建筑由于建设时间早，大多以木构架和砖混建筑为主，随着混凝土等材料的应用，也存在有部分钢筋混凝土的结构形式。由于建设时期的设计标准和原有建设技术的限制，没有考虑防震防火等安全防灾要求，使得建筑的安全度较低。此外，由于建筑年久失修，老化严重，使得整体结构的安全度降低，加上这些地区居民大多受到拆迁安置政策的影响，对房屋的修整意愿不强，使得许多建筑出现了不同程度的损毁，部分房屋已经倾斜或出现较大裂缝，个别房屋已是危房，甚至倒塌，如图3.1、图3.2所示。由此可见，城区建筑结构上的安全隐患巨大。由于老旧城区内院落保存质量一般较差，墙体大多出现裂缝，破损严重，居民随意改变房屋的承重结构，留下了极大的安全隐患。

图 3.1 老旧厂区房屋安全度低   图 3.2 老旧住区房屋安全度低

（2）建筑环境。老旧城区由于发展历史较长，区域内人口平均年龄高，且以大家庭的居住生活方式为主，一间狭小的房间承担着不同空间需求的复杂的生活功能，个人生活空间局促，导致生活质量不高；家庭的电气系统、排水设施等老化严重；道路空间狭窄，路面老化严重，且被居民的生活物品所占用，为居民出入带来不便；卫生设施缺乏，户内没有独立的卫生间，在用水高峰经常出现水压不足的现象；建筑屋面漏雨、渗水现象严重，为此居民常用防水材料直接置于屋顶，但由于其多为易燃材料，安全隐患较大。

（3）设备设施。

1）线路老化。建筑内部线路老化，绝缘表皮开裂、脱落现象严重，导致存在严重的用电安全隐患；在木屋架的建筑中，由于照明灯具距离屋顶木结构过近，长时间使用容易引起火灾；随着建筑的功能转变，空调等大功率电器的大规模使用导致用电量激增，可能会因电容过小，增加灾害发生的风险。

2）基础设备缺乏。我国北方老旧城区建筑中普遍缺乏现代化采暖燃气设备，冬季使用燃煤或大功率用电器进行取暖，既不安全，又不环保；在夏季安装大功率的空调，一旦供电系统由于容量过小，承受不了瞬时的强电流，也可能导致火灾、爆炸等灾害的发生。

3.1.2　生态环境安全

建筑的能耗包含两部分：一是建设新建筑所消耗的能源；二是建筑使用期间的能耗。对失去生产功能之后的老旧建筑大拆大建，必然会造成资源的大量浪费。相比之下，对老旧建筑进行合理的改造与更新则可以一举两得，是可持续发展观的充分体现。

老旧城区的绿色重构可以减少环境污染。研究表明，全球三分之一以上的固体垃圾来自工程建设，这其中包含着建设过程本身所产生的垃圾和生产建筑材料、设备过程中所产生的垃圾；全球每年所排放的温室气体中，来自建筑建设和使用的就占到 35% 以上。因此，对建筑进行合理的保护与再利用、延长建筑的使用寿命可以有效地减少碳排放，减少对自然环境的破坏和污染。此外，老旧城区的绿色重构还可以减少建筑拆除和建设施工时对能源、交通的压力，避免了噪声、尘埃等对城市环境的污染。这些，在强调"低碳""环保"生活的现代生活中，具有重要的意义。

3.1.3　空间区域安全

（1）电力通信架空管线入地。我国各大城市老旧城区中存在部分电力及通信管线架空敷设的现象，有一定的安全隐患，在条件允许时应改良管线架设方式，采取入地措施，保障安全。

（2）燃气管道化。部分城市特别是三四线城市旧城区仍依赖瓶装燃气满足居民燃气需求，这种方式供给效率低，运营成本高，在城区交通日益拥堵的情况下存在较大的安全隐患。因此，老旧城区应继续推进燃气管道化，提升居民用气体验和安全性。

（3）给水管道更换。老旧城区给水管道建设较早，存在管道老化问题，继续使用则面临爆管、渗水、水污染等风险，应根据管道使用年限，超出使用年限规定的管道应及时更换，确保居民用水安全性。

（4）污水支管网敷设。大部分城市老旧城区为合流制，为落实国家相关政策要求，老旧城区应实施治污措施，有条件的情况下逐步推行老旧城区雨污分流改造。

（5）雨水管线扩容。老旧城区因建设较早，雨水设计标准低，且部分雨水工程的建设未遵循规范，加之许多城市管养工作不到位，雨水管淤塞严重，且管径偏小，导致城区出现部分"水浸黑点"，整治"水浸黑点"往往需要对部分路段的雨水管进行扩容。

3.2　投资价值指标

3.2.1　建设规模

老旧城区绿色重构项目的整体建设规模决定了项目的投资规模，投资商会根据前期调研和预测进行全面分析。除了区位优势分析及开发方案分析之外，投资商还会深入了解市场，针对消费群体，确定建设规模。

（1）规模效应。大规模开发能够营造高品质的环境，有足够的空间进行整体规划，并且可以分摊管理、服务、营销成本，降低单位成本以获得较大的利润总额，有利于大资金运作。因此，大规模开发项目的配套比较齐全，容易规划，在市场上也会比小规模项目更受欢迎。同时由于大规模开发通常是一次规划、分期建设，可以根据外部条件变化加以调整。

但是大规模开发也存在一些缺点，例如开发周期长、面积大、所需投入资金量大，对项目建设管理要求高，若投入、建设、产出不能环环相扣，则很可能导致失败。另外大规模开发所需配套设施繁多，分散了资金力量，会使先期完成的项目受到限制。

（2）工业遗产。老旧城区中若存在工业遗产，则不应改变原有建筑密度和建筑外轮廓线，尽量保留其建筑风貌。在绿色重构过程中，保护与新要素的介入是密不可分的。保护实质上也是新要素介入的过程，不论是维修、改建，还是改变城区建筑密度、优化建筑与城市空间的功能，其中都会有新元素的活动。因此，对于老旧城区的绿色重构项目，需要在建筑保护措施的界定下进行，不仅要考虑改造部分与原有部分的衔接，也必须考虑对周围环境的影响。改造部分在整体上处于次要地位，而原工业遗产的保护始终是首位的。

3.2.2　投资成本

投资成本是固定资产投资项目所耗费的物化劳动和活劳动的货币支出总和。不仅包括资金，还有所需的全部资源，如人、材料、机械设备等。老旧城区绿色重构的投资成本的组成包括三个方面，分别是项目决策成本、项目勘察设计成本和项目施工成本。

与一般建筑工程项目相同，影响绿色重构项目的投资成本的主要因素有工期、人员、材料、机械、设备价格变化、管理水平及相关政策的调整等。但由于绿色重构项目以既有建筑结构为依托，其成本还受到项目定位、检测与利用的科学合理性的影响。

（1）项目规划与定位。项目前期决策时，需要结合项目综合现状（文化背景、建筑结构、区位特点、市场需求等）进行规划。对老旧城区的建筑风格进行合理定位，这也对降低改造成本具有重大影响。以苏州市某老旧建筑改造为综合商业区为例，因为项目中部分厂房被鉴定为文物保护建筑，在改造中不允许破坏其建筑外观和主要结构，但建设单位在项目规划时并未考虑该因素，直接在受保护建筑下方设计新建地下建筑，最后对控保建筑采取整个平移的措施，此过程耗资巨大，远远超出了几栋建筑重新建设的成本。

后期建筑风格的定位对投资成本也有重大影响，绿色重构项目应充分挖掘建筑的文化历史底蕴，最大化利用既有建筑，避免以"老旧元素"为噱头，大面积进行"包裹式"装修的现象，在保存原有建筑历史文化底蕴的同时做好再生利用成本管理。

（2）科学检测。绿色重构项目在改造的前期应对城区内建筑进行科学检测，即建筑结构可靠性检测和建筑环境检测。进行结构可靠性检测的目的是进一步精确改造成本，优化成本管理。建筑可靠性的检测评定对成本存在两个方面的影响：其一，对结构可靠性低估会导致具备利用价值的建筑的拆除，降低建筑利用率，增加改造成本；其二，对结构可靠性的高估会导致后期维护加固费用的增加，甚至影响结构的安全性。同时，对建筑环境的检测明确了工业建筑运行过程的生产工艺、生产材料对环境造成的污染程度，避免了不合理治理造成的工作量和费用方面的增加，从而简化再生利用成本的计算，保证老旧城区绿色重构项目的按时交付及正常使用。

（3）质量影响。质量总成本一般由质量保证成本和质量故障成本两部分组成。质量保证成本，多数情况下是为保证和提高项目质量而采取的相关保证措施耗用的开支，这类开支越大，说明质量保证措施做得越全面，相应的项目质量保证程度越可靠，反之，质量的保证程度就越低。同时，项目质量不合格水平越高，引起的质量不合格损失就越大，造成的质量故障成本越大，反之，故障成本较低。

（4）工期影响。一个项目根据自身的特点存在一个最佳施工组织，即最佳施工工期。若加快施工组织，相应需要加大施工物资的投放，采用一定的赶工措施，如安排工人加班、高价购进原材料、高价雇佣施工人员和租用施工机械设备，使工程成本增大。反之，拖延施工组织，造成施工人员和施工机械设备的利用率下降，增加成本。

（5）价格变化。绿色重构在设计阶段对成本的影响主要反映在施工图预算方面，而预算要取决于设计方案的价格，价格又直接影响到工程成本。因此，在做施工图预算时，应该做好价格预测。对于工期较长的项目，应该准确估计用于通货膨胀而引起的建材、设备及人工费的涨价率，以便准确把握成本水平，制定合理的成本预算，避免因为所需资源的市场价格变动加大成本管理的难度。

（6）管理水平。

1）对成本预算估计偏低，例如征地费用或拆迁费用大大超出计划而对成本产生影响。

2）资金链断裂或建筑材料、施工机械设备的供应出现意外问题，这些会对工程的正常进度产生影响，造成工期延长，成本增加。

3）建设方（业主）决策失误造成的成本增加。

4）更改设计内容。此情况可能增加或减少成本的开支，但往往会影响施工进度，给成本控制造成不利的影响。

（7）政府相关政策。政府相关政策的发展变化，一方面是政府宏观经济调控政策对项目成本的影响，如利率的下调或者提升；另一方面是政府对产业政策或行业政策的变化对项目成本的影响，如政府对研发新产品有鼓励措施，这二者都会对项目的投资成本产生很大的影响。

3.2.3 投资收益

投资收益分析是对绿色重构项目可能产生的直接收入和潜在收入进行预估的综合分析，投资收益分析应根据城区拟选择的绿色重构模式进行预测。项目的投资收益分析应当是全面的、综合的分析，既要考虑其综合经济效益，也应考虑其综合社会效益；既要站在投资者的立场研究项目投资带来的利益，也要关注项目建设对宏观的国民经济发展的影响。

3.2.3.1 分析原则

（1）以经济效益为中心，经济效益与社会效益相结合的原则。老旧城区绿色重构项目投资的基本目的在于经济收益，但也不能忽视文化、环境、生态等方面的社会效益，应当将二者结合作为分析的原则。

（2）实物形态指标与价值形态指标相结合的原则。在项目建设投资方案分析时，一般广泛采用产值、投资、利润等价值指标。但是，单纯的价值指标受到各种因素影响，往往不能直接反映生产情况，尤其是市场经济不景气、市场体系不完备、价值与使用价值严重背离时，更不能单纯依赖价值指标来衡量经济效益。

（3）近期经济效益与长期经济效益相结合的原则。近期经济效益是投资者的眼前效益，长期经济效益是较长时间后才能获取的效益。虽然长期经济效益由于时间的关系，面临着巨大的风险，但是却往往潜藏着更大的利益。

（4）微观经济效益与宏观经济效益相结合的原则。微观经济效益是指企业经济效益，又称项目经济效益，是指站在投资商的立场，分析项目投产后的盈利状况和项目投资的经济效益情况。微观经济效益多集中于投资、利润、单价、收入等价值指标的计算与分析。宏观经济效益又称项目投资的国民经济效益，指站在国民经济的立场来考察、研究和分析项目建成后对社会经济的贡献大小。建设投资项目的宏观经济效益主要集中于项目为社会提供住宅的数量与质量，公共服务设施、基础设施的配套与改善，环境绿化以及售后服务与管理等的经济分析。

3.2.3.2 分析方法

（1）静态分析法。静态分析法不考虑资金的时间价值，只静止地分析项目的盈利能力和投资回收期，该类方法简单直观、易于理解和掌握，故也称为简单分析法；不足之处是不能反映项目建设及经营期内各笔资金的收支状况。静态分析法分为投资利润率法和静态投资回收期法等。

（2）动态分析法。动态分析法考虑了资金的时间价值，将项目建设及经营期内的每一笔资金收支情况统一到同一时间上进行考核，全面地反映了项目投资建设经营过程中的资金运行情况。动态分析法分为净现值法、内部收益率法和动态投资回收期法等。

（3）敏感性分析。敏感性分析是研究投资项目主要因素发生变化时，项目经济效益发生的相应变化，以判断这些因素对项目经济目标的影响程度。这些可能发生变化的因素，称为不确定性因素。敏感性分析就是找出项目的敏感因素，并确定其敏感程度，以预估项目承担的风险。

敏感性分析不仅可以使决策者了解不确定因素对项目评定指标的影响，从而提高决策的准确性，还可以提示评定者对较敏感因素重新分析研究，以提高预测的可靠性。在方案选择时，人们可以用敏感性分析区别出敏感性大或敏感性小的方案，以使得在经济效益相似的情况下，选取敏感性小的方案。

3.3　文化价值指标

3.3.1　设计理念

老旧城区绿色重构将饱含城市记忆的老旧厂区、老旧住区、老旧街区、综合城区四个方面通过功能置换、介入当代艺术等形式，形成集展示、艺术创作、休闲交流等多种功能为一体的文化消费、工业旅游和生产生活空间，将破旧的城区转化提升为城市中的新型文化载体。这是对城市的一种改善修补、对该地区凝聚力和生命力的有效激发，从而形成绿色重构的文化氛围。并且良好的文化氛围为老旧城区转型提供坚实的基础，也为老旧城区旅游开发创造良好的外部文化氛围，现如今老旧城区文化也不断促进着旅游业整体的发展。

文化的价值并不仅仅孤立地存在于其所在的老旧城区，它对与整个老旧城区有关的所有人物、古迹，甚至衍生至今的庙会习俗都有潜在的联系。如若毁坏一座有价值的历史遗留老旧城区，亦如同切断了整个城市的历史片段。相反来说，制订合理计划对历史遗留老旧城区进行有利维护并适当更新，对于城市的文化、发展与延续都起着积极的作用和影响，如图 3.3~ 图 3.6 所示。

图 3.3　旧居加固保护

图 3.4　管线改造

图 3.5　熊家冢遗址

图 3.6　老旧城区风貌

老旧城区的文化价值体现在两个方面:一方面,老旧城区的文化价值体现在老旧城区的有形空间实体上,如老旧城区的建筑,历史遗迹,历史环境,老旧城区、树木等的格局,这些属于"有形文化";另一方面,老旧城区也反映了老旧城区的"非物质文化"。例如,老旧城区包含各种文化内容,如人们的生活方式、城市商业文化、生活文化和信仰文化,它也反映了人们的风俗习惯和价值观念。"有形文化"与"非物质文化"的结合构成了老旧城区的文化价值。特别是在当前经济全球化浪潮中,城市的文化区域特征和文化传统不断受到挑战和冲击,老旧城区的文化价值更加突出。因此,保护老旧城区是为了保护城市的文化遗产和居民的集体记忆,已经得到人们越来越多的认可和支持,如图3.7、图3.8所示。

图 3.7 书房   图 3.8 传统书法艺术

在文化价值方面,老旧城区相当于文化遗址。它从城市面貌、生活条件和生活方式等方面反映了老旧城区某一历史时期的文化气息。可以说,老旧城区是历史信息的载体,是城市传统文化的"标本",也是一种宝贵的历史文化遗产。

3.3.2 文脉传承

老旧城区的再生利用不仅仅是单纯的修缮老建筑、兴建新建筑,而是更应重视人的回归、文化的传承保护,这是因为城市不单单是由建筑堆砌而成的,老旧城区的绿色重构更加应该强调与传统文化的融合,改造之后依然能够保存居民的生活方式,恢复生态水平,这样才能使老旧城区重新焕发生命力。

例如哈尔滨老道外地区,除了具有中华巴洛克街区的特色建筑之外还串联其他的街巷空间,结合街区区位特点、传统文化特色和周围的相关产业,还会举办一些季度或年度,市民参与性强、低成本经营的文化活动。不但能够弘扬老道外的文化而且创意性活动具有宣传作用,这种新老模式相结合的形式在吸引老道外原住商户回归街区复兴传统业态的同时,还为街区引来年轻人和公众媒体的注意。传统街区的再生目标在于"人的回归":这包括了街区原有的人(原住居民及原商户),以及街区外部的人(游客、商户等)。许多传统文化都蕴含在这些街区之中,不应因为只关注建筑本身而忽略了他们的存在。

城市的文化不是一朝一夕就能形成的,它是经过千百年的积淀逐渐形成的当地居民的特有的生活方式。如果把城市比作人，那么建筑就是他的外在形象，而文化就是它的内在气质。城市的文化是城市自然的属性，所以从这个意义上说，城市承载着文化，而文化是城市的灵魂。

纵横交错的马路、鳞次栉比的楼房是我们对于现代城区的印象，其实老旧城区更应是建筑艺术和文化的完美融合，建筑应该体现城区的文化和特色。城区里的建筑一旦失去了文化便会成为缺少灵魂的空壳。

老旧城区的文脉体现着老旧城区的软实力，在老旧城区的发展过程当中提供了强大的动力。伴随着我国经济的发展和城市化的不断推进，人们生活水平的提高和信息技术的发展，精神生活和物质生产的联系更加紧密，所以文脉的传承保护一定会是当下和未来社会老旧城区发展的重点，目前文化和经济出现了加快融合甚至一体化的趋势；在经济活动中，文化的作用越来越明显，而且在城市化进程中尤为重要。因此，老旧城区要想健康发展，在关注经济建设的同时一定也要重视老旧城区独有的文化。在如今千城一面的状态下，有自己特色文化的老旧城区才有魅力。将老旧城区外在形象与内在气质有机结合，才能使城市得到长久的发展。

例如，哈尔滨中华巴洛克历史文化街区更新改造，如图3.9所示。对老旧城区的商业化改造如果只以经济利益为目的，或者仅仅对其进行盲目的硬件设施改造和制订过于理想的商业计划，都是不可持续的。由此带来的文化断裂、风貌丢失、空间利用效率低、业态经营不良、社会认同度不高的问题已经成为老旧城区改造的一种普遍现象。要深刻地认识文脉的传承作用，平衡文化和商业利益之间的关系，做好取舍，合理规划安排街区，给予当地民众足够的尊重，这样才能使得历史街区能够有持续发展的动力，达到让人们回归街区、从而复兴历史街区风貌再现旧城区的繁荣与生命力。

(a)　　　　　　　　　　　　　　　　(b)

图3.9　改造后哈尔滨中华巴洛克历史文化街区
(a) 街区空间（一）；(b) 街区空间（二）

3.4　生态价值指标体系

3.4.1　节约能源

（1）建筑形体系数。建筑物的形体系数是建筑物接触室外大气的外表面积与其所包围的体积的比值，实质上是指单位建筑体积所分摊的外表面积。体积小、体形复杂的建筑以及平房和低层建筑，体形系数较大，对节能不利；体积大、体形简单的建筑以及多层和高层建筑，体形系数较小，对节能较为有利。建筑物的体形系数是衡量建筑物是否节能的重要标准之一，国家节能标准对不同地区的住宅建筑有不同体形系数的要求。

（2）窗墙面积比。窗墙面积比是指墙面上的窗、阳台门及幕墙的透明部分的总面积与所在朝向建筑的外墙面的总面积（包括窗、阳台门及幕墙的透明部分的总面积）之比。

在冬季，生活在北方的人们希望白天让温暖的阳光照射到室内，夜晚又会嫌窗户过大导致室内温度难以保证。在夏季，人们则需要尽可能避免或减少阳光照到室内，使室内温度升高。窗户的保温、隔热性能比墙体差很多，通常当外窗过大时，需要向室内提供的采暖或空调能量也越大。

（3）外围护结构。

1）保温性能。如果老旧城区建筑外围护结构的材料过于简陋、单薄，在冬天通过围护结构散失的热量就会很大，即使提供很大的热量也不能保证室内温度舒适。一般通过传热系数来描述外围护结构的保温隔热性能。传热系数指的是单位面积的围护结构在两侧温差为1℃时，单位时间通过的能量。传热系数越大，通过围护结构的热损失也就越大。提高建筑节能水平，降低建筑物的采暖空调能耗，就必须降低围护结构的传热系数。

2）隔热性能。围护结构外表面在太阳辐射条件下的升温速度和温度高低反映出围护结构的隔热功能。对于目前老旧城区绿色重构所建设的节能建筑所采用的轻质材料而言，外表面升温快，温度高，隔热性能就好，这是因为外表面温度高，必然向空气中散发更多热量，使传入围护结构并渗透到室内的热量减少。围护结构的隔热性能可以用围护结构热惰性指标，或在自然通风条件下房间内壁面的温度来描述。热惰性指标是一个描述围护结构对周期性温度波在其内部衰减快慢程度的无量纲指标，其值等于材料层热阻与蓄热系数的乘积。

3）采光性能。透明玻璃窗的重要作用是满足人们对自然采光的需要，在冬季，朝阳的玻璃窗在有日照的时候为房屋带来光明和热量，但由于室内温度高于室外，房间的热量也在不断通过玻璃窗散失到室外。而在没有日照的朝向或夜晚，冬季通过玻璃窗散失的房间热量占据了整个房间散失热量的一半。在夏季，被太阳直射的玻璃窗将太阳的辐射热量接收到室内，使我们不得不使用空调来提供更多的冷气来抵消这部分热量。

大多数单层或多层旧工业建筑厂房存在大面积透明玻璃窗，过多、过大的玻璃窗非常不利于减少建筑物的暖通空调能耗，如图3.10、图3.11所示。

图 3.10　沈阳铁西 1905 文化创意园采光天窗　　　图 3.11　柳州工业博物馆

（4）自然通风。自然通风一般有利用风压、热压、风压与热压相结合以及机械辅助通风等形式，具有节能、改善室内热舒适性和提高室内空气品质的优点，是人类历史上用以调节室内环境的基本手段。在空调已经普及的今天，迫于能源压力，人们开始重新审视自然通风技术。

（5）可再生能源应用。可再生能源指的是在自然界中可以不断再生、永续利用、取之不尽、用之不竭的资源，它对环境无害或危害很小，并且分布广泛，适宜就地开发利用。可再生能源种类繁多，包括太阳能、地热能、风能、生物质能等。

我国是太阳能资源最丰富的国家之一，具有发展利用太阳能资源的优越条件，见表3.1。

表 3.1 我国不同太阳能资源区内的太阳能年辐射总量

地区等级	年日照时数 /h·a⁻¹	年辐射总量 /MJ·(a·m²)⁻¹	包括的主要地区	国外类似地区	备注
一等	3200~3300	6680~8400	宁夏北部、甘肃北部、新疆南部、青海西部、西藏北部	印度 巴基斯坦	太阳能资源最丰富地区
二等	3000~3200	5852~6680	河北西北部、山西北部、内蒙古南部、宁夏南部、甘肃中部、青海东部、西藏东南部、新疆南部	印尼雅加达地区	太阳能资源较丰富地区
三等	2200~3000	5016~5852	山东、河南、河北东南部、山西南部、新疆北部、吉林、辽宁、云南、广东南部	—	太阳能资源中等丰富地区
四等	1400~2000	4180~5016	湖南、广西、江西、浙江、湖北、福建北部、广东北部、陕西南部、安徽南部	意大利米兰地区	太阳能资源较差的地区
五等	1000~1400	3344~4180	四川大部分地区、贵州	巴黎 莫斯科	太阳能资源最差的地区

3.4.2 节约用水

（1）减少用水量。减少用水量首先要节流堵漏，找出浪费水的各种根源，如高耗水的设备器具，管道设备漏水，使用中的无效用水，以及因管理造成的浪费等。

跑冒滴漏是最常见的浪费根源，据测定，"滴水"在 1h 内就会漏掉 3.6kg 水，一个月可漏掉 2.6t 水，这些水量能供给一个人一个月的生活所需。建筑内的漏损则表现为跑、冒、滴、漏，主要发生在给水配件、给水附件和给水设备处；管道接头漏损主要是接头不严密和接头刚性太强；给水配件、给水附件和给水设备的漏损主要是质量原因，其次是安装时密闭不好导致漏损。

用水计量管理不善也会造成惊人的浪费。包费制的用水收费方式没有把用水量和收费直接挂钩，使得用水人无节水的意识，造成水的浪费。而分户、分用途设置用水计量仪表，可方便地计量每个付费单元的用水量和各种用途的用水量，实现用者付费，杜绝浪费。对用水实施计量简单易行、行之有效，取消包费制，实行分户装表、计量收费，一般可节水 20%~60%。

另一方面，减压限流也是重要手段之一。水大都是通过水泵的加压提升再送至千家万户，为满足所需的流量需要提供足够的水压。水压和流量是呈正比的关系，同一个阀门，水压越大,流量也越大。部分卫生器具满足额定流量时的最低工作压力各有不同,见表3.2。"超压出流现象"是指给水阀在单位时间内的出水量超过额定流量的现象。额定流量是满足使用要求的流量,因超压出流量未产生正常的使用效益,为无效用水,是对水资源的浪费,"超压出流现象"不易被人们察觉和认识,属隐形水量浪费,这种浪费在各类建筑中不同程度地存在,浪费的水量是非常惊人的。同时超压出流还破坏了给水系统中流量的正常分配,严重时会造成水的供需矛盾,而且由于水压过大,水龙头启闭时易产生管道振动,加快阀门和管道的磨损,造成接头和阀件松动、损坏、漏水。

表 3.2　部分卫生器具满足额定流量时的最低工作压力

器具名称	洗脸盆水嘴	浴盆混合水嘴	淋浴器混合阀	洗衣机水嘴
最低工作压力 /MPa	0.05	0.05~0.07	0.05~0.10	0.05

（2）提高用水效率。要解决用水需求不断增长与水资源短缺的矛盾,必须统筹分析用水需求的内涵,通过梯级供水和水资源的循环使用合理利用水资源提高水资源的使用效率。

梯级供水是指根据不同用途用水所需水质的差异,高质高用,低质低用,实现一水梯级多用。这种手段能有效提高水的利用率,从而达到节水的目的。在建筑中梯级供水也是节水的重点,建筑中的用水包括:直饮水、洗涤用水（洗菜、洗脸、洗澡）、冲厕、绿化浇灌、冲洗道路、空调冷却水、水景补水等,其中直饮水和洗涤用水对水质的要求最高,通常可以收集洗涤后的废水经过简单的处理供冲厕、绿化浇灌、冲洗道路、空调冷却水、水景补水等使用。当然处理后的水应达到生活杂用水的水质标准。

在建筑中采用循环用水的方式可显著减少水的消耗,如空调冷却水、泳池用水、景观用水大都采用循环用水方式。

（3）使用非传统水资源。通常人们使用的自来水大都来自自来水厂,水厂取地表水（河、湖、水库等）或地下水,经过处理输送给千家万户。而非传统水资源指不同于传统地表水和地下水的水资源,包括再生水、雨水、海水等。

在建筑中再生水被称为中水,指的是各种排水经过处理后,达到规定的水质标准,可在生活、市政、环境等范围内杂用的非饮用水。中水是对应于给水和排水而得名,水质介于两者之间。城区中的水系统由中水原水的收集、储存、处理和供给等设施组成,可收集城区内的排水,处理后回用,也可直接使用市政再生水厂生产的再生水。

另一方面,雨水资源的潜力不断被发掘,越来越多国家认识到雨水的价值,并采取有效措施进行雨水综合利用。雨水的利用主要包括集蓄利用和雨水渗透两种形式。雨水集蓄时收集雨水,经过简单处理后回用作为非饮用水,不但可以节约用水,还能够减轻城市排水和处理系统的负荷。而雨水渗透主要是改善建筑周围地面的渗透能力,减少地面径流,使降雨就地回渗、补充地下水、涵养地下水资源。

3.4.3　节约用材

（1）绿色建筑材料。老旧城区的绿色重构中,应做到拆除旧建筑物的废弃物与施工中产生的建筑垃圾的再生利用,这是使废弃物"减量化"和"再利用"的一项技术措施。例如，可将结构施工的垃圾经分拣粉碎后与砂子混合作为细骨料配置砂浆，将回收的废砖块和废混凝土经分拣破碎后作为再生骨料用于生产非承重墙体材料和小型市政或庭院材料。经过优选的废混凝土块分拣、破碎、筛分、配合混匀形成多种规格的再生骨料后可用于配制混凝土，其抗压强度可满足设计要求，其他力学性能指标和耐久性指标与普通混凝土接近，和易性可满足施工要求，甚至可以配制泵送混凝土。

另外，建筑材料选用时应严格遵守国家相关政策，禁用或限用实心黏土砖，少用其他黏土制品；积极选用利废型建材产品，如利用页岩、煤矸石、粉煤灰、矿渣等废弃物生产的各种墙体材料；选用可循环使用的建材产品，如连锁式小型空心砌块。

（2）土建装修一体化。目前我国新建建筑装修普遍存在豪华现象，豪华装修不仅浪费材料，也不利于健康。例如颜色艳丽的石材容易产生放射性物质超标；室内装饰使用的涂料、龙骨、墙纸、石膏板等材料甲醛、二氧化硫等有害物质超标。这说明任何装饰材料都不能无限制使用，用量过多污染反而会被放大。

（3）材料本地化。材料本地化指的是优先选用建筑工程所在地的材料，这不仅能够节省运费，更重要的是可以节省长距离运输材料而消耗的能源，为绿色重构做出贡献。

3.4.4　节约用地

（1）建筑密度。评判建筑用地经济性的重要指标就是建筑密度，建筑密度指的是建筑物的占地面积与总建设用地面积之比的百分数。一般一个建设项目的总建设用地需要合理划分为几个部分：建筑占地、绿化占地、道路广场占地、其他占地，如图 3.12 所示。

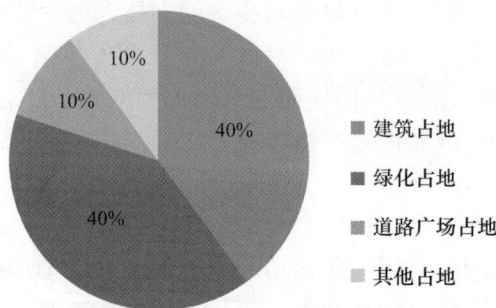

图 3.12　总建设用地合理划分

除了建筑密度在很大程度上影响建设用地面积以外，绿化占地、道路广场占地也是影响建设用地面积的重要因素，绿化占地面积与总建设面积之比称为绿地率。在城市规划的基本要求中，绿地率的具体指标约为 30%，而在老旧城区绿色重构项目中，绿地率更应该给予重视。道路广场占地主要是为了满足总建设用地内的机动车辆和行人的交通组织以及机动车辆和自行车的停放需要，只要通过合理设计减少道路广场占地面积，就有可能合理增加建筑密度。

（2）地下空间。地下空间的使用与开发有着悠久的历史，在目前建筑技术日益发展的条件下，基本上可以实现地上建筑的功能要求，在开发和使用地下空间的同时，我们实际上也在节约用地。

随着我国城市化进程加快，土地资源的减少成为必然。合理开发利用地下空间是城市节约用地的有效手段之一。在设计时，可以将部分城市交通转入地下，将其他公共设施建在地下，以实现土地资源的多重利用，提高土地使用率。

土地资源的多重利用还可以相对减少城市化发展占用的土地面积，有效控制城市的无限制扩张，有助于实现"紧凑型"城市规划结构。这种设计减少了居民的出行距离和机动交通源，相对降低了人们对机动交通特别是私人汽车的依赖程度，同时可以增加居民步行出行的比例，使得城区交通能耗和交通污染大幅度降低，实现城区节能环保要求。

在利用地下空间时，应结合城区水文地质情况，处理好地下空间的出入口与地上建筑的关系，解决好地下空间的通风、防火、防水等问题，同时因改用适当的建筑技术实现节能要求。

（3）老旧建筑。近年来，我国房地产投资规模高速增长，但由于城市可供开发的土地资源有限，便出现了大量拆除旧建筑的现象。一座设计使用年限50年的建筑，如果仅仅使用二三十年就被人为拆除，这种建筑短命现象无疑会造成巨大的资源浪费和环境污染，也违背了绿色建筑的基本理念。

造成建筑不到使用年限就被拆除的原因是多种多样的，主要有三个方面的原因：第一方面是由于城市的发展使得城市规划发生改变，土地的使用性质也会发生改变，如原来的工业区规划变更为商业区或住宅区，现存的工业建筑就会被大规模拆除，还有就是受房地产开发的利益驱动，为扩大容积率，增加建筑面积，致使处于合理使用年限的建筑遭受提前拆除的厄运；第二方面是由于原有建筑的功能或品质不能适应当今社会人们的要求，如20世纪七八十年代兴建的大批住宅的功能布局已不能满足现代生活的基本要求，因而遭到人们观念上的遗弃；第三方面是由于建筑质量的问题，如按照国家和地方现行标准、规范衡量，老旧建筑在抗震、防火、节能等方面达不到要求，或因为设计、施工和使用不当出现了质量问题。

对于因城市规划的改变，使得用地性质改变的区域，面临老旧建筑的拆除时，首先应对老旧建筑的处置进行充分的论证，研究改造后的功能可行性，不到建筑使用寿命的应考虑通过综合改造而继续使用。北京酒仙桥工业区有许多20世纪五六十年代建造的电子工厂，其不少生产车间的设计颇具包豪斯风格，工厂转产搬迁后，一些有思想的艺术家看中了生产车间建筑朴素的形象和高大空间带来的空间灵活性，逐渐将其改造成为赫赫有名的798艺术区，这也符合城市规划的功能要求，如图3.13、图3.14所示。

图3.13　798艺术区包豪斯风格厂房　　　　图3.14　798艺术区红砖砌体厂房

如果老旧建筑的性能不能满足新的要求，那么建筑的改造将会更具挑战性。建筑的长寿命和不断变化的功能需求是矛盾的，新建筑在建筑设计时就应考虑建筑全寿命周期内改造的可能性，建筑平面布局的确定、建筑结构体系的选择、设备和材料的选用等都要为将来改造留有余地，适用性能的增强在某种程度上可以延长建筑的寿命。

3.5　社会价值指标

3.5.1　社会影响

老旧城区往往处于城市中最核心的地段，从历史上看，这些地区在历史上承担着不同的历史责任，但人们聚集城市生活的性质并没有改变，它仍然在今天的城市生活中发挥着重要作用。因此，一些古老的城镇本身已经发展成为历史悠久的城市，成为基于自己历史的建筑遗产，位置优势十分明显。

一般来说，城市的历史和文化都集中在老旧城区和文物中，这些历史文化载体通常出现在城市的老旧城区，其中大量的文化底蕴和内涵有待发掘。老旧城区的大多数居民都具有强烈的认同感，这种和谐的邻里关系对老旧城区情感关系网络的维护和发展都会产生积极的影响。同时，老旧城区的建筑风格、街巷格局、装饰纹样和色彩等也都承载了大量历史信息；老旧城区内居民的风水意识、民俗礼节、传统生活方式的留存程度也明显高于新建城区居民；民间手工艺、曲艺娱乐活动等历史文化遗产也集中呈现于此，如图 3.15、图 3.16 所示。

图 3.15　中式传统婚礼　　　　　　　　　图 3.16　民间手工艺

（1）场所记忆功能。著名的美国城市主义者穆姆福德曾在他的著作《城市发展史》中提到：城市靠记忆生存，群体记忆是一连串的思想，现在仍然在移动。城市高速发展使得城市风貌在短时期内产生巨变，随之改变的还有人们的生活习惯、社会习俗，这一系列变化造成了城市群体记忆的快速丧失，这已经成为国内城市建设过程中的普遍现象。老旧城区的更新面临着历史文化传承、传统意识延续、城市景观协调等复杂问题，是构成居民认同感和归属感的心理因素的外在表现。

城市基础设施是城市建立的各种机构和设施，以促进各种经济活动和其他社会活动的顺利进行。城市的发展是一个新陈代谢的过程，不可避免地进入从出生到衰退再到重生的循环。在繁荣之后建成几十年的城市可能面临基础设施滞后、城市血液老化以及无法有效支持从未停止的各种流动所带来的痛苦。因此，基础设施升级是城市更新的重要原因。加快完善老旧城区陈旧的基础设施，并通过控制城市再开发的强度减少对基础设施的压力，是城市更新中必须重视的方面，如图3.17、图3.18所示。

图 3.17 文化广场

图 3.18 环湖走廊

（2）社会服务功能。老旧城区的绿色重构与城市居民的生存、文化以及生活息息相关，想要维护老旧城区的稳定，保护过程中的公众参与是不可或缺的。同时，公众参与应该贯穿在规划、实施、运营的过程中，并以多样可变的方式进行。

人们的生活需要室内空间，同样也需要户外空间，生活节奏日益繁忙，随手可得的户外休息变得不易。绿道的规划建设，让处于城市任何角落的我们都可以随时享受这份自然的馈赠，如图3.19、图3.20所示。

图 3.19 老旧城区的嬗变之美

图 3.20 修缮一新的喀什老街道城区

老旧城区的重构过程中除了建筑和街道的改造方面外，还会面临街道功能转化的问题，这些问题如果处理不好会导致经济方面的失败，从而影响到老旧城区更新的进程。因此，老旧城区在功能定位时应突出其自身文化性、商业性强的特点，同时应将一些周边邻近地区的文化设施纳入其整体中来。

3.5.2 社会风险

（1）法律制度。目前，我国已经颁布实施的《中华人民共和国节约能源法》《中华人民共和国防震减灾法》等法律法规都对既有建筑的改造做出了明文规定，这些法律法规的发布与实施不仅对既有建筑改造起着重要的推动作用，还为既有建筑的保护与再利用提供了法律层面上的帮助，如图3.21所示。从相关的政策法规的出台来看，很多地方政府已经意识到老旧城区保护传承再利用具有十分重要的现实意义，同时针对相应政策瓶颈，开始了积极的探索。本书汇总了近年来各地方政府制定的所有与老旧城区保护再利用相关的政策法规，如表3.3所示。

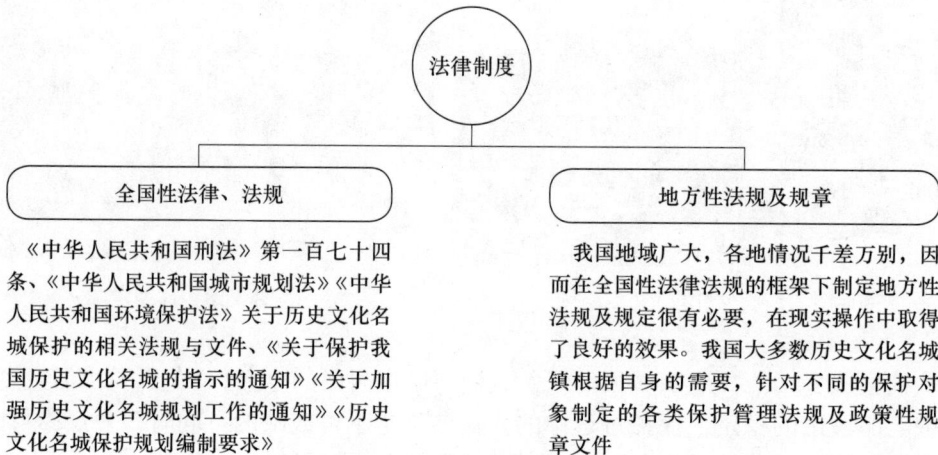

图 3.21 法律制度的演化

全国性法律、法规

《中华人民共和国刑法》第一百七十四条、《中华人民共和国城市规划法》《中华人民共和国环境保护法》关于历史文化名城保护的相关法规与文件、《关于保护我国历史文化名城的指示的通知》《关于加强历史文化名城规划工作的通知》《历史文化名城保护规划编制要求》

地方性法规及规章

我国地域广大，各地情况千差万别，因而在全国性法律法规的框架下制定地方性法规及规定很有必要，在现实操作中取得了良好的效果。我国大多数历史文化名城镇根据自身的需要，针对不同的保护对象制定的各类保护管理法规及政策性规章文件

表 3.3 我国老旧城区保护再利用相关的政策法规

城市	政策、法规名称	发文单位	时间
北京	《北京市保护利用工业资源，发展文化创意产业指导意见》	北京市工业促进局 北京市规划委员会 北京市文物局	2007年9月
上海	《上海市历史文化风貌区和优秀历史建筑保护条例》 《关于加强建筑物变更使用性质规划管理的若干意见》（试行） 《关于推进上海市生产性服务业功能区建设的指导意见》	上海市人大常委会 上海市城市规划管理局 上海市经济委员会	2003年1月 2005年12月 2008年10月
广州	《广州市旧城镇更新实施办法》	广州市人民政府	2015年12月
深圳	《深圳市人民政府关于深入推进城市更新工作的意见》	深圳市人民政府	2014年5月
惠州	《关于修改〈惠州市区建筑物改变使用功能的若干规定〉的通知》	惠州市人民政府	2002年12月
江门	《江门市区建筑物改变使用功能规划管理规定》 《江门市区房屋改变用途补交土地出让金的规定》	江门市规划局 江门市人民政府	2003年9月 2006年6月
杭州	《杭州市现有建筑物临时改变使用功能规划管理规定》（试行） 《杭州市工业遗产建筑规划管理规定》（试行）	杭州市规划局 杭州市人民政府	2008年8月 2012年12月
厦门	《厦门市建筑物使用功能和土地用途变更审批管理暂行办法》	厦门人民政府办公厅	2005年10月

（2）界定原则。划定老旧城区的范围应考虑到自然环境的完整性，例如历史建筑的边界、建筑物的边界或建筑物所在的区块、地形和植被、景观的完整性、道路和河流等明显的地标，以及行政管辖权都可以作为老旧城区范围划分的依据，老旧城区界定示意如图3.22所示。此外，老旧城区的范围界定应符合以下原则：

1）历史真实性。历史真实性的定量表征主要从旧城建筑时代进行分析，老旧城区中最能反映传统建筑时代的历史建筑或建筑区域的数量应占总数的一半左右。

2）生活真实性。生活的真实性意味着旧城不仅是人们过去生活的地方，而且还将继续发挥其功能，是社会生活的自然和有机的一部分。这基本上保证了旧城的社会生活结构和生活方式不会被破坏。

3）风貌完整性。老旧城区的风貌完整性主要包括两个方面的含义：一是该地区必须具有一定数量和比例的具有良好风格的建筑；二是老旧城区要有一定的规模。这样才能具有相对完整的社会生活结构体系，如图3.23所示。

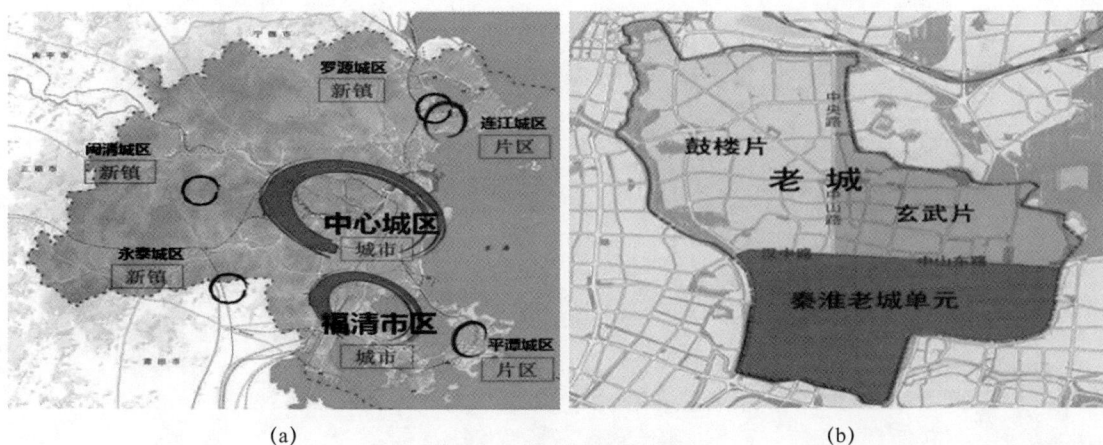

(a)   (b)

图 3.22　城市老旧城区界定

(a) 城区扩张；(b) 历史城区

(a)   (b)

图 3.23　咸阳历史风貌保护

(a) 咸阳博物馆；(b) 咸阳文庙

作为城市规划的发展部门，政府在旧城改造中发挥着重要作用，保护老旧城区需要通过立法合法化和规范。历史文化名城于 1982 年 2 月审批下来，而此前对于历史文化名城的保护并未制定过规范化，这给保护工作的展开与执行带来了一定的困难。因此，历史文化城市保护规划规范的制定和颁布已成为当前的首要问题。只有有了明确的保护规划规范，才能有效避免人为因素对于老旧城区的大面积的破坏。其次，老旧城区明确的产权关系也是政府部门的职责之一。

4 老旧城区绿色重构价值评定方法

老旧城区绿色重构价值的多元性决定了其评定方法的多样性，本章在理论及指标分析的基础上，分析其价值评定的内容、流程及模型。首先通过现场调查等方式获取前文指标项的基础数据，结合价值评定的特点对指标进行筛选后，建立价值评定指标体系；然后，确定价值评定的一般程序，将定性或者定量的文字指标用可计算的数字加以表示；最后基于此选择恰当的方法综合评定老旧城区绿色重构价值。

4.1 老旧城区绿色重构价值评定基础

4.1.1 绿色重构价值评定调查

4.1.1.1 老旧城区现状调查

随着改革开放的不断深入，城市建设的浪潮一浪高过一浪。在规划与建设中，由于没有重视对老旧城区的保护，一般都采用了拆建改造的方法，使得很多城市中的老旧城区在经济发展大潮的冲击下受到破坏。虽然我国的历史遗产保护理论正在逐渐完善之中，但是现阶段老旧城区依然存在诸多问题，主要表现在以下几个方面：

（1）老旧城区特色丢失，风貌趋同。由于老旧城区的时代性，其居民大部分是收入较低的人群。为了解决日常生活，居民会私自对城区内建筑进行修缮、改建、加盖、占用和翻新。由于这些活动缺乏规划管理和指导，往往会破坏原有建筑群、建筑物甚至文物，致使老旧城区失去其原有的风貌特色。相关部门对老旧城区的价值缺少认识，擅自处理老旧城区也会造成类似的后果。如今，随着科技与文化交流的扩大，城市更新的速度远远高于历史平均速度。大量新材料、新理念、新技术的应用，导致全球建筑风格趋同，城市特征越来越不明显，老旧城区也出现了趋同的迹象，如图4.1、图4.2所示，上海市和丽江市虽相隔千里，但老旧城区内的商业气息基本相同，掩盖了其原本的风貌特征。

（2）缺乏统一规划，盲目拆建现象严重。老旧城区内建筑的成片开发、大规模重建的过程中，很多由地方政府充当的决策者由于缺乏对城市现状与发展的深入思考与研究，片面追求眼前的经济利益，盲目地开展单一内容的大规模投资，将老旧城区成片拆除，对城市形象和城市文化造成了巨大的损失。这些开发建设活动的强度、功能内涵、建筑尺度、交通组织方式都与老旧城区原有的风貌格格不入。老旧城区内的土地在少数投资者与官员眼中成为高额利润与个人政绩的来源，该理念与老旧城区的保护和城市的可持续发展背道而驰。

图4.1　上海市田子坊

图4.2　云南丽江古城

（3）老旧城区内居民生活受影响大。老旧城区生活网络一旦遭到破坏，当地居民是任何保护与改造措施的直接影响者。但是，在老旧城区保护规划中，由于少数官员法制观念的淡薄和对民众权益的漠视，居民很少有机会发出自己的声音，无法有效保障自己的利益，侵害居民利益的现象时常发生。过高的人口密度会影响对老旧城区的保护，而采取降低老旧城区的建筑密度、减少老旧城区里的居住人口、置换居住功能等措施必然会破坏老旧城区的原有生活网络，造成居民的归属感和认同感的缺失，如图4.3、图4.4所示。

图4.3　电力管线杂乱

图4.4　房屋破旧

（4）老旧城区保护与城市发展格格不入。老旧城区与城市的其他现代化城区相比，在经济、思想文化、生活方式等方面存在极大差异。老旧城区往往因此而不能成功融入现代城市生活，居民经常无法便利地享受现代的生活方式，而老旧城区自身所蕴藏的多重资源也难以与城市其他部分共享并发挥价值。老旧城区应该满足区域内居民对交通、购物、卫生、休闲、交往等生活上的基本需求，可是传统的物质空间与现代的物质需求之间存在一定的矛盾，可以通过相应的重构设计手段化解这些矛盾，满足人们的精神需求和物质需要。

（5）滨水自然生态情况堪忧。城市水体在城市发展过程中不断接受人们的改造，导致生态系统比较单一，抵抗自然气候与生态变化的能力不强，离不开人工维护。除了小面积的湖泊在城市内被划入风景区得到保护外，稍大的河流湖泊每天被迫接受来自城市生产与生活产生的污染物。滨水老旧城区因为缺少人工维护，其自然生态环境情况不容乐观，这些污染物不仅影响了滨水老旧城区的景观风貌，而且还威胁到了居民饮用水安全和原有的水体生态安全，使水生及相关物种的生存条件越来越苛刻，极大地降低了滨水老旧城区的品质和价值。

（6）经济条件差。老旧城区的经济衰败是普遍性问题，即使是以风景旅游为特色的老旧城区也是如此，单一的关注保护会与城市整体经济发展产生矛盾。而短期的物质空间的改造可以形成一种井然有序、有吸引力的公共领域，但最终还是需要振兴经济才能维持老旧城区的长期有效运转。只有进行长期的深层次的有效更新来振兴经济，老旧城区才能真正由内到外地焕发出活力。相比城市其他区域而言，虽然都经历着经济成长所带来的变化，老旧城区必须在发展经济的同时，严格控制其物质环境的变化，改造与更新的力度应该在保护与重构之间达到一个平衡点。

在近几十年里，老旧城区经济主要有两个变化。第一个变化是传统制造业的衰落，产业转型及信息产业的出现，使得许多城市原有的制造业产生了衰退。一些原本以制造业为主的老旧城区必须寻求适应新时期的新的功能。比如北京的 798 艺术区，是 20 世纪 50 年代初由苏联援建、民主德国负责设计建造的老旧工业厂区，在 2001 年以后慢慢吸引了大量艺术家并对其进行改造和更新，引起了国内外媒体和大众的广泛关注，目前已成为北京都市文化的新地标，如图 4.5、图 4.6 所示。第二个变化是国际资本主义的重组和不断增长的全球经济的来临。例如，发达国家的企业将其制造工厂转移到劳动力更为便宜的发展中国家以降低生产成本，提高利润。由于在国家间、地区间、城市间以及城市内部等各个层面上的相互竞争逐渐加剧，部分老旧城区因产业转型而迅速衰落。

图 4.5 北京 798 标志　　　　　图 4.6 北京 798 艺术区外景

4.1.1.2 老旧城区绿色重构策略调查

为全面了解老旧城区绿色重构状态，对其重构策略进行调查以指导其他老旧城区重构进程，便于重构价值评定，老旧城区绿色重构的设计策略主要包括主动式设计与被动式设计两种。

绿色重构的主动式设计指在老旧城区内采用的技术手段，被动式设计指在老旧城区内采用的绿色设计方法，主动式与被动式两个词汇的微细差别，可以理解为两种姿态的不同，在本质上是有较大区别的。

绿色重构的主动式设计是通过各种高效集成的技术手段，实现老旧城区内的绿色功能。被动式设计是在适应和利用自然环境的同时对其潜能通过设计灵活应用，即根据符合地域气候的老旧城区内建筑物本身的设计，来控制能量、光、空气等的流动，在减少生态环境负荷的同时，考虑获得舒适的室内环境的设计方法，并用机械设施即技术手段补充不足部分。被动式设计能够提高老旧城区建筑物及环境的安全性、健康性，也能获得综合考虑了地区、风土的设计构思。

　　图 4.7、图 4.8 说明了绿色重构的设计方法与技术手段对老旧城区的影响。实际上，老旧城区绿色重构的生态策略设计就是在开始具体的重构施工图设计之前，基于建筑外环境，针对老旧城区绿色重构不同的子系统，如老旧城区必须具备的能源、水环境、气环境、声环境、光环境、热环境、植物系统、绿色建筑材料系统等要素，分别考虑设计方法和技术手段，再从系统角度集成，通盘考虑哪些是绿色建筑可用的设计方法，哪些是可以集成的技术手段及其经济性以及可实施性、可操作性如何。

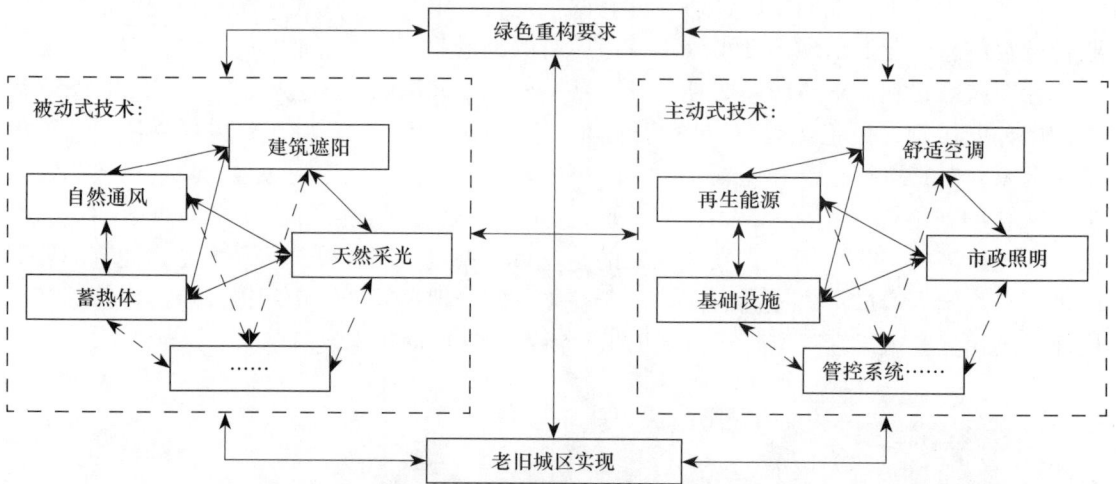

图 4.7　老旧城区绿色重构策略

图 4.8　海绵城市示意图

4.1.1.3 老旧城区绿色重构生态价值调查

老旧城区绿色重构生态价值主要体现在节能、节水、节材、节地以及环境保护五个方面。

（1）老旧城区节能的价值。建筑节能具有显著的经济特征，由于老旧城区的能源效率同时受到多个系统的影响，不同系统的累积效能提升使得绿色重构能源策略有可能实现显著的经济价值。据统计，适当放宽老旧城区内建筑室内恒温、恒湿范围，可以减少1/5的制冷能耗；通过被动或可再生能源补偿的方式，可以节约4/5制冷所需的常规能源；提高传统制冷方式的效率，可以节约一半的能耗；采用更科学的控制方式，可以节约1/5的能耗。

（2）老旧城区节水的价值。我国水资源的人均占有量低，人均占有量居世界第88位，约占世界平均水平的1/4。同时，受季风性气候的影响，我国降雨量年内分配不平均。大部分地区连续4个月降水量占全年降水总量的70%左右，造成全国670个城市中有400多个城市存在不同程度的缺水情况，缺水总量约为60亿立方米。节水不仅意味着用户可以减少经济支出，同时还可以削减老旧城区基础设施的投入，减少老旧城区环境污染，根据《绿色建筑技术导则》，老旧城区内节水可以通过以下几个方面进行：因地制宜制订中水、雨水回用等节水规划方案；通过分质用水、采用节水型器具等措施提高老旧城区用水效率，建立雨污分流系统，实现两污水的综合利用。

我国主要绿色生态住区项目的节水率如表4.1所示，其中节水程度最高可达一半以上，说明在老旧城区绿色重构中节水具有极高的应用价值。

表 4.1 我国主要绿色生态住区项目节水率一览表

项目名称	总建筑面积 /m²	建设地点	节水率 /%
万国城 Moma	66.3×10⁴	北京	32.9（中水回用系统）
蓝水假期	12.2×10⁴	天津	31.7（中水回用系统）
众和家园	23.8×10⁴	重庆	53.6（无市政排水系统）
水岸长桥	15.9×10⁴	宁波	13.6（无中水回用系统）
金色新城	20.9×10⁴	常州	22.3（中水回用系统）
锦绣豪庭	16.5×10⁴	沈阳	11.3（无中水回用系统）
枫林绿洲	23.0×10⁴	西宁	15.1（中水回用系统）

（3）老旧城区节材的价值。老旧城区绿色重构节材的价值主要由降低材料"含能"带来的环境贡献，这是一种间接价值，由降低材料生产运输成本和减少固体废弃物排放带来的直接价值两部分内容构成。受到制度和认识的局限，目前节能价值评定并未纳入传统价值评定中，而由节材带来的固体废弃物减排价值成为当前有关绿色重构节材价值评定的主要部分。

自20世纪80年代以来，我国建筑垃圾的排放量快速增长，据统计，我国每年仅施工建设所产生和排出的建筑垃圾就超过1亿吨，全国建筑垃圾总排放量达数亿吨，接近城市固体垃圾总量的一半。并且，建筑垃圾基本上未经任何处理便被施工单位运往老旧城区外的郊外或乡村露天堆放或简单填埋，耗用大量土地和运输费用，如图4.9、图4.10所示。因此，垃圾减排不仅省去了垃圾清运与处理的费用，同时节省下来的用于垃圾填埋的土地，有可能实现更高的经济与环境价值。

图 4.9　老旧城区建筑垃圾场　　　　　图 4.10　老旧城区生活垃圾点

（4）老旧城区节地的价值。老旧城区绿色重构的节地具体措施包括：控制建筑用地总量，保持老旧城市的适度规模；研究合理的建设用地结构，科学合理地控制人均建筑用地指标，合理选择建筑用地，保护自然生态，优先选用已开发且具备改造潜力的用地，如鼓励对老旧城区内旧工业厂区等废弃地进行再生利用；建筑用地的技术经济指标，如建筑密度、容积率、户型、道路、绿地等都应体现节地原则（如可以适当提高公共建筑的建筑密度，住宅建筑的密度与容积率确定要立足于创造宜居环境）；强调土地的集约与高效利用，尽可能利用地下空间等。

（5）环境保护的经济效益。老旧城区绿色重构环境保护包括宏观与微观两个层次：宏观层面的环境保护指的是通过有效的节能、节水、节地、节材策略，实现能源、资源消耗以及有害废弃物排放的减量；微观层面的环境保护则指的是健康的建筑环境（包括建筑的光、热、声环境与室内空气质量等）。老旧城区绿色重构在微观层面的环境保护策略主要包括：设计最佳朝向，保持良好的建筑视野；有效抵御和削减来自自然环境、建筑设备、城区车辆等噪声干扰；综合兼顾建筑的热防护性能与自然通风，保证健康的室内空气质量与适宜的热舒适性等。

老旧城区环境保护具有极大的经济价值，也有利于城区居民的身体健康，据统计，在美国为基本背景的研究报告中，对老旧城区环境重构后的价值进行了总结，见表4.2。

表 4.2　环境保护的经济价值

价值提升来源	每年实现的潜在健康价值
减少呼吸类疾病 减少过敏与哮喘 减少建筑物综合症	减少感冒的发生 1/4 的病患症状得到缓解 发病率最高可降低一半
提高居民生活水平	—

4.1.2 绿色重构价值评定特点

（1）价值组成的多元性。通过第 3 章中对老旧城区绿色重构的价值分析，老旧城区绿色重构价值的价值组成包括空间安全价值、投资价值、文化价值、生态价值及社会价值五个部分，这五个部分可通过各种指标进行衡量，进而综合评定老旧城区绿色重构价值。

（2）评定内容的广泛性。正是由于其价值组成的多元性，使得老旧城区绿色重构每一种价值的评定都涵盖了特定领域的内容，形成了老旧城区绿色重构价值评定内容的广泛性。评定其特点，就需要对绿色重构的各个环节进行考察，各种重构技术、重构指标等都需要在评定时加以分析。评定其重构价值，需要对老旧城区绿色重构后在整个环境系统中发挥的各种作用进行细致的了解，对其对整个城市发挥的作用进行深入的研究，才能使价值评定结果更为准确。同样，评定老旧城区绿色重构在城市经济发展中的作用，就必须了解老旧城区与城市整体经济发展的相互关系，对这种关系尽可能地量化，才能更好地确定其重构价值。

（3）评定对象的时空差异性。老旧城区绿色重构的价值与老旧城区本身的价值密不可分。由于我国老旧城区分布具有很强的时空差异，不同地区的老旧城区历史文化价值等均不相同，而且相同地区不同时间的老旧城区历史文化价值等也不相同。尤其是我国历史悠久，因此不同地区的老旧城区价值等级不相同。这就造成了对老旧城区绿色重构进行价值评定时需要以地域分布为重要的参考依据，在此特点下不仅要适当选择评定方法，而且要考虑评定对象的范围，如图 4.11、图 4.12 所示。

图 4.11 哈尔滨市老旧城区

图 4.12 广州市老旧城区

（4）评定方法的综合性。老旧城区绿色重构多元的价值组成和广泛的评定内容决定了其价值评定必然是一个由多指标综合实现的过程。每一种指标组成可采取不同的评定方法，包括福利经济学、计量经济学、环境经济学以及工程经济学在内的各种评定方法都有自身的适用范围，在进行评定时需要将这些方法综合起来，根据不同指标的特点选择适合的评定方法，才能够正确反映老旧城区绿色重构的价值。

（5）评定结果的指导性。老旧城区绿色重构的价值评定很多都是定量的态度调查，多采用主观分析评定方法，其评定结果受受访者主观意愿影响会有一定的偏差。因此，以价值评定的结果作为老旧城区绿色重构的依据目前是有一定困难的，但是对于城市促进老旧城区绿色开发和促进老旧城区的合理高效再生利用这两个方面具有非常重要的指导性意义。

4.1.3　绿色重构价值评定原则

老旧城区绿色重构价值评定是一个综合的大系统，其指标层次多，各要素之间关系复杂。为确保在众多的评定信息中，筛选出灵敏、可度量以及"言简意赅"又内涵丰富的准确指标项作为评定指标，在筛选备选指标的过程中要遵循以下原则并符合一定的评定体系，如图 4.13 所示。

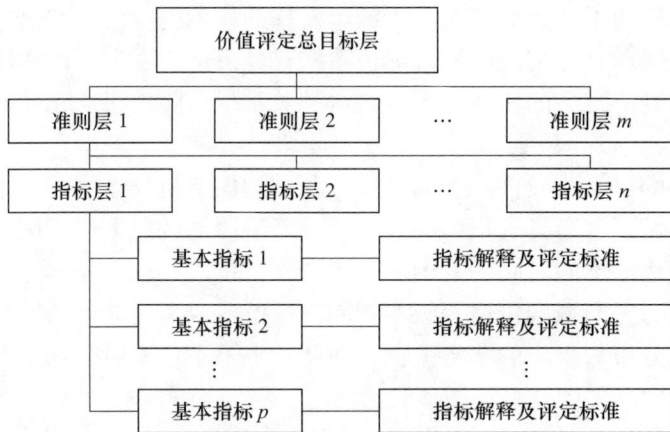

图 4.13　指标层次图解

（1）科学性原则。科学性原则作为老旧城区绿色重构价值评定体系的基本和首要原则，指的是各个评定指标要揭示老旧城区绿色重构价值的本质特征，并且能够反映出这些价值的不同内涵。根据这一原则，老旧城区绿色重构价值评定的各指标的概念界定必须清晰明确，其含义必须科学具体。并且，这些指标的确定必须基于广泛深入的前期调研，也就是指标必须以客观事实为基础，如此才能客观反映老旧城区绿色重构价值的本质特征。

（2）系统性原则。老旧城区绿色重构价值评定指标体系作为一个整体，其各项指标要尽可能涵盖老旧城区绿色重构各个方面的内容。作为一个多层次的结构体系，价值评定体系分为多个要素子系统，每个子系统又包含不同的分支。每一个要素子系统都在一个方面反映整个绿色重构价值系统的特点，因而，每一个子系统的评定因素都会对整个系统的评定结果的科学性产生影响。本评定体系中的各个子系统相互独立，但又存在一定联系，共同构成一个大的价值评定系统。在具体操作该评定体系进行老旧城区绿色重构的价值评定时，必须充分考虑各个要素子系统的区别和联系，并对整个评定系统进行统筹把握，才能使指标系统全面客观地反映老旧城区绿色重构价值的实际情况。

（3）针对性原则。老旧城区绿色重构价值评定体系是专门针对老旧城区内的所有重构要素进行价值评定的综合评定体系，具有很强的针对性。这就要求评定体系的各项指标也应具有较强的针对性，在指标的设定和筛选过程中切实做到具体问题具体分析。相对于其他价值评定，老旧城区绿色重构价值评定具有鲜明的自身特征，在对这些城区内的各要素进行价值评定时，要准确把握其独特性，所设定的各项指标应能够充分反映这种与其他地域不同的独特性，老旧城区绿色重构增加绿化的措施如图4.14、图4.15所示。

图4.14　老旧城区增加绿化

图4.15　屋面绿化

此外，老旧城区绿色重构包括老旧厂区、老旧住区、老旧城区和综合城区四大基本类型，在对它们进行价值评定时，也须根据其类型特征设定具有针对性的指标项，如图4.16所示。

图4.16　有针对性的指标体系

（4）可操作性原则。老旧城区绿色重构价值评定体系中各指标的可操作性有两层含义：一方面，在评定体系中，指标项越多，评定的工作量越大，消耗的资源越多，对评定技术的要求也越高，误差也越大，所以，在对指标进行筛选时，尽可能地选取具有代表性、敏感性的综合性指标来表征老旧城区的某方面价值，也就是在保证完备的基础上，使指标尽量简练；另一方面，指标的可操作性指的是对指标进行衡量的所有数据都比较容易收集和表述，并且在对各指标进行比较时应采用相同的"度量衡"，使各指标之间能够可比。

4.2　老旧城区绿色重构价值评定流程

4.2.1　价值评定准备工作

4.2.1.1　组织准备

（1）成立评定小组。为保证价值调查与价值评定工作的顺利进行，应成立老旧城区绿色重构调查与评定工作小组，由专人负责组织协调，落实人员，安排资金，制订工作计划，指导调查工作。领导小组设组长，实行组长负责制，负责工作组织、成果汇总和工作指导等。

（2）成立技术组。成立由组长带领的"老旧城区绿色重构调查与评定工作技术组"，负责制定技术方案，组织技术培训及技术指导，确保评定技术措施落实到位。

（3）成立专家组。聘请建筑学、城乡规划以及有关专业的专家成立"老旧城区绿色重构调查与评定工作专家组"，参与价值调查与评定的技术指导，研究确立评定指标，确定各指标的具体分值等。

4.2.1.2　物质准备

（1）数据信息处理系统。采用现代化办公设备，如计算机、打印机、扫描仪等数据处理设备，以提高工作效率，提高数据处理科学性、准确性。

（2）老旧城区调查用品。价值评定资料袋、纸笔、档案袋、国家及地方现行相关标准文件。

4.2.1.3　技术准备

（1）制定实施方案。组织专家制定老旧城区绿色重构调查与评定技术及应用实施方案，确定老旧城区绿色重构调查与评定的技术路线和方法。对调查的目的、调查内容、组织形式、技术路线、调查与评定方法、预期成果、计划进度和经费预算进行明确规定。

（2）广泛收集资料。广泛收集整理统计、土地、水利、气象、经济、政策等相关评定所需图形、文字和表格资料。

（3）加强人员培训。对参与老旧城区绿色重构调查与评定的相关人员进行系统培训，使每个人系统掌握价值评定的技术方法，保证评定工作科学、准确。

4.2.1.4　资料准备

（1）图件资料。

1）老旧城区土地利用现状图（1∶50000）；

2）老旧城区行政区划图（1∶50000）；

3）老旧城区主要污染源点位图；

4）老旧城区绿色生态规划图等。

（2）文本资料。

1）老旧城区土地详查资料；

2）老旧城区水利资源分布与利用；

3）老旧城区生态规划文本；

4）老旧城区历年统计年鉴等。

（3）数据资料。

1）老旧城区历年生态统计年报；

2）老旧城区历年气象资料；

3）老旧城区主要污染源调查资料；

4）老旧城区、县、乡、村行政编码表。

（4）其他相关资料。

1）老旧城区土壤改良、水土保持、生态建设资料；

2）老旧城区土壤典型剖面、当地典型景观照片；

3）老旧城区绿色重构相关部门访谈视频、录音或照片资料。

4.2.2　价值评定工作程序

老旧城区绿色重构价值评定流程图如图 4.17 所示，主要包括现场实地调查、初步确定指标体系、指标体系优化、确定指标体系权重、价值综合评定以及绿色重构价值结论分析六大部分。

（1）现场实地调查。指标体系是否科学很大程度上取决于能否获得目前所能得到的最准确信息。收集数据的原则是：得到的数据尽可能是最准确的、最新的，而且它必须得到充分的证实。有些数据变化得比较快，这就需要使用能够得到的最新数据；有些数据变化不快，因此稍陈旧的数据也可以使用，现场调查数据与指标体系之间的对应关系如图 4.18 所示。

对于老旧城区而言，大多数指标是通过查阅相关文献、访谈相关学者或实地踏勘获得，另有部分数据需要去相关政府部门搜集，还有的数据要通过召开专家会议打分获得。详实可靠的资料来源是分析老旧城区价值、确定绿色重构对象、制定重构措施的基础。

1）文献资料查阅。这是基础资料最主要的来源，包括三个方面：①各级别的政府报告、文件、政策、法规等；②普通和专业出版物，如地方史志、城市建设史、城市建筑史、城市地图等；③图片，与老旧城市相关的绘画、照片等。其中出版物是经过整理的第二手资料，使用前需要予以证实，绘画作品因带有主观因素，只能作为参考资料。

2）专业规划与勘测。老旧城区所在城市权威机构和专业部门所做的测量与规划图片，如卫星遥感图、航拍影像图，以及城市地区勘测图、城市规划图等，这部分资料较为可靠，一般需要到政府相关部门或从档案资料中查找，如图 4.19 所示。

3）口述。主要从当地居民的手记资料或口述中了解该老旧城区的历史和社会文化发展变迁，需要耐心细致地调查。这些资料获取的随机性很大，质量参差不齐，因此必须在使用前予以证明，但这也是了解老旧城区社会历史最有潜力的资料来源。需要注意调查方式尽量通俗化，不宜过于专业，可采取问卷、座谈与交谈配合的形式。

4）实地踏勘。这是最直接的资料来源，一般通过观察、研究、测绘、速写、拍照等手段获取。

```
                              ┌──────────┐
                              │   开始   │
                              └──────────┘
                                   │
     ┌─────────────────────────────────────────────┐    ┌──────────────────┐
     │  ┌─────────────────────────────────────┐    │    │ 地区经济状况      │
     │  │          现场实地调查                │    │    │ 地方绿色发展政策  │
     │  └─────────────────────────────────────┘    │    │ 老旧城区主要污染源│
     │     │        │        │         │           │    │ 绿色再生技术      │
     │ ┌──────┐ ┌──────┐ ┌──────┐ ┌──────┐         │    │ 建（构）筑物现状  │
     │ │老旧厂区│ │老旧住区│ │老旧街区│ │综合城区│  │    │ ……              │
     │ └──────┘ └──────┘ └──────┘ └──────┘         │    └──────────────────┘
     └─────────────────────────────────────────────┘
```

空间安全：建（构）筑物安全　生态环境安全　空间区域安全

投资价值：建设规模　投资成本　投资收益

文化价值：设计理念　文脉传承

生态价值：节约能源　节约用水　节约用材　节约用地　环境保护

社会价值：社会影响　社会风险　互适影响

初步确定评定指标体系　←　总结

修正、增补、合并、剔除

对指标进行定性定量分析

评定对象特点　→　优化后评定指标体系

确定指标权重　——　专家打分法　层次分析法　熵权法　……

国家标准/行业标准/团体标准/……

老旧厂区　老旧住区　老旧街区　综合城区

价值综合评定　——　直接累加法　层次分析法　模糊综合评判　可拓优度评价　……

评定方法

绿色重构价值结论分析

可行　　优化后可行　　不可行

指导绿色重构过程

绿色重构施工图

┌──────────┐
│   结束   │
└──────────┘

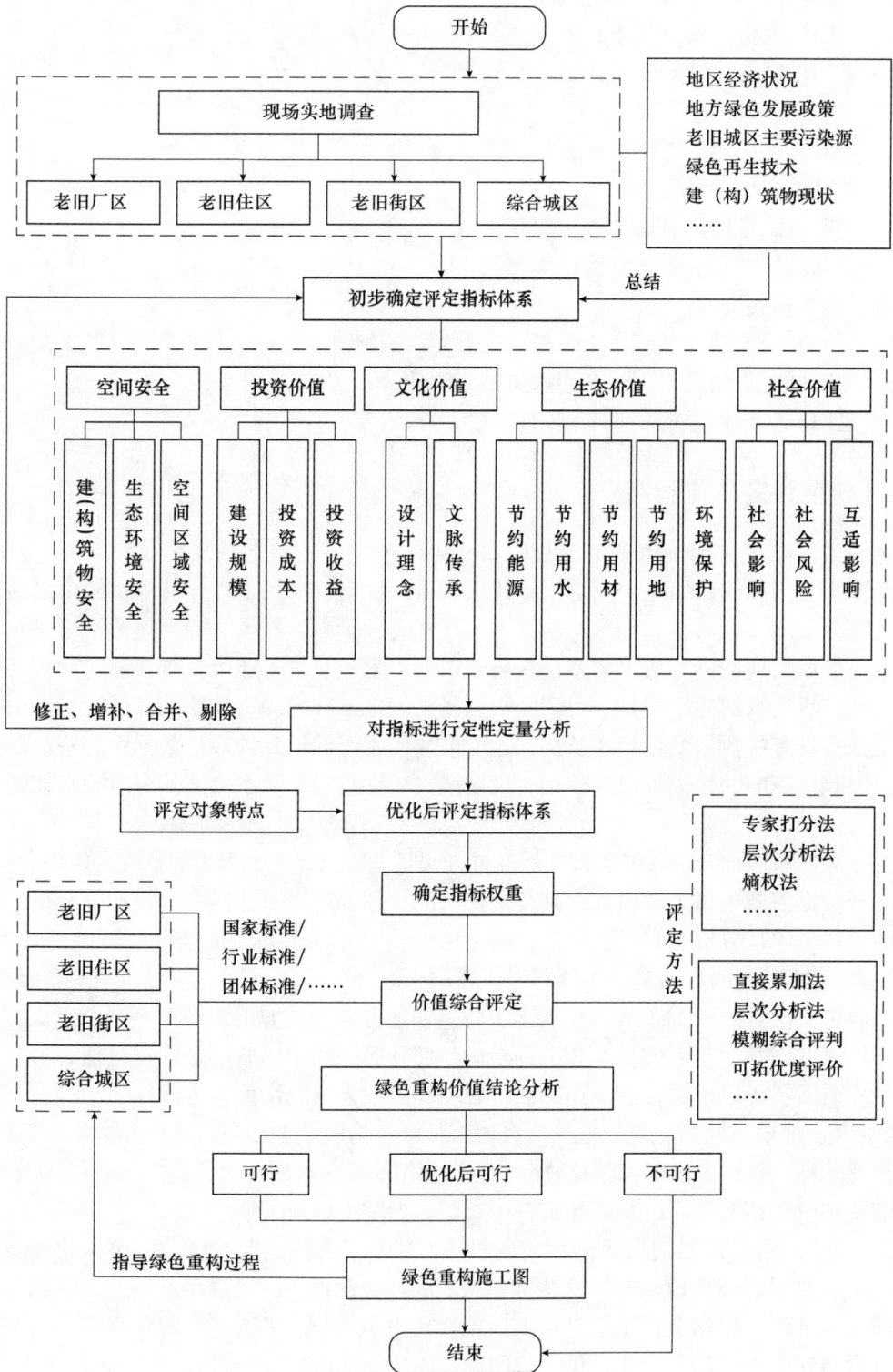

图 4.17　老旧城区绿色重构价值评定流程图

生态环境科技	待评城区绿色生态环境现况调查技术资料搜集	环境评定体系研订环境评定相关评定指标
建筑污染防治	建筑污染现况建筑污染防治技术搜集建筑污染防治法令现况	建筑污染评估体系研订建筑污染评估相关评定指标
建筑节约能源	建筑节能实施成效调查建筑节能技术现状	建筑耗能评估体系研订建筑整体耗能相关评定指标
建筑资源利用	地区建筑资源存量调查建筑资源有效利用技术资料搜集	建筑资源有效利用评估指标建材可回收率相关评定指标
室内环境控制	室内环境品质现况调查室内环境品质法令现况室内环境控制技术搜集	室内环境品质指标体系研订室内环境品质相关评定指标
......	......	......

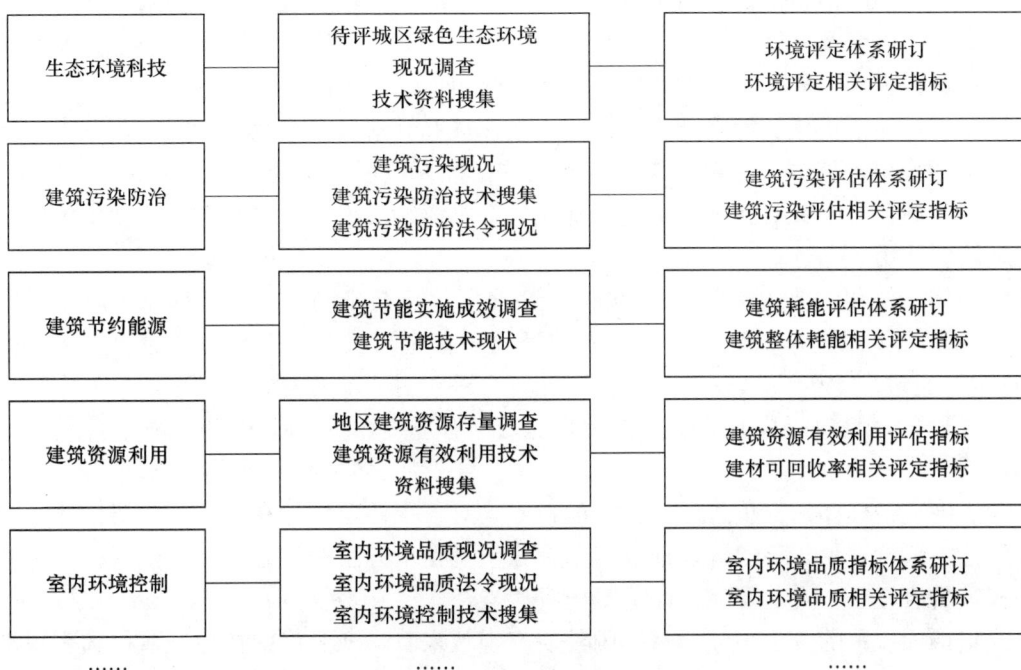

图 4.18　现状调查与指标对照表

重点改造区域
中度改造区域
轻度改造区域
不改造区域
棚户改造区域

图 4.19　某老旧城区绿色重构规划图

（2）初步确定指标体系。这部分的主要作用在于初步确定老旧城区绿色重构指标体系，在第3章所述内容及框架的基础上，结合老旧厂区、老旧住区、老旧街区及综合城区所面临的绿色重构影响因素并进行因素分析，基于此初步建立指标体系。

（3）指标体系优化。为提高价值评定的实用性、针对性和全面性，在初步确定指标体系时，可能会出现许多对评定结果影响不大的指标，也可能因为确定的指标具有同构性、同态性等特性，有必要对指标体系进行优化，在不影响最终结果的基础上，使价值评定计算更加简便适用。

指标体系优化主要包括四个方面的内容：1）优化初步确定的指标体系，就是对所选择的评定指标体系进行初步的筛选，借助经验和专业知识，分析判断剔除明显不合适的指标；2）通过理论分析和频率统计，选择符合理论并且频率较高的指标；3）检验各指标的独立性，就是对指标间有交叉重复的指标再次选择和重组，以获得科学合理的评定指标体系。

（4）确定指标体系权重。评定指标的权重是对各个评定指标在整个评定指标体系中相对重要性的数量表示，科学合理地确定指标权重是整个方法的核心环节，能否科学选择适宜的权重赋值方法，决定着整个评定工作成功与否。

确定指标权重的方法很多，从国内外研究现状来看，主要集中在主观赋权和客观赋权两大类，比如德尔菲法、专家排序法、二项系数法、层次分析法、主成分分析法、因子分析法、直接赋权法、比较矩阵法、秩和比法、环比评分、模糊评定法、重要排序法等。但不论是主观赋权方法，还是客观赋权方法，都有其各自的优点和缺点，见表4.3。

表4.3　价值评定赋权方法优劣势对比

赋权方法	优　势	劣　势
主观赋权方法	反映了评定者（或决策者）的主观判断或直觉	在综合评定结果或排序中可能产生一定的主观随意性，即可能受到评定者（或决策者）本身知识或经验的影响
客观赋权方法	通常利用比较完善的数学理论与方法	忽视了决策者的主观信息，而此类信息对于价值评定及后续决策具有一定的作用

（5）价值综合评定。老旧城区绿色重构价值评定包括两部分内容：一是单项指标评定，即通过对上述老旧城区绿色重构价值评定指标体系中单个指标评定的结果，衡量指标体系中各指标的状况；二是综合评定，即将评定指标体系中所有指标按照一定的综合方法，组合成一个总体无量纲值，并通过判别该值，实现老旧城区绿色重构的价值评定。

（6）绿色重构价值结论分析。评定结论应较全面地考虑待评老旧城区绿色重构的各方面，要从前文分析的价值方面整理出评定结论的主线并进行分析；由于系统内各单元评定结果之间存在关联，且各单元评定结果在重要性上并不平衡，对价值评定结论的贡献有大有小，所以在编写评定结论之前要对单元评定结果进行整理、分类并按照严重程度和发生频率分别将结果排序列出。

价值评定结论的内容，因评定老旧城区类型（老旧厂区价值评定、老旧住区价值评定、老旧街区价值评定、综合城区价值评定）的不同而各有差异。通常情况下，老旧城区绿色重构价值评定结论的主要内容应包括高度概括评定结论，从价值角度给出评定对象在评定时与国家有关法律法规、标准、规章、规范的符合性结论，给出绿色重构的可行性结论以及需要采取的优化措施。

4.2.3 价值评定结论分析

为了使绿色重构价值评定结果能够起到应有的积极作用，在开展评定工作时要确定恰当的评定标准。标准确定的恰当与否，对于评定工作的成败具有极大的影响。在进行有效的价值评定之前，要明确多种评定标准的设计要点。一般情况下，评定标准的编制是在确定了各项评定指标和各个指标权重的基础上才进行的。

（1）分档式标准。分档式标准是将每项指标分为若干个等级，然后将该指标的权重（一般情况下小于1）按等距分到相应的各个价值评定等级中，再将每个价值评定等级的分值分成若干个小档（即幅度）。具体步骤如下：

1）确定等级个数，一般情况下可以定为多个等级。

2）为多个等级选好标号，比如可以选用A、B、C、D等，而不选用优、良、中、差。后者标示了等级的优劣程度，可能会出现趋中或偏高、偏低的倾向。

3）将该项指标的分数分配到各个等级中。

（2）评语式标准。评语式标准是用文字叙述每项指标，类似评语，包括积分评语标准和期望评语标准。

1）积分评语标准。指标进行目标分解时，权重也同时分解到评定指标或各个要素。进行价值评定时将各个指标标准要素分值相加，就是该项指标的总分值。

2）期望评语标准。期望评语标准是对价值评定指标体系中每项评定指标的标准采用期望、理想式的语言加以描述，并对所描述的要点按照一定的规则赋值，然后按一定的等级逐级评分。这种方法的特点是，需要设计出所期望的最理想的最高等级（上限）作为评定标准，以这个最高等级的达成程度进行评分。由于其他等级没有具体的评定标准，只能根据最高等级的要求推及，其分寸较难把握。期望评语标准多用于评定结果为"合格"的评定领域。

（3）期望行为标准。期望行为标准是以期望的最理想的价值评定要求为最高等级，逐级而下划分，以最不期望的价值评定要求为最低等级，从而设计出评定标准系统的方法。这种设计方法的优点是：评定标准构成一个完整的等级系列，每个等级中都有相应的反映该评定指标状况和水平的定性描述和定量数值，便于将价值评定对象与评定标准相对照，根据其与标准的符合程度确定等级，具有较强的操作性。

设计期望行为式评定标准时，首先要明确评定指标体系中各项具体指标的内涵，全面分析、深刻了解并掌握该项指标所要反映的具体内容及其深度与广度，使评定标准的等级内容明确、清晰。其次，在明确评定指标内涵要点的基础上，选定最适合表现该指标内涵期望要求的关键性的行为特点，并用相应的最恰当的行为词语表示出来。这种反映或表现某项价值评定指标内涵期望要求的关键行为的词语，应尽可能地避免使用过于刺激性的词语，力求其科学、稳妥，具有客观性、可接受性。

（4）隶属度式评定标准。所谓隶属度式标准，是运用模糊数学的隶属函数为标度来设计评定标准体系的方法。隶属度式评定标准就其内容而言，仍是评语式等级标准，不过是采用隶属函数为标度，通过价值评定对象目标的达成度（在 [0, 1] 区间取值）来判定等级的评定值。

隶属度式评定标准的设计有分级法和全域法两种。分级法是规定评定各项指标的各个等级隶属度的范围（或点），如 A 等为 1.0 或 1.0~0.85，B 等为 0.7 或 0.84~0.60，C 等为 0.4 或 0.59~0。全域法与分段法相对，不规定某一评定、指标各个等级的隶属度的范围（或点），每个评定等级都可以在 [0, 1] 全域范围内选择，以表示价值评定对象所属等级及其程度的高低，如某指标属于 A 等的隶属度为 0.4 等，属于 B 等的隶属度为 0.8 等，属于 C 等的隶属度为 0.1 等。

4.3　老旧城区绿色重构价值评定模型

4.3.1　指标体系建立与优化

评定要素集的建立是评定指标集建立的基础，评定要素集的建立过程是一个根据研究的目的，选择若干相互联系的统计指标，以组成一个统计指标体系的过程。原则上说，选取统计指标应坚持几个基本原则。

（1）目的性原则。选取的要素要从研究问题的目的出发。如果我们是要评定某单位的经济效益，就应选取经济效益要素，而不能把其他一些方面的经济要素也作为评定要素选了进去。另外，当我们要反映被评定事物的综合实际水平时，就应该选取总要素，而不是动态要素。而当我们要反映被评定对象的动态水平时才应选取动态要素。

（2）全面性原则。选取的要素应尽可能地反映研究对象的各方面。为了保证这一点，选取的要素就应该具有代表性，选取时应从被研究事物的各个方面着手，尽管最后确定的评定要素不一定很多，但选择初始时，备选要素一定要多一些、全一些，以保证有选取余地。

（3）可行性原则。选取的评定要素不仅应是具有代表性的，还应是可行的。要素的数据应容易取得，且可以保证数据的质量可靠。

（4）稳定性原则。选取的要素应是变化比较有规律性的，有些受偶然因素影响而大起大落的要素就不适宜选入。

（5）协调性原则。要素选取一般都还只是统计分析的第一步，而不同的价值评定方法在分析时对要素的作用机理是不同的，各种方法都有其特点、共同点、优点和缺点，故在选取要素时应注意所用统计方法的内在性质与要求，使要素与所用方法协调一致。比如，多元统计中的主成分分析、因子分析本身具有消除评定要素间相关影响的功能，用这些方法进行综合评定时，需要多注意要素的全面性，而常规多要素综合评定方法和模糊评定方法不具备这种功能，选取要素时就要多注意要素的代表性，尽可能事先减少要素间的相关影响。

（6）结合性原则。选择统计要素时，应该将定性分析和定量分析结合起来，只强调定性分析，或只强调定量分析，都是不妥的。对于数学方法的应用，一定要认真地加以分析，就应用问题来看是否合适。

综合评定老旧城区绿色重构价值所涉及的各相关要素构成评定要素集，各个要素的重要程度可能相同，也可能不同。用以评定价值的一系列指标构成评定指标集，评定指标集是评定要素集的一个映射，一个评定要素集存在多个映射指标集。建立合理的评定指标体系就是在多个映射指标集中寻优，评定要素集和评定指标集之间存在 4 种映射关系，如图4.20 所示。图 4.20（a）是一对一关系，即一个评定指标只反映一个评定要素；图 4.20（b）是多对一关系，即一个评定指标反映多个评定要素；图 4.20（c）是一对多关系，即有多个指标共同反映同一个评定要素；图 4.20（d）是多对多关系，即同时存在图 4.20（b）和（c）的 2 种情况。在 4 种映射关系中，一对一的关系最简单，也最理想，但在现实中很难找到；在一对一或多对一的映射关系中，指标间不存在重叠或交叉；在一对多或多对多的映射关系中，指标间存在重叠和交叉。

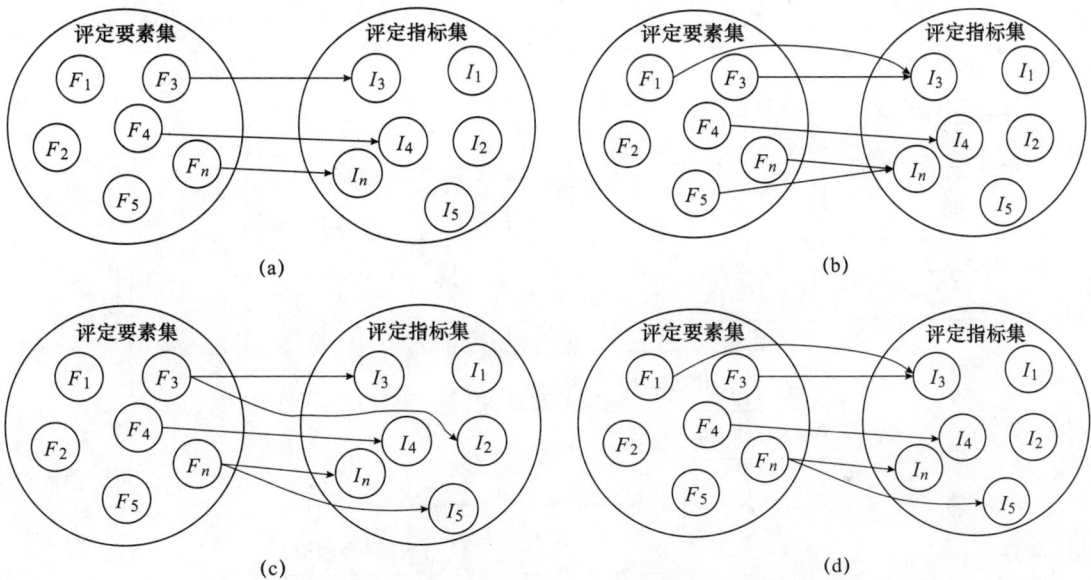

图 4.20　评定要素及与评定指标集之间的关系

(a) 一对一关系；(b) 多对一关系；(c) 一对多关系；(d) 多对多关系

根据上述分析，将初步确定的评定要素集进行整合，提炼得到最终的老旧城区绿色重构价值评定指标集，并在此基础上进行价值评定。

4.3.2　重构价值评定方法

4.3.2.1　单项指标评定

通过评定指标体系中单个指标评定的结果及统计分析，可以从不同侧面衡量老旧城区绿色重构的状况。单项指标评定具有直观性强、指义明确、方法简单、操作性强、适用范围广等特点，能满足不同专业、不同部门、不同背景的人群对老旧城区状况不同方面的需求，易于推广。同时单项指标评定也为进行下一步综合评定奠定了基础，如综合价值计算中的综合评分法和层次分析法即是在单个指标计算、分级、评定的基础上进行的。

在前文所提老旧城区绿色重构价值评定的单项指标中，主要包括定性指标和定量指标两种。其中，定性指标基本上可分为两类：一类为带有强度差别的，另一类则不带有强度差别。定性指标的量化方法主要有直接主观评分法、定性排序量化法、尺度评分法、两两比较法、问题测验法、问题量表法、问题分解法等。定性指标的数量化往往是通过征询专家意见而进行的，在量化的过程中包含了大量的不确定性、随机性和模糊性，而且涉及心理因素，即使是同一评定者，在不同时间对同一对象的评定也可能会给出不同的结果；而不同的评定者，其结果可能差异更大。

就价值评定中涉及的定量指标而言，也可分为两类：一类是利用现有老旧城区统计体系所能获得的资料构造的；另一类则是需要通过实地调研而获得。相对而言，利用现有地区统计体系的资料构造的定量指标较容易处理，不同的个人得到的结论较为一致，即使存在误差往往也是"登记性"误差，可通过仔细的检查得以消除。而需要通过实地调研获得的定量指标，受环境因素、手段和工具等因素的影响，不同的个人得到的结果会存在一定的偏差，如图4.21所示。

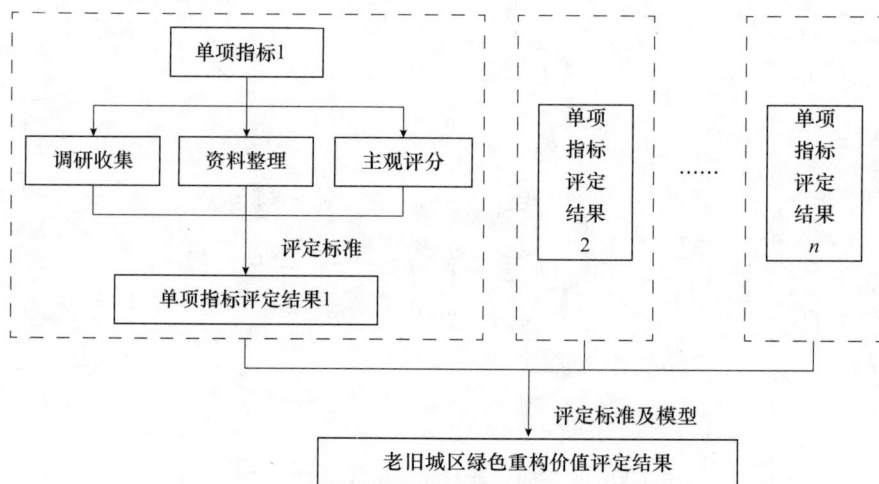

图4.21 单项指标评定

一般来说，首先要对每一项指标进行区间分级，如所有指标均分为五级，或者利用打分法划分0~100分的评分区间，其中分级标准根据评定的老旧城区所在的区域特征和各指标的属性确定。

4.3.2.2 指标权重计算模型

指标的权数用于体现在老旧城区绿色重构价值综合评定时，对各指标的不同重视程度。赋权的原则有以下几类：一是从含价值信息的多少来考虑，有关的价值信息越多，权数就越大，有关的信息少，就将权的数值取小；二是从指标的区分对象能力来考虑，所谓价值综合评定，就是将评定对象给以区别，并排出先后的次序，所以一个指标从区别这些对象的性质来看，能力强的就应重视，能力弱的就不应重视；三是从数据的可信度来考虑，指标数值的质量会影响到结果，数据质量好、可信度高的指标，权数就应该大一些，可信度差的，权数就要小一些；四是从统计的观点看，相关性大的指标反映的实质上是同一个内容，不相关的指标反映了真正的不同内容，所以在赋权时也要考虑到这些差别。

根据上面所述的赋权原则，确定权数的模型可以分两类，如图 4.22 所示。

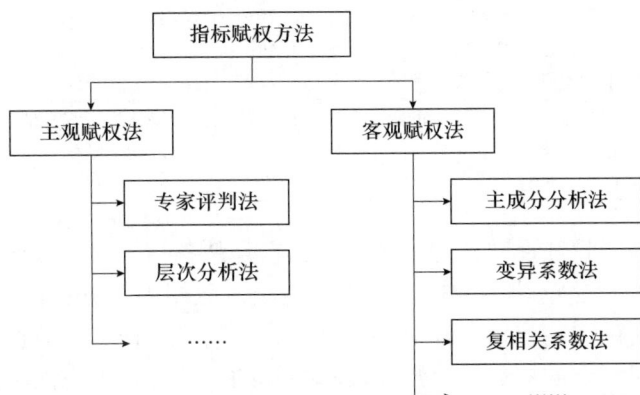

```
                    ┌──────────────┐
                    │  指标赋权方法  │
                    └──────┬───────┘
            ┌──────────────┴──────────────┐
      ┌─────┴──────┐                ┌──────┴──────┐
      │  主观赋权法  │                │  客观赋权法  │
      └─────┬──────┘                └──────┬──────┘
            │   ┌──────────────┐           │   ┌──────────────┐
            ├──→│   专家评判法   │           ├──→│  主成分分析法  │
            │   └──────────────┘           │   └──────────────┘
            │   ┌──────────────┐           │   ┌──────────────┐
            ├──→│   层次分析法   │           ├──→│   变异系数法   │
            │   └──────────────┘           │   └──────────────┘
            │                              │   ┌──────────────┐
            │      ……                      ├──→│  复相关系数法  │
                                           │   └──────────────┘
                                                  ……
```

图 4.22　指标权重计算模型

（1）主观赋权法。主观赋权法是根据其主观价值判断来指定各价值评定指标权数的一种方法，常见的有专家评判法、层次分析法等。该方法能较好地体现评定者的主观偏好，但由于每个人的主观价值判断标准有差异，因而构建的权数缺乏稳定性。

专家评判法是选择若干专家组成评判小组，各专家独立给出一套权数，形成一个评判矩阵，对各专家给出的权数进行综合处理得出综合权数，并计算其均值和标准差。将计算的结果返还给各位专家，要求专家在新的基础上重新确定权数，直至各指标权数与其均值的离差不超过预先给定的标准为止，也就是各专家的意见基本趋于一致，此时各位专家给出的权数的均值就可以作为最终确定的权数。该方法是利用专家的知识、智慧、经验等无法数量化的带有很大模糊性的信息形成对各方面的评定权数，体现了评定者的主观偏好，方法操作简单，原理清楚明了，但权数受主观因素影响较大，不能形成具有说服力而且稳定的一套权数。它适合数据收集困难或者信息量化不易准确的评定项目。

层次分析法是评定者通过分析复杂系统所包含的因素及其相互关系，采用将问题或对象系统分解为多个层次，然后由粗到细、由表及里，从全局到局部逐步深入进行分析的方法。该方法将人们的主观判断进行了科学的整理和综合，其权数体现评定者对各指标的主观价值判断大小，所需定量信息较少，但要求评定者对评定本质、包含的要素及其相互之间的逻辑关系掌握得十分透彻。对指标结构复杂且缺乏必要数据的情况下的评定非常实用，它能大大提高综合评定的有效性、可靠性和可行性。

（2）客观赋权法。客观赋权法是直接根据指标的原始信息，通过统计方法处理后获得权数的一种方法，常见的有主成分分析法、变异系数法、复相关系数法等，三者之间的对比见表 4.4。这类方法受主观因素影响较小，它的缺点在于权数的分配会受到样本数据随机性的影响，不同的样本即使使用同一种方法也会得出不同的权数。

表 4.4 常见客观赋权法特征对比

方法名称	特征描述
主成分分析法	一种基于统计学原理的权数确定方法，该方法认为理想的权重应使所有被评定对象之间的差异达到最大，以此为目标函数，求解各个指标的权重。主成分分析法不仅是一种权数确定方法，更是一种多指标综合评定的方法
变异系数法	根据各个指标在所有被评定对象上观测值的变异程度大小来对其赋权。变异程度大的，表明该指标区分各评定对象的能力强，权数就大；变异系数小的，表明该指标在各评定对象中几乎无差别，对从综合评定结果来区分各评定对象的贡献小，所以权数就小
复相关系数法	一种基于指标独立性的赋权方法。该方法认为如果某指标与其他指标重复的信息越多，在综合评定中所起的作用就越小，应赋予较小的权数，反之则赋予较大的权数，即根据指标独立性大小来分配权数

综上所述，主观赋权法反映了专家的意志，它是从各指标对于被评定事物重要程度的角度来说的；客观赋权法反映了数据的结构，它是从数据内部分布以及结构情况来说的。事实上，客观赋权法确定的权值实际上并不是权数，它可以作为对数据进行调整和处理的依据，而不是严格意义上的权数。权数只表示指标的重要性程度，而不涉及数据的内部结构。如果一个与被评事物关联度很小的指标区分被评定对象的能力强，那么在客观赋权法中，它就会被赋予较高的权值；如果一个与被评事物关联度很大的指标区分被评定对象的能力弱，那么在客观赋权法中，它就会被赋予很低的权值。很显然，这实际上会歪曲客观现实，导致出现为了评定而评定的情况，使评定结果的可信度大大降低。

不论各项指标之间的相关性和指标内部的差异度如何，更看重的是各项指标对于最终结果的贡献和重要性，即主观上专家所认定的指标的重要性，看重权数的实际意义，而不是统计区分上的意义。

第 2 篇

老旧城区绿色重构
价值评定案例

5 老旧厂区绿色重构价值评定

随着社会的发展，人们对老旧厂区绿色重构的要求越来越高，传统老旧厂区的功能已经不能够满足当前社会的需求，很多老旧厂区基础设施建设不完善，脏乱差现象十分严重。为充分利用老旧厂区资源，提高老旧厂区绿色重构的技术水平和综合效益，促进老旧厂区绿色重构的发展，应加强老旧厂区绿色重构的综合价值评定。

5.1 厂区绿色重构价值分析

5.1.1 厂区绿色重构现状调查

在对老旧厂区绿色重构的现状进行调查时，应先对厂区进行实地走访，并结合厂区重构的实际情况因地制宜地选择适用于厂区的调查方法，并参考《旧工业建筑再生利用价值评定标准》（T/CMCA 3004），初步构建指标体系。

5.1.1.1 调查内容

老旧厂区绿色重构的调查内容主要包括调查要素和绿色改造策略两部分。调查要素是指老旧厂区中具有工业特色的具体改造方面，诸如建筑结构、具有工业特色的构筑物、工业文化等，绿色改造策略则是为达到绿色改造目的而采取的具体改造方法。

（1）原厂房结构重构。工业厂房结构特点主要体现在原厂房高挑开敞的主体框架、牛腿柱、厂房楼梯及天窗、高窗等，应将这几个部分作为老旧厂区绿色重构调查的重要内容。

为保留原有的工业特色，在对厂房原有结构进行重构时可将原有厂房的外立面风貌保留，对于破旧程度较为严重的厂房可采取"修旧如旧"的方法对厂房进行改造。例如，北京某工业厂区在改造过程中最大程度保留了老旧厂房外部结构的原始风貌，独具工业特色，如图 5.1 所示；对于厂房的内部结构充分利用，如图 5.2 所示；借助老旧工业厂房高大的挑高，在内部加设增层，增加了建筑使用面积；保留建筑内部开敞空间，对厂房立柱进行工业风格装饰，将历史的厚重感与极具活力的现代元素完美结合；厂区重构时保留原有楼梯，将部分工业元素与楼梯相结合，使得楼梯既具有实用性又具有美观性，如图 5.3 所示；工业建筑最具特点的高窗、天窗是老旧厂区改造的亮点之一，因其设置较为高挑，极大地增加了窗户的透光性，使得室内明亮通透，减少人工光源的能源消耗，更符合现代人们提倡的低碳环保理念，如图 5.4 所示。

（2）原工业设备重构。老旧厂区中的水塔、烟囱、龙门吊、工业铁轨、变压器、各种机器等设备都是宝贵的工业遗留财富，见证了厂区及所在城市的工业发展历程，对其进行

图 5.1 厂房外部结构利用

图 5.2 厂房内部结构利用

图 5.3 厂房结构楼梯利用

图 5.4 厂房结构高窗利用

再生利用既能避免物质资源浪费，又能成为厂区重构的一道极具工业特色的风景，因此，原工业设备的再生利用同样是老旧厂区绿色重构调查的重要内容。

例如，某厂区将原工业铁轨经再生利用后成为厂区独具特色的工业长廊，与厂区重构后的休闲区域的道路结合，如图 5.5、图 5.6 所示，成为厂区慢行道的一部分。

图 5.5 某厂区工业铁轨重构

图 5.6 某厂区工业机械景观小品

（3）厂区管线重构。厂区管网系统是老旧厂区生产运营服务的一部分，是老旧厂区重构的重要组成。对于厂区管网的重构，应根据厂区情况及管网布置情况进行重构方案的选择。对于排列较为整齐且局部外漏的管网，可选择从色彩方面入手进行重构。将原有管网重新打磨、抛光、喷漆、着色，从而形成一个厂区的休闲长廊，如图5.7所示。如图5.8所示，在原有结构上镶嵌玻璃板，打造成厂区的空中生态景观带。

图5.7　某厂区管网利用　　　　　　　图5.8　某厂区空中生态景观带

（4）厂区景观、地方特色植物群落。例如，北京某老旧厂区在景观改造方面较为突出，将园区内50多年的草木都保存了下来，并且将园区的绿化设计为线状，局部加入水体点缀，增加了园区空间的层次感和灵动感，如图5.9、图5.10所示。

图5.9　某厂区榕树保留　　　　　　　图5.10　厂区绿植景观改造

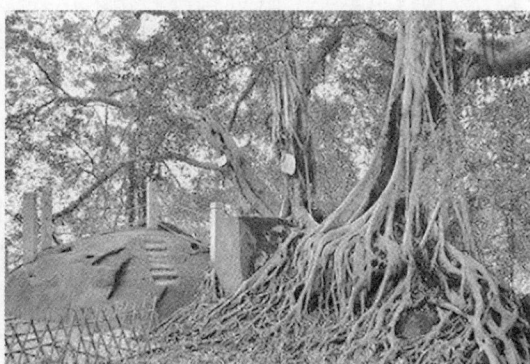

5.1.1.2　调查方法

常见的调查方法有实地走访观察法、问卷调查法、访谈法、网络搜集法、查阅文献法等，然而对于老旧厂区绿色重构现状的调查并非全部适用，应根据实际情况进行选择。

（1）实地走访观察法。实地走访观察法是指调查者到老旧厂区凭自己的视觉、听觉或借助摄、录像器材，直接或间接观察、记录正在发生的社会厂区重构现象或状况，以获取有关信息的一种实地调查法。

（2）访谈法。访谈法是由访谈者根据调查研究所确定的要求与目的，按照访谈提纲或问卷，通过个别访问或集体交谈的方式，向调查对象进行系统而有计划地收集资料的一种调查方法。

（3）问卷调查法。问卷调查法是采取统一设计相关问题，来测量人们的行为、态度和社会特征的一种方法。适用于调查对象比较多，而且希望在短时间内从分布比较广泛的调查对象中获取较丰富的信息的调查。

5.1.2　厂区绿色重构价值构成

老旧厂区绿色重构价值是指对于建筑年代久远、破旧的工业厂区，进行既有建筑、设备再利用，在原有基础上采用绿色节能环保的手法重构后的价值。厂区绿色重构价值主要由空间安全、投资价值、文化价值、生态价值、社会价值 5 个分项构成。

（1）空间安全。老旧厂区的空间安全评定对象主要包括地上空间安全、地下空间安全和厂区周边环境安全。空间安全是厂区重构过程中的重中之重，是厂区绿色重构价值评定的先决条件。

厂区空间安全主要包括绿色重构方案选择的合理性、建（构）筑物结构安全、厂区总图安全以及环境安全四个方面。在对空间安全进行绿色重构价值评定过程中，应根据相关的基础资料，辨识与分析项目实施潜在的危险及有害因素，确定其与安全生产法律法规、标准、行政规章、规范的符合性，预测发生事故的可能性及其严重程度，提出科学、合理、可行的安全对策及措施建议，做出安全评定结论。

（2）投资价值。老旧厂区绿色重构投资价值主要考虑建筑绿色重构规模对投资的影响、绿色重构投资成本、投资收益的相关预算三个方面。在进行投资价值分析时，应根据实际投资项目的具体情况，借助项目数据如容积率、绿地率等基本指标进行投资的预估，并编制投资估算文件；充分考虑政治因素，满足国家或地方相关政策和资金扶持条件；对投资收益进行相关预算，整体把握投资情况，使得投资收益最大化。

（3）文化价值。文化价值是社会产物，老旧厂区作为社会形态的一种，有社会特有的文化需要，这种文化需要通过人们的文化创造活动来满足。老旧厂区绿色重构文化价值评定应以"对文化保护与延续，对历史地段的建筑维修改善与整治"为宗旨。

老旧厂区绿色重构文化价值评定主要包括绿色重构设计理念和文脉传承两个评定方面。在对老旧厂区进行文化价值评定时应统筹考虑建筑风貌、工业遗存等条件，从建设区域协调的整体文化层面，建筑本身重点保护及特色保护的个性层面，对构筑物、辅助生产设施、景观绿化、机械设备特征元素等层面等进行保护和传承。

（4）生态价值。老旧厂区绿色重构的生态价值应遵循共享、平衡的理念，充分依托厂区及建筑的既有形式与结构类型进行资源配置，并应依据厂区及建筑的使用功能统筹考虑土地、能源、水及资源利用等因素的要求。

老旧厂区绿色重构价值评定应主要考虑节能、节水、节材、节地和环境保护五个方面。结合厂区现有的自然环境资源条件以及既有的建（构）筑物基础，充分利用既有资源，发挥既有生态"余热"；进行合理的绿色规划设计，实现"生态友好型"老旧厂区绿色重构。

（5）社会价值。老旧厂区绿色重构社会价值评定应遵循"以人为本"的原则，要充分考虑厂区重构对社会发展的影响、社会环境的交融程度以及项目可能带来的社会风险等因素，科学预估项目的社会价值。

老旧厂区绿色重构社会价值主要包括社会影响、社会风险和互适影响三个方面。社会影响方面评定要充分考虑对厂区及周边居民的影响，对于社会风险评定应综合考虑经济、自然环境、安全等各方面因素；对于互适影响的评定应根据政府政策支持程度、产业发展类型、教育文化科技水平进行综合打分。

5.1.3 厂区绿色重构整体价值

老旧厂区绿色重构的整体价值可由厂区的最终评定结果体现。根据厂区所在城市可以分为经济主导城市、历史文化古城、协调发展城市三种类型，每种类型城市的老旧厂区绿色重构价值评定结果均有"可行""优化后可行""不可行"三种结果。

（1）经济主导型城市内的厂区。处于经济主导型城市内老旧厂区，若其绿色重构价值被评为不可行，则说明厂区重构后没有拉动所在区域的发展，对区域的经济发展没有贡献或贡献较小。对于该厂区应该重新制定绿色重构方案，应将方案调整至有利于厂区的经济发展的方向，使厂区重构后对于所在区域的经济发展有推动作用。

若厂区绿色重构价值被评为优化后可行，则说明该绿色重构方案对所在区域的经济发展有一定的推动作用，但作用较小。对于此类情况，应在原厂区绿色重构方案基础上，加大对厂区经济发展有利的投入，使得厂区在绿色重构后对所在区域经济的发展有更强的推动力。

若厂区绿色重构价值被评定为可行，则说明老旧厂区采用该绿色重构方案进行重构后能够适应经济主导型城市对老旧厂区重构要求，对所在区域的经济发展有一定的促进作用，可以依照此方案进行老旧厂区的绿色重构。

（2）历史文化古城内的厂区。处于历史文化古城内的老旧厂区，根据厂区重构方案的最终得分可以得到评定结果，若评定为不可行，则说明该绿色重构方案没有充分考虑对于厂区的工业发展的历史、文化进行科学合理的保护及再生利用，对于城市的历史文化发展没有较大贡献。对该厂区应重新制定新绿色重构方案，充分考虑对厂区历史、工业发展、厂区文化的保护，满足历史文化古城对于老旧厂区重构的要求。

若厂区绿色重构价值被评定为优化后可行，则说明该重构方案有考虑到对历史文化的保护，但是在重构方案中体现得不够充分。对于该类情况应对厂区重构方案进行优化，加大对于厂区发展、文化的重视程度，使得方案在优化调整后更能体现该城市对历史文化的保护。

若厂区绿色重构方案被评定为可行，则说明老旧厂区采用该绿色重构方案充分体现了对厂区发展、厂区历史文化的保护，满足历史文化古城对老旧厂区绿色重构的要求，可依照此方案对老旧厂区进行绿色重构。

（3）协调发展城市内的厂区。处于协调发展型城市的老旧厂区，根据厂区重构方案的最终得分可以得到评定结果，若评定为不可行，则说明该绿色重构方案没有充分考虑厂区发展与所在城市之间的协调性，应重新制定厂区重构方案，加强对厂区重构社会影响、社会风险及互适影响的考虑。

若厂区绿色重构方案被评定为优化后可行，则说明在该厂区重构方案中有考虑到与城市发展的协调性，但体现得不够充分，因此应在厂区重构方案中加强有关城市协调发展方面的措施，加强对厂区社会价值重要性的体现。

若厂区绿色重构方案被评定为可行，则说明老旧厂区采用该绿色重构方案能够充分满足厂区与城市发展之间的协调关系，可以依照此方案进行老旧厂区的绿色重构。

5.2 厂区绿色重构价值评定方法

在老旧厂区绿色重构价值评定过程中，需要经过评判、打分、审核来决定等级。本章对于老旧厂区绿色重构的价值评定全程共用到两个方法，如图5.11所示。

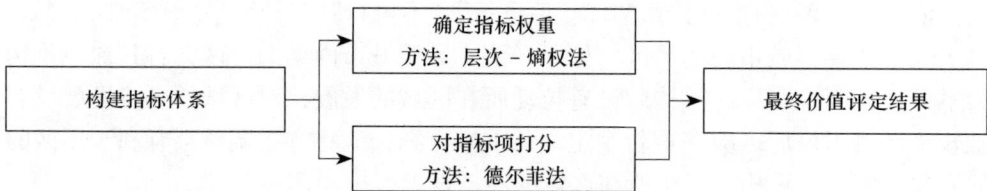

图 5.11 基本框架

5.2.1 厂区价值评定方法概述

（1）层次分析法。层次分析法其基本原理是充分利用人的经验和判断，对定量和非定量因素进行统一测度，通过两两比较方案或目标的相对重要性，构造判断矩阵，计算判断矩阵的最大特征根和特征向量，进而得到方案或目标相对重要性的定量化描述。主要分为以下步骤：

1）建立递阶层次结构。对于多层次模型，首先是在对问题深入了解的基础上，将所有的元素分为不同的层次，并构建一个连接各元素的框图结构，表示各层元素的隶属关系。

2）构造两两比较的判断矩阵。通常采用1-9标度法将相同层次的指标相对于上一层的重要性进行两两比较，得出判断矩阵。

3）层次单排序。这一步根据判断矩阵计算出下一层元素相对于上一层的重要性，即求解判断矩阵的特征根问题，经过归一化后的特征向量就是相对应的元素相对于目标层的排序权重值。

4）一致性检验。进行一致性检验，判断矩阵一致性。

（2）熵权法。熵权法的基本思想是根据各指标传递出的信息量的多少来确定其权重值。在知道评价体系各评价指标的确定值之后，各指标在竞争上表现出的激烈程度表示各指标携带的信息量的多少，因此，熵权法是一种客观评价方法。熵权法的具体步骤如下：

1）根据两两指标项重要程度的比较进行打分，并得出下列矩阵 X，即，

$$X = \begin{array}{c} A_1 \\ A_2 \\ \vdots \\ A_m \end{array} \begin{bmatrix} x_{11} & x_{12} & \cdots & x_{1n} \\ x_{21} & x_{22} & \cdots & x_{2n} \\ \vdots & \vdots & & \vdots \\ x_{m1} & x_{m2} & \cdots & x_{m3} \end{bmatrix} \quad (5.1)$$

2）用 P_{ij} 表示在第 j 个指标下第 i 个指标 A_m 的贡献度，即

$$P_{ij} = \frac{x_{ij}}{\sum\limits_{i=1}^{m} x_{ij}}$$ （5.2）

3）用 E_j 表示 j 指标对所有指标下的贡献总量：

$$E_j = -k \sum_{i=1}^{m} p_{ij} \ln(p_{ij})$$ （5.3）

其中，k 为常数 $k=1/\ln(m)$，由此可定义 d_j 为第 j 属性下各指标贡献度的一致性程度，$d_j = 1 - E_j$。

4）各指标的权重为：

$$\omega_j = \frac{d_j}{\sum\limits_{i=1}^{m} d_j}$$ （5.4）

（3）德尔菲法。其主要特点表现在：能够充分地让专家自由地发表个人观点，能够使分析人员与专家意见相互反馈。采用德尔菲法调查过程中，通过数理统计方法对专家的意见进行处理，使定性分析与定量分析有机地结合起来。

层次分析法是一种主观赋权法，运用层次分析构建的指标体系实用性较强且得出的评价结果较有合理性，但是该方法在对于老旧厂区绿色重构价值评定的应用上存在两方面弊端：一方面，主观性强使得随意性较大，影响评定结果的客观性；另一方面，层次分析法计算过程较为繁琐，对于厂区重构价值评定的实用性较低。

熵权法是一种客观赋权法，根据对原始数据的处理得出权重，对原始数据带有的信息进行了深入的挖掘。虽然熵权法具有较强的客观性，但却未能包含专家们的经验和决策者的意见，不能根据老旧厂区重构的实际情况进行价值评定，所以有时得出的权重值并不一定符合实际情况。

鉴于使用单一的方法确定权重会影响评价结果的准确性，因此，本书将层次分析法和熵权法进行结合计算权重，更接近实际情况。首先，利用层次分析过程，建立价值评定的指标体系，并按照准则层、子准则层、决策方案层的顺序得出相关的判断矩阵；其次，利用熵权法分别对三个层次的矩阵进行计算，并得出各层次单项指标的最终权重；最后，采用德尔菲法邀请专家对每个指标进行打分，并乘各指标项的权重，求和得出总分，从而进行价值的评定。

5.2.2 厂区价值评定方法原理

（1）确立指标体系。利用层次分析法构建出基本的指标体系并对其进行指标优化，最终确立指标体系。

（2）构造判断矩阵。采用常见的三标度（0，1，2）法，按照"准则层、子准则层、决策方案层"的顺序，分别对两两指标进行比对后，构造其判断矩阵。例如准则层判断矩阵的构造，如表5.1所示。

表 5.1   准则层判断矩阵的构造

	A 空间安全	B 投资价值	C 文化价值	D 生态价值	E 社会价值
A 空间安全	1	2	2	1	2
B 投资价值	0	1	2	0	2
C 文化价值	0	0	1	0	1
D 生态价值	1	2	2	1	2
E 社会价值	0	0	1	0	1

（3）指标权重计算。由 5.2.1 节中的步骤算得准则层各项指标的权重，用同样的方法依次算出子准则层及决策方案层权重 ω_1、$\omega_2 \cdots \omega_m$。

（4）根据厂区重构相关资料及专家打分、问卷调查打分等方式得出每个决策方案层（打分项）各指标得分 A_{11}、A_{12}、$A_{13} \cdots E_{32}$，并分别计算出 A 空间安全、B 投资价值、C 文化价值、D 生态价值、E 社会价值准则层得分，并根据表 5.2 对各准则层进行价值评定。

表 5.2   *A/B/C/D/E* 评定等级划分表

等　级	状况描述	分　值
一级	满足要求	[90，100]
二级	比较满足要求	[80，90）
三级	基本满足要求	[60，80）
四级	不满足要求	[0，60）

5.3   厂区绿色重构价值评定指标体系

确定价值评定指标体系是一个"具体—抽象—具体"的辩证逻辑思维过程，一般来说这个过程包括三个环节：价值评定指标体系的建立、评定指标体系优化、评定指标体系权重的确定。

5.3.1   价值评定指标体系的建立

（1）空间安全指标。厂区空间安全主要包括绿色重构方案选择的合理性、建（构）筑物结构安全、厂区总图安全以及环境安全四个方面。从整体来讲，方案的选择对厂区最终的绿色重构效果十分重要，方案制定是否合理关系到整个厂区重构的效果和空间安全，它决定了厂区空间安全重构的大方向，因此在制定方案时应充分考虑老旧厂区的实际情况，制定科学合理、切实可行的方案。

（2）投资价值指标。投资价值方面主要考虑建筑绿色重构规模对投资的影响、绿色重构投资成本、投资收益的相关预算。由于老旧厂区绿色重构项目较为复杂，不可避免造成资金繁多、投资额较大，因此应对建设规模进行合理判断，即对建筑规模和投资规模进行综合评定，有助于对投资进行较为准确的预算。投资成本评定主要是对老旧厂区绿色重构项目进行预估的综合评定。投资收益的评定主要包括对老旧厂区的绿色重构进行直接收入与潜在收入两个方面预估的综合评定。

（3）文化价值指标。老旧厂区绿色重构文化价值评定应以"对工业文化保护与延续，对工业历史地段的建筑维修改善与整治"为宗旨，统筹考虑建筑风貌、工业遗存等条件，从整体文化、个性层面、特征层面等进行保护和传承。老旧厂区绿色重构文化价值评定主要包括设计理念和文脉传承两个评定方面。

（4）生态价值指标。老旧厂区绿色重构价值评定应主要考虑"四节一环保"，即节能、节水、节材、节地、环保五个方面。节约能源是绿色重构过程中的重要考虑方面，节约能源评定是对绿色重构厂区及结构设计理念的综合评定。节约用水评定是对老旧厂区绿色重构利用厂区管道及设施设计理念的综合评定。节约用材的评定是对绿色重构材料合规性和可再生利用材料的设计理念进行综合评定。节约用地评定是对老旧厂区土地再生利用的合理性和可再生利用土地的设计理念进行综合评定，是厂区绿色重构的一个不可或缺的方面。环境保护评定是对厂区环境保护方案和设计理念进行评定。

（5）社会价值评定。老旧厂区绿色重构社会价值主要包括社会影响、社会风险和互适影响3个评定项目。社会影响主要是预估项目对厂区域经济的影响，以项目为周边区域供给的社会商品和服务效益的影响力为估算指标进行价值的评定，根据经济影响的作用程度进行评分。社会风险主要包括评估项目政策性风险、经济利益风险、自然环境风险、安全风险。互适影响方面，老旧厂区绿色重构过程中的参与者包括主要参与者、间接参与者。老旧厂区绿色重构价值评定优化前指标见表5.3。

表5.3 老旧厂区绿色重构价值评定优化前指标表

分项指标		单项指标	指标解释
空间安全 A	建（构）筑物安全	结构安全	是否进行结构安全检测
		结构性能	是否进行结构性能评定
		隔震、消能减震技术	是否采用隔震、消能减震技术
		高耐久性材料	是否采用高耐久性材料
		设备设施	是否优先选用安全程度较高的设备设施
		消防系统及设施	消防系统及设施是否符合规定
		功能空间布局	功能空间布局是否合理
	厂区安全	管线、道路和消防管道	管线、道路和消防管道敷设是否合理
		安全出口	安全出口是否分散布置
		管线敷设	是否综合考虑管线敷设方式
		管线设计与厂区设计	管线设计与厂区设计是否结合
		消防车道	消防车道设置是否满足要求
		道路设计与总平	道路设计是否满足总体规划和平面布置的要求

续表 5.3

分项指标		单项指标	指标解释
空间安全 A	环境安全	厂区环境	绿色重构后厂区环境是否符合生态要求
		大气污染物	大气污染物排放是否符合规定
		固体废物	固体废物储存处置是否符合规定
		噪声污染	厂区环境噪声是否符合规定
		光污染	光污染是否符合规定
		振动强度	振动强度是否符合规定强度
投资价值 B	建设规模	建筑密度和容积率	绿色重构过程中是否充分考虑建筑密度和容积率
		净空保护	绿色重构建筑高度是否符合净空保护的规定
		绿地率	绿地率是否超过 25%
		投资估算文件	是否编制绿色重构投资估算文件
	投资成本	资金政策	绿色重构是否满足相关资金政策扶持条件
		自有资金占比	自有资金是否不低于投资总额的 30%
		经济比选	是否对绿色重构和重建方案进行经济比选
	投资收益	模式预测	是否根据拟选择的绿色重构模式进行预测
		投资收益模式	投资收益模式是否明确
		静态投资回收期	静态投资回收期是否小于基准投资回收期
		盈亏平衡分析	进行盈亏平衡分析
		敏感性分析	进行敏感性分析
		基准收益率	基准收益率设置是否合理
文化价值 C	设计理念	整体保护	工业建筑外貌整体保护程度
		工业特征美	工业特征美展现程度
		社会化、城市化	建筑社会化、城市化表达程度
		建筑元素	空间建筑元素丰富程度
		厂区设计	厂区设计是否多样性
		厂区文化	绿色重构过程中原有厂区文化的表达
		原有物资利用程度	原建（构）筑物、机器、设备利用程度
	文脉传承	原工业企业代表性和先进性	原工业企业在全国是否具有代表性和先进性
		建造技术先进性	原工业企业建造技术先进性
		园区文化	现代化建设与园区文化融合度
		园区命名	园区命名与内在文化结合度
		厂区发展	绿色重构是否保存发展足迹程度
		人本文化	承载人本文化程度
		工业遗存资料	归档整理工业遗存资料，保护传承文化场所
生态价值 D	节约能源	建筑优化设计	建筑体形、楼距、窗墙比是否进行优化设计
		照明系统	照明系统是否采取节能控制措施外维护

分项指标	单项指标		指标解释
生态价值 D	节约能源	采光设计	绿色重构采光设计是否利用原结构天窗、高窗
		结构设计与原结构	结构设计时是否充分利用原结构
		建筑通风设计	绿色重构后建筑通风设计是否利用原有外窗结构
		空调机组	空调机组效能是否达标
		屋面改造	屋面采取绿色节能改造措施
	节约用水	给排水管道	新旧给排水管道是否进行综合设计
		中水回收	是否采用中水回收设施
		雨水收集	是否采用雨水收集回用系统
		节水灌溉	绿色节水灌溉方式
		节水技术	其他用水节水技术
	节约用材	建筑材料及制品	是否采用禁止和限制使用的建筑材料及制品
		可再生材料	是否采用绿色可再利用材料、可再循环材料
		装饰装修建筑材料	装饰装修建筑材料是否符合环保要求且易维护
		本地生产建筑材料	绿色重构部分本地生产建筑材料占比
		隔断（墙）重复使用	室内空间隔断（墙）重复使用程度
		土建和装修一体化	绿色重构部分是否采用土建和装修一体化设计
	节约用地	发展关系	厂区土地建设近期与远期发展的关系是否明确
		用地计划	是否编制用地计划方案
		空间开发利用	绿色重构对于净空、地下空间开发利用程度
	环境保护	污染检测方案	是否制定污染检测方案
		公共卫生环境	对周围公共卫生环境是否指定缓解措施
		既有水域、湿地、植被、苗木保护	对场地内既有水域、湿地、植被、苗木，是否制定保护措施方案
		生态水处理	是否制定生态水处理技术措施
		文物环境资源保护	对厂区的文物环境资源保护是否制定文物环境保护方案
社会价值 E	社会影响	区域经济的影响	绿色重构对区域经济的影响范围和程度
		区域产业结构	绿色重构对区域产业结构的影响程度
		周边居民影响	绿色重构后对周边居民生活条件和质量的影响程度
		就业安置	对原厂区企业职工进行就业安置的方式
	社会风险	政策性风险	绿色重构政策性风险是否满足合法性和合理性
		经济风险预防	绿色重构部分是否编制经济利益风险预防方案
		自然环境风险	绿色重构部分是否编制自然环境风险控制方案
		安全风险控制	是否编制绿色重构安全风险控制方案
	互适影响	不同利益群体参与	不同利益群体的参与程度和方式
		可支持和配合程度	区域组织可支持和配合程度
		区域适用程度	区域现有技术和文化状况对项目的适用程度

5.3.2　价值评定指标体系的优化

初步确定的单项指标数量较多，会导致重点不突出且价值评定过程复杂、实用性较低，因此，需要对价值评定的指标体系进行优化，合并或删减部分单项指标。对于老旧厂区进行绿色重构价值评定，在其指标优化过程中应重点突出"绿色重构"部分，并将优化后的单项指标作为打分项，从而进行老旧厂区改造的绿色价值的评定。

（1）空间安全指标优化。对"建（构）筑物安全 A_1"分项进行单项指标优化时应以建（构）筑物为单项指标主体，对于其安全进行综合考虑，故对原单项指标中的 $a_{11}\sim a_{15}$ 进行综合，优化为"A_{11} 是否对绿色重构建（构）筑物结构安全、材料设备安全进行检测及性能评定"，原单项指标 a_{16}、a_{17} 仍保留，优化后编号别为 A_{12}、A_{13}。

对"厂区安全 A_2"分项指标进行优化时，原单项指标中 $a_{21}\sim a_{25}$ 分别是对管线、道路、消防、出入口的重构价值评定，可概括为优化后打分项"A_{21} 管线、道路（消防车道）、厂区出入口布设是否合理"，另 a_{26} 原单项指标内容不变，优化后编号为 A_{22}。

对"环境安全 A_3"分项的下设单项进行优化，其中 $a_{32}\sim a_{35}$ 分别描述老旧厂区绿色重构后声污染、光污染、固态气态废弃物排放等对厂区的影响，为了使打分项更加简洁，做到言简意赅将其概括为"A_{32} 绿色重构后厂区声、光污染及废弃物排放是否符合要求"；对于原单项指标"a_{36} 振动强度是否符合规定强度"中是对厂区振动情况影响的评定，而多数厂区重构后无振动影响，故将这一指标删除。

（2）投资价值指标优化。对"建设规模 B_1"分项下的指标进行优化，原单项指标 $b_{11}\sim b_{13}$ 建筑密度、容积率、绿地率、净空高度等要求可以综合考虑，优化为"B_{11} 老旧厂区绿色重构是否考虑建筑密度、容积率、绿地率、净空高度等要求"，原单项指标 b_{14} 内容保留，优化后编号为 B_{12}。

对"投资成本 B_2"分项下的指标进行优化，可将原单项指标中 b_{21}、b_{22} 资金来源占比以及政策扶持条件，优化后指标为"B_{21} 是否满足相关资金政策扶持条件及自有资金占用比例"，原 b_{23} 指标内容保留，优化后编号为 B_{22}。

对"投资收益 B_3"分项下的指标进行优化，原指标 b_{31}、b_{32} 是分别基于绿色重构模式及投资收益模式进行投资预测，两项指标可优化为"B_{31} 是否据绿色重构模式及投资收益模式进行投资预测"，原单项指标 $b_{33}\sim b_{36}$ 分别对"静态投资回收期、盈亏平衡分析、敏感性分析、基准收益率"等指标进行打分评定，这些动态、静态评价指标均可归类为项目经济评价指标，故将其优化为"B_{32} 是否进行项目经济评价指标的分析"。

（3）文化价值指标优化。对"设计理念 C_1"分项下的指标进行优化，原指标 $c_{11}\sim c_{16}$ 是对工业建筑外观、工业文化的评定指标，将其 6 个指标整合后优化为"C_{11} 老旧厂区绿色改造过程中对工业建筑特色保护及工业文化表达程度"，原单项指标 c_{17} 内容不变，优化后标号为 C_{12}。

对"文脉传承 C_2"分项下的指标进行优化，原指标 $c_{21}\sim c_{22}$ 是对原工厂在全国代表性及技术先进性的价值评定，可将其整合为一个指标，优化后为"C_{21} 原工业企业在同行业中的代表性及建造技术先进性"，原指标 $c_{23} \sim c_{27}$ 是从厂区命名、厂区发展足迹、资料整理、新旧文化结合等方面对老旧厂区绿色重构价值进行评定，将其优化后为"C_{22} 对老旧厂区文化的保护与传承程度以及与现代文化的融合"。

（4）生态价值指标优化。对"节约能源 D_1"分项下的指标进行优化，原指标 d_{11} 优化后编号为 D_{11}，原指标 $d_{12} \sim d_{15}$ 内容均是对绿色重构厂房原有建筑物、构筑物及原有设备设施再生利用的价值评定，故可将其合并为"D_{12} 绿色重构过程中是否充分利用原厂房中构件以降低能耗"，d_{16} 原指标评定对象较为狭窄，故将其优化为"D_{13} 绿色重构采用设备设施是否节能、达标"，d_{17} 指标内容保留，优化后编号为 D_{14}。

对"节约用水 D_2"分项下的指标进行优化，原有指标 d_{21} 是对绿色改造过程中对原有厂区管道的利用、改造情况进行评定，优化后为"D_{21} 绿色重构是否结合原有厂区的给排水管网进行综合设计"，原指标 d_{22}、d_{23} 分别从中水、雨水两方面对厂区水回收系统重构进行价值评定，为使语言简洁优化后为"D_{22} 是否采用中水、雨水等水资源收集回用系统"。

对"节约用材 D_3"分项下的指标进行优化，原指标 $d_{31} \sim d_{34}$ 分别从材料是否可再生、再循环以及当地材料占比等方面对建筑材料进行价值评定，为了使评定指标更加简洁、高效将这类指标综合为"D_{31} 绿色重构过程采用的材料是否符合环保要求，是否充分利用当地生产材料"；原指标 d_{35}、d_{36} 内容保留，编号优化后为 D_{32}、D_{33}。

对"节约用地 D_4"分项下的指标进行优化，原指标 d_{41} 内容保留，优化后指标编号为 D_{41}；原指标 d_{42}、d_{43} 两指标均是对绿色重构土地利用价值评定，整合后为"D_{42} 绿色重构过程是否编制用地方案，以及对空间开发利用程度"。

对"环境保护 D_5"分项下的指标进行优化，原单项指标分别从污染检测、生态水处理、公共卫生及其他污染检测处理等方面对老旧厂区绿色重构的环境保护方面进行价值评定，对几个指标进行综合优化后为"D_{51} 绿色重构是否对老旧厂区水域、湿地、植被、公共卫生等进行污染检测并制定保护措施及处理方案"，原单项指标 d_{55} 优化后为 D_{52}。

（5）社会价值指标优化。对"社会影响 E_1"分项下的指标进行优化，原单项指标 e_{11}、e_{12} 对老旧厂区改造后的区域经济及产业结构两方面进行价值评定，将两指标优化后为"E_{11} 老旧厂区绿色重构对区域经济及产业结构的影响"，原单项指标 e_{13}、e_{14} 是从老旧厂区对居民生活影响及原厂区职工安置的方面进行价值评定的，优化后为"E_{12} 绿色重构对老旧厂区员工安置及周边居民生活影响程度"。

对"社会风险 E_2"分项下的指标进行优化，将原指标 $e_1 \sim e_4$ 整合优化后为"E_{21} 绿色重构是否满足政策要求，是否编制经济、自然、安全风险控制方案"。

对"互适影响 E_3"分项下的指标进行优化，主要从不同群体间互适影响及区域内技术、文化利用等方面进行价值评定，优化后为"E_{31} 不同利益群体的参与程度及组织可支持、配合程度"及"E_{32} 区域现有技术和文化状况对项目的适用程度"，老旧厂区绿色重构价值评定指标优化前后对照见表5.4。

表 5.4　老旧厂区绿色重构价值评定指标优化前后对照表

分项指标		编号	（原）单项指标	编号	（现）单项指标
一级指标	二级指标				
空间安全 A	建（构）筑物安全 A_1	a_{11}	结构安全	A_{11}	对绿色重构建（构）筑物结构安全、材料设备安全进行检测及性能评定
		a_{12}	结构性能		
		a_{13}	隔震、消能减震技术		
		a_{14}	高耐久性材料		
		a_{15}	设备设施		
		a_{16}	消防系统及设施	A_{12}	消防系统及设施是否符合规定
		a_{17}	功能空间布局	A_{13}	绿色重构的空间布局安全合理
	厂区安全 A_2	a_{21}	管线、道路和消防管道	A_{21}	管线、道路（消防车道）、厂区出入口布设合理程度
		a_{22}	安全出口		
		a_{23}	管线敷设		
		a_{24}	管线设计与厂区设计		
		a_{25}	消防车道		
		a_{26}	道路设计与总平	A_{22}	道路设计满足总体规划和平面布置的要求
	环境安全 A_3	a_{31}	厂区环境	A_{31}	绿色重构后厂区环境符合生态要求
		a_{32}	大气污染物	A_{32}	绿色重构后厂区声、光污染及废弃物排放符合要求程度
		a_{33}	固体废物		
		a_{34}	噪声污染		
		a_{35}	光污染		
		a_{36}	振动强度	—	—
投资价值 B	建设规模 B_1	b_{11}	建筑密度和容积率	B_{11}	老旧厂区绿色重构是否考虑建筑密度、容积率、绿地率、净空高度等要求
		b_{12}	净空保护		
		b_{13}	绿地率		
		b_{14}	投资估算文件	B_{12}	编制绿色重构投资估算文件
	投资成本 B_2	b_{21}	资金政策	B_{21}	满足相关资金政策扶持条件及自有资金占用比例
		b_{22}	自有资金占比		
		b_{23}	经济比选	B_{22}	对绿色重构和重建方案进行经济比选
	投资收益 B_3	b_{31}	模式预测	B_{31}	据绿色重构模式及投资收益模式进行投资预测
		b_{32}	投资收益模式		
		b_{33}	静态投资回收期	B_{32}	进行项目经济评价指标的分析
		b_{34}	盈亏平衡分析		
		b_{35}	敏感性分析		
		b_{36}	基准收益率		

分项指标		编号	（原）单项指标	编号	（现）单项指标
一级指标	二级指标				
文化价值 C	设计理念 C_1	c_{11}	整体保护	C_{11}	老旧厂区绿色改造过程中对工业建筑特色保护及工业文化表达程度
		c_{12}	工业特征美		
		c_{13}	社会化、城市化		
		c_{14}	建筑元素		
		c_{15}	厂区设计		
		c_{16}	厂区文化		
		c_{17}	原有物资利用程度	C_{12}	原建（构）筑物、机器、设备利用
	文脉传承 C_2	c_{21}	原工业企代表性和先进性	C_{21}	原工业企业在同行业中的代表性及建造技术先进性
		c_{22}	建造技术先进性		
		c_{23}	园区文化	C_{22}	对老旧厂区文化的保护与传承程度以及与现代文化的融合
		c_{24}	园区命名		
		c_{25}	厂区发展		
		c_{26}	人本文化		
		c_{27}	工业遗存资料		
生态价值 D	节约能源 D_1	d_{11}	建筑优化设计	D_{11}	建筑体形、楼距、窗墙比是否进行优化设计
		d_{12}	照明系统	D_{12}	绿色重构过程中利用原厂房中构件以降低能耗程度
		d_{13}	采光设计		
		d_{14}	结构设计与原结构		
		d_{15}	建筑通风设计		
		d_{16}	空调机组	D_{13}	绿色重构采用设备设施节能、达标
		d_{17}	屋面改造	D_{14}	屋面采取绿色节能改造措施
	节约用水 D_2	d_{21}	给排水管道	D_{21}	绿色重构是否结合原有厂区的给排水管网进行综合设计
		d_{22}	中水回收	D_{22}	采用中水、雨水等水资源收集回用系统
		d_{23}	雨水收集		
		d_{24}	节水灌溉	D_{23}	采用合理的绿色节水灌溉方式及其他节水措施
		d_{25}	节水技术		
	节约用材 D_3	d_{31}	建筑材料及制品	D_{31}	绿色重构过程采用材料符合环保要求，充分利用当地生产材料程度
		d_{32}	可再生材料		
		d_{33}	装饰装修建筑材料		
		d_{34}	本地生产建筑材料		
		d_{35}	隔断（墙）重复使用	D_{32}	对于原室内空间隔墙的重复利用程度
		d_{36}	土建和装修一体化	D_{33}	绿色重构部分是否采用土建和装修一体化设计

分项指标 一级指标	分项指标 二级指标	编号	（原）单项指标	编号	（现）单项指标
生态价值 D	节约用地 D_4	d_{41}	发展关系	D_{41}	厂区土地建设近期与远期发展的关系明确程度
		d_{42}	用地计划	D_{42}	绿色重构过程是否编制用地方案，以及对空间开发利用程度
		d_{43}	空间开发利用		
	环境保护 D_5	d_{51}	污染检测方案	D_{51}	绿色重构是否对老旧厂区水域、湿地、植被、公共卫生等进行污染检测并制定保护措施及处理方案
		d_{52}	公共卫生环境		
		d_{53}	既有水域、湿地、植被、苗木保护		
		d_{54}	生态水处理		
		d_{55}	文物环境资源保护	D_{52}	对厂区的文物环境资源保护是否制定文物环境保护方案
社会价值 E	社会影响 E_1	e_{11}	区域经济的影响	E_{11}	老旧厂区绿色重构对区域经济及产业结构的影响
		e_{12}	区域产业结构		
		e_{13}	周边居民影响	E_{12}	绿色重构对老旧厂区员工安置及周边居民生活影响程度
		e_{14}	就业安置		
	社会风险 E_2	e_{21}	政策性风险	E_{21}	绿色重构是否满足政策要求，是否编制经济、自然、安全风险控制方案
		e_{22}	经济风险预防		
		e_{23}	自然环境风险		
		e_{24}	安全风险控制		
	互适影响 E_3	e_{31}	不同利益群体参与	E_{31}	不同利益群体的参与程度及组织可支持、配合程度
		e_{32}	可支持和配合程度		
		e_{33}	区域适用程度	E_{32}	区域现有技术和文化状况对项目的适用程度

5.3.3 评价指标体系因子的权重

对老旧厂区的绿色重构价值评定因子进行权重评定时应充分考虑各因子对于价值评定的影响程度。因此在权重确定时，首先对分项指标进行层次分析结构确立，层次分析结构如图 5.12 所示。

在层次分析结构的基础上，进行指标体系因子的权重确定。计算得到一级指标权重：空间安全权重为 0.399，投资价值权重为 0.128，文化价值权重为 0.037，生态价值权重为 0.399，社会价值权重为 0.037。同样方法对决策方案层指标进行权重确定，结果如表 5.5 所示。

由各打分项乘相应的权重得到老旧厂区绿色重构价值评定的总得分 M，即 $M=A_{11}\omega_1+A_{12}\omega_2+\cdots+E_{32}\omega_m$，根据各准则层的价值评定结果及《旧工业建筑再生利用价值评定标准》（T/CMCA 3004）总体分值评定表（见表 5.6）进行价值评定。表中总体分值 M 的下限由"满足条件"的最低要求分数与对应权重的乘积之和算得，例如经济主导型城市内的"可行"情况，根据表 5.2 和表 5.5，计算式为 $M=80\times0.399+90\times0.128+60\times0.037+60\times0.399+60\times0.037=71.82$。

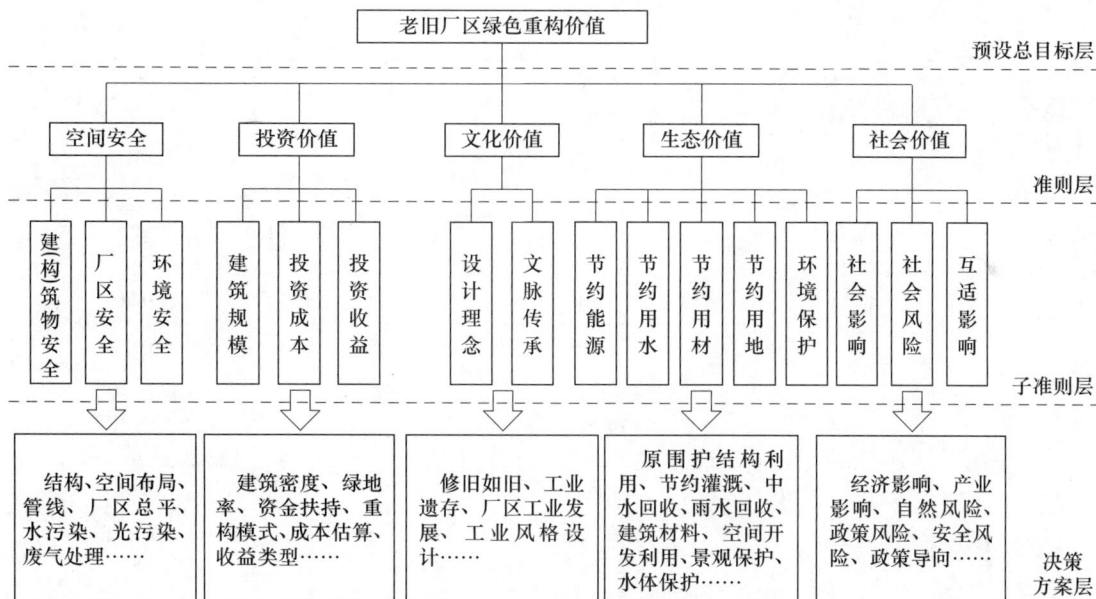

图 5.12 老旧厂区绿色重构层次分析结构

表 5.5 老旧厂区绿色重构价值评定指标权重表

分项指标			决策方案层编号	决策方案层权重
准则层指标	准则层指标权重	子准则层指标		
空间安全 A	0.399	建（构）筑物安全 A_1	A_{11}	0.185
			A_{12}	0.087
			A_{13}	0.206
		厂区安全 A_2	A_{21}	0.110
			A_{22}	0.182
		环境安全 A_3	A_{31}	0.143
			A_{32}	0.087
投资价值 B	0.128	建设规模 B_1	B_{11}	0.226
			B_{12}	0.171
		投资成本 B_2	B_{21}	0.171
			B_{22}	0.208
		投资收益 B_3	B_{31}	0.113
			B_{32}	0.113
文化价值 C	0.037	设计理念 C_1	C_{11}	0.250
			C_{12}	0.250
		文脉传承 C_2	C_{21}	0.250
			C_{22}	0.250

续表 5.5

准则层指标	准则层指标权重	子准则层指标	决策方案层编号	决策方案层权重

分项指标

准则层指标	准则层指标权重	子准则层指标	决策方案层编号	决策方案层权重
生态价值 D	0.399	节约能源 D_1	D_{11}	0.111
			D_{12}	0.097
			D_{13}	0.128
			D_{14}	0.086
		节约用水 D_2	D_{21}	0.064
			D_{22}	0.075
			D_{23}	0.046
		节约用材 D_3	D_{31}	0.055
			D_{32}	0.124
			D_{33}	0.098
		节约用地 D_4	D_{41}	0.025
			D_{42}	0.021
		环境保护 D_5	D_{51}	0.038
			D_{52}	0.031
社会价值 E	0.037	社会影响 E_1	E_{11}	0.221
			E_{12}	0.221
		社会风险 E_2	E_{21}	0.207
		互适影响 E_3	E_{31}	0.176
			E_{32}	0.176

表 5.6　总体分值评定表

城市类型	满足条件	总体分值 M	评定结果
经济主导型	A 满足一级或二级，B 满足一级，其余满足三级	> 72	可行
	A 满足三级，B 满足二级或三级，E 满足一级或二级	> 61	优化后可行
	其他		不可行
历史文化型	A 满足一级或二级，C 满足一级	> 70	可行
	A 满足三级，C 满足二级或三级 B、D 满足一级或二级	> 63	优化后可行
	其他		不可行
协调发展型	A 满足一级或二级，B、C、D、E 满足二级	> 80	可行
	A、B、C、D、E 满足三级	> 60	优化后可行
	其他		不可行

5.4 厂区绿色重构价值评定案例

5.4.1 厂区项目概况

5.4.1.1 发展历程

西安建筑科技大学华清学院位于西安市新城区，地理位置如图 5.13 所示。其前身是陕西钢铁厂（以下称陕钢厂），如图 5.14 所示。

图 5.13 厂区位置

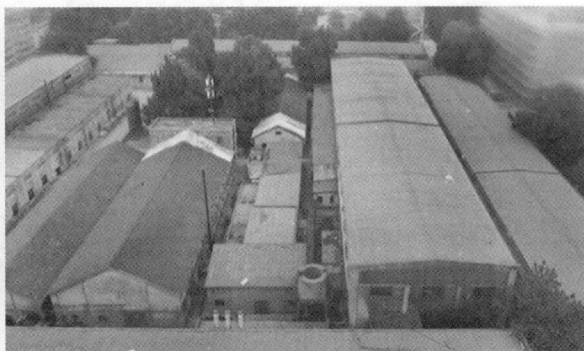

图 5.14 原陕钢厂鸟瞰

陕钢厂 1965 年投入生产，作为曾经的全国十大特种钢材企业的一员，陕钢厂为我国的国防事业做出了巨大贡献。到了 20 世纪 90 年代，随着区域产业结构的调整、亚洲金融危机的影响以及国企改革的浪潮，导致陕钢厂不能与其他钢厂并驾齐驱，旧设备也无法保证产品的质量，随后陕钢厂的生产活动大幅缩减，最终于 1999 年 1 月宣布破产。停产后厂房闲置、设备废弃、厂区周边地区经济状况惨淡，百废待兴，陕钢厂亟需重构再生，如图 5.15、图 5.16 所示。

图 5.15 停产后的车间

图 5.16 停产后的厂区道路

5.4.1.2 厂区规划

老钢厂文化创意科技小镇占地面积约 122hm²，建设和入园项目规划总投资 400 亿元，科技小镇区位如图5.17所示。科技小镇依托中国能源西北建设投资的资本优势、西安建筑科技大学的学科优势以及新城区的发展资源优势,合力打造集教育园区、创意产业园区、房地产开发区"三位一体"的功能板块,如图5.18所示。

图5.17 老钢厂文化创意科技小镇整体规划

项目定位以城市再生和设计产业发展为特色的主题性、复合型文化设计产业园,形成西安乃至西北标杆性的主题产业园。

我们旨在打造反映历史和景观特色的富有创造性、舒适性、标志性的办公和商业园区,让历史悠久的工厂面貌一新,提供城市活动空间,给区域注入新鲜活力。

图5.18 老钢厂文化创意科技小镇规划理念

西安建筑科技大学华清学院——教学园区建设规划与重点工程设计由西安建筑科技大学专家教授组织,在充分尊重原华清学院的基础上,充分利用陕西钢铁厂原有的旧工业建筑资源进行老旧厂区绿色重构。建筑重构过程中秉承"修旧如旧"的原则,在大胆新颖设计的过程中仍注重部分保留原有的工业特色,体现出了对人文、历史、环境的深刻反思,如图5.19所示。

老钢厂创意产业园——老钢厂设计创意产业园位于幸福南路华清科教集团园区内,南靠华清学府城,是将特钢厂厂房规划为设计创意产业基地,如图5.20所示,总占地面积约3.3hm²,改造后总建筑面积约4.5万平方米。华清学府城——根据拍卖政策规定,西安建大科教产业有限公司为剩余土地启动了房地产开发项目。根据规划,将缺乏保护与利用价值的厂房拆除,开发为"华清学府城"。华清学府城总面积586亩,总规划建筑面积1354670m²,如图5.21所示。

图5.19 西安建筑科技大学
华清学院

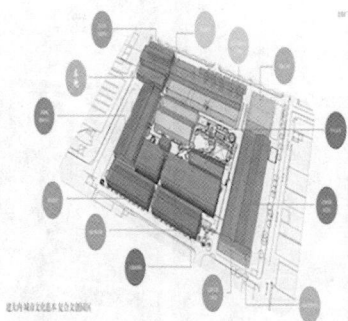

图5.20 老钢厂创意产业园

图5.21 华清学府城

5.4.1.3 再生重构

老旧厂区记录了城市工业发展的历程,富有浓郁的工业气息,厂区大部分建(构)筑物、工业设备都具有珍贵的历史价值，记录了工业厂区的发展历程，在对陕钢厂老旧厂区进行绿色重构时尤其注意对这些工业遗产的保护。

A 华清学院部分建筑的再生重构

"修旧如旧"是保留工业建筑原貌的最好改造方法，华清学院 1 号和 2 号教学楼是由原一轧车间改造而成的，一轧车间改造前如图 5.22 所示，车间净空挑高较大，空间狭长且开阔，具有较大面积的高窗、天窗，室内光线充足，厂房框架坚实，但其厂房整体视觉感受破旧，外部杂草丛生、内部破败不堪，故应对其进行重构。

(a)   (b)

图 5.22 改造前的一轧车间

(a) 一轧车间外部； (b) 一轧车间内部

厂房改造充分尊重原有建筑的空间视觉效果，且立面采用轻质墙面材料，如图 5.23、图 5.24 所示，厂房重构采用橙红色框架幕墙装饰，轻盈、明亮的色彩让建筑更富有活力，既保留了工业建筑特点又显示了原有厂房的宏伟和恢弘大气。为了对厂房原结构进行再生重构，充分利用原有厂房结构的净空空间，在原有厂房中加设增层，如图 5.25 所示，极大增加了建筑使用面积；并在原有建筑内增设楼梯，使得厂房改造后满足建筑的消防要求，如图 5.26 所示。

图 5.23 1 号教学楼改造后外立面   图 5.24 1 号教学楼改造后门窗

对厂房进行重构改造前，在满足安全性要求的基础上，对原厂房牛腿柱、吊梁、桁架、槽状屋顶板等构件保留并改造，大大节约了人力、物力、财力，如图 5.27 所示，原厂房的屋面桁架仍满足结构检测安全，继续使用，厂房牛腿柱依然保留原貌，如图 5.28 所示。

图 5.25　1 号教学楼室内增层

图 5.26　1 号教学楼增设楼梯

图 5.27　重构后厂房桁架保留

图 5.28　重构后厂房牛腿柱保留

　　华清学院图书馆是由原轧制车间西段的加热部分改造而成，绿色重构过程中充分利用厂房原有挑高，打造大跨度、开敞的空间效果，图书馆外立面采用大气且低调沉稳的大理石饰面，恢宏大气且富有诗书气息，如图 5.29、图 5.30 所示。

　　大学生活动中心由原来的二轧车间的机械修理车间绿色重构而成，建筑物的内部空间基本保留原状，为达到良好的收音、隔噪效果，在原车间内墙、立柱和横梁表面用吸音和降噪材料饰面，采用铝扣板和铝格栅装饰更具美观性，满足舞台灯光效果。建筑外观保留了原始工业厂房的形状，为增加采光面积，设置明框铝合金玻璃幕墙，并对厂房的外立面进行了修复和完善，如图 5.31 所示。

(a)

(b)

图 5.29　图书馆改造前后外部对比
(a) 改造前；　(b) 改造后

图 5.30 图书馆改造前后内部对比

(a) 改造前；(b) 改造后

图 5.31 厂房改造的大学生活动中心

(a) 外立面；(b) 内立面

B 老钢厂创意产业园部分建筑再生重构

老钢厂创意产业园是老旧厂区绿色重构的典型案例，针对原陕钢厂建筑物的分布情况，结合原交通路网形成的功能分区，按产业园区的基本功能，创意产业园将原有的临建建筑少量拆除，留出两处户外休闲广场；极力保留原有厂房原貌，并增加水、电、暖等管网基础设施，将厂房打造成适合商业办公、文化交流、商业配套以及景观体验的各类新型业态聚集区。

创意园区最大程度上利用了原有的工业厂房建筑，1 号楼是由原生产纤细钢丝车间重构再生而成。原车间建于 1965 年，对其进行外立面改造，原厂房外貌基本保留，最大程度还原了原车间建筑外貌，改造前后对比如图 5.32 所示。

6 号楼是由原新设备车间再生重构而成。原车间是当时厂区最为先进的设备车间，厂房结构和行车都是德国原装设备，具有当时先进的恒温配电室、数控无尘生产车间。车间建于 1965 年，为单跨钢筋混凝土排架结构。该厂房体量巨大且结构基础较好，故充分利用原工业厂房结构，将其改造为老钢厂设计创意产业园的标志性建筑，对其外立面铺贴橙红色瓷砖饰面，部分墙体改造为镂空设计，极具现代工业气息，如图 5.33 所示。

除此之外，在绿色重构过程中为了满足绿地率的要求，对原厂区存在的工业价值低的小型建筑物，例如临时的车库、简易车间和小型仓库等小型建筑等，进行拆除，保留原有

(a)　　　　　　　　　　　　　　(b)

图 5.32　原 1 号厂房改造前后对比图

(a) 改造前；　(b) 改造后

(a)　　　　　　　　　　　　　　(b)

图 5.33　原 6 号厂房改造前后对比图

(a) 改造前；　(b) 改造后

的林木，并对场地的地形进行重组和绿化，为公共景观区和新建筑物的建设提供了空间和场所，形成了厂区公共绿地的优美环境，如图 5.34 所示。

(a)　　　　　　　　　　　　　　(b)

图 5.34　厂区入口改造前后对比

(a) 改造前；　(b) 改造后

园区内零星布置的旧工业风格景观小品使得园区充满趣味性和工业气息，曾用于高炉煤气传输的大型排风扇被移除后，通过对其清洗、打磨、喷漆后焕然一新，再生利用为在小镇草地中转动的风车，如图 5.35 所示。原有重达 26t 的连铸机早已锈迹斑斑，其铸铁齿轮仍然保留完整，对其表面锈渍进行打磨抛光后重生为独特的建筑小品矗立在园区一隅，如图 5.36 所示。原厂区生产钢板切割后的边角料，经打磨、焊接、喷漆后制作为厂区景观小品，具有装饰性和趣味性，如图 5.37 所示。厂区原热处理罩式炉行车，其行车主钩可以起吊 15t 的重量，属于当时较为先进的起重设备，现在这台行车依旧完好如初，如图 5.38 所示，因此将其改造为连廊上部的景观小品。

图 5.35　煤气发生站的大型排风机

图 5.36　轧机齿轮

图 5.37　利用废弃钢材制作的景观小品

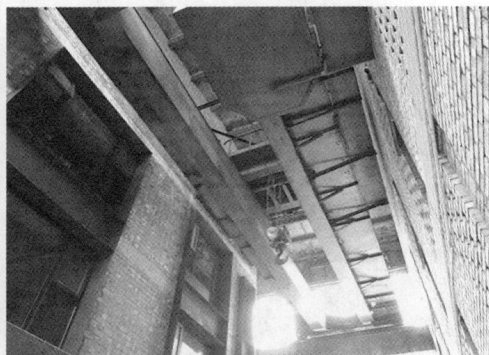

图 5.38　热处理罩式炉行车景观小品

在厂区绿色重构过程中对原厂区的典型巷道进行了再生重构，原厂区工人将其取名为"扶墙巷"，如图 5.39 所示，现将巷道重构，铺上了古朴的青砖，更富诗意。两座楼之间的小广场上的厂区文化墙仍做保留，如图 5.40 所示，一幅厂区工人生产的油画，再现原陕钢厂车间的生产忙碌场景。

5.4.2　厂区绿色重构价值评定模型

以陕钢厂绿色重构为例，建立厂区绿色重构价值评定模型，本节主要分为决策方案层指标打分、准则层价值评定、总体得分价值评定三部分。

（1）决策方案层指标打分。通过实地走访情况、厂区资料调查结果及 5.4.1 节中对陕

图 5.39　扶墙巷

图 5.40　原厂区文化墙

钢厂绿色重构厂区概况的了解，依据 5.3.3 节中"表 5.5 老旧厂区绿色重构价值评定指标权重表"，调整后得出"陕钢厂绿色重构指标项打分及权重表"，并采用德尔菲法请相关专家对各项进行打分，取得各专家打分的均值，得分整理后如表 5.7 所示。

表 5.7　陕钢厂绿色重构指标项打分及权重表

分项指标		决策方案层编号	决策方案层最终权重	得　分
准则层指标	准则层指标权重			
空间安全 A	0.399	A_{11}	0.185	95
		A_{12}	0.087	85
		A_{13}	0.206	90
		A_{21}	0.110	80
		A_{22}	0.182	95
		A_{31}	0.143	90
		A_{32}	0.087	80
投资价值 B	0.128	B_{11}	0.226	85
		B_{12}	0.171	80
		B_{21}	0.171	85
		B_{22}	0.208	90
		B_{31}	0.226	80
文化价值 C	0.037	C_{11}	0.250	90
		C_{12}	0.250	95
		C_{21}	0.250	85
		C_{22}	0.250	90
生态价值 D	0.399	D_{11}	0.111	90
		D_{12}	0.097	95
		D_{13}	0.128	80
		D_{14}	0.086	85
		D_{21}	0.064	90
		D_{22}	0.075	80
		D_{23}	0.046	80

分项指标		决策方案层编号	决策方案层最终权重	得 分
准则层指标	准则层指标权重			
生态价值 D	0.399	D_{31}	0.055	95
		D_{32}	0.124	95
		D_{33}	0.098	95
		D_{41}	0.025	95
		D_{42}	0.021	85
		D_{51}	0.038	85
		D_{52}	0.031	95
社会价值 E	0.025	E_{11}	0.221	90
		E_{12}	0.221	95
		E_{21}	0.207	80
		E_{31}	0.176	90
		E_{32}	0.176	85

（2）准则层价值评定。对于准则层——空间安全得分进行计算，得到其总得分为89.43分，据"表5.2 A空间安全评定等级划分表"评定等级为一级，评定结论为"空间安全"；投资价值总得分84.23分，评定等级为二级，评定结论为"效益一般"；文化价值总得分为90.00分，评定等级为一级，评定结论为"文化价值重要"；生态价值总得分为88.85分，评定等级为一级，评定结论为"生态价值良好"；社会价值得分进行计算，得到其总得分为88.25分，评定等级为二级，评定结论为"社会价值良好"。

（3）总体得分价值评定。陕钢厂所在城市——西安，属于历史文化型城市，根据 $M = A_{11}\omega_1 + A_{12}\omega_2 + \cdots + E_{32}\omega_m$，算得陕钢厂绿色重构总体得分为87.45分，又知空间安全评定为一级，投资价值评定为二级，文化价值评定为一级，生态文化评定为一级，社会价值评定为一级，根据各准则层的价值评定结果及《旧工业建筑再生利用价值评定标准》（T/CMCA 3004）及表5.6总体分值评定表，评定结果为方案可行。

5.4.3 厂区绿色重构结论及建议

由5.4.2节厂区绿色重构价值评定模型及评定结果可知，陕钢厂绿色重构方案满足《旧工业建筑再生利用价值评定标准》（T/CMCA 3004）的要求，由绿色重构价值总体得分可将其等级评定为一级，故可依据该重构方案进行老旧厂区的改造。

从准则层的评定结果可知，"空间安全""文化价值""生态价值"得分较高，等级均评定为一级，说明该三方面方案制定较能够体现厂区绿色重构价值。然而"投资价值"得分为84.25，说明投资方案仍有可优化的空间，可以从"建设规模""投资成本""投资收益"三个方面入手，进行方案优化；"社会价值"得分88.25分，在二级得分区间内处于较高得分，但其没能评定为一级的主要原因是在"绿色重构满足政策要求""编制经济、自然、安全风险控制方案"方面方案欠妥，仍需优化。

6   老旧住区绿色重构价值评定

随着社会的发展，城市的形态逐步趋于稳定，空间结构变化不大，很多城市的用地许多年未增长。在当今经济发展迅速，人口基数庞大的基础上，人们对住区的实用性与生态保护要求越来越高。因此，在倡导可持续发展社会的前提下，应加强对老旧住区的绿色重构，充分利用老旧住区原有可用资源，建立宜居生态住区。

6.1   住区绿色重构价值分析

6.1.1   住区绿色重构价值调查

在对老旧住区绿色重构的现状进行调查时，应先对住区进行实地走访，并结合住区重构的实际情况因地制宜地选择适用于住区的调查方法，利用《绿色住区标准》（T/CECS 377）对住区绿色重构现状进行调查。

6.1.1.1   调查内容

老旧住区绿色重构的调查内容主要包括调查要素和绿色改造策略两部分。调查要素是指在老旧住区的绿色重构中具有特色的具体改造方面，诸如建筑物的结构、住区文化特色等；绿色改造策略则是为达到绿色重构目的的具体改造方法。

（1）原住区结构重构。许多老旧住区因年久失修影响居民正常使用而面临改造。为使资源最大化利用，建设可持续发展社会，在对住区原有住区结构重构时可将原有住区的主体风貌保留，如图 6.1 所示。

（2）原住区设备重构。老旧住区中的公共设备和基础设施是提高住区居民生活质量的必备产品，老旧住区的绿色重构中对公共设备和基础设施的再生利用，既能节约资源，又能避免造成物质资源浪费，因此，原住区公共设备和基础设施的再生利用是老旧住区绿色重构调查的重要内容。

（3）路面改造方法。老旧住区邻里之间道路建造年代久远，多为混凝土路面，不利于雨水下渗，在一定程度上降低了地下水位，长此以往，也对当地生态环境有所影响，且这些道路长期得不到维护，局部路面出现破损情况，不利于行人出行安全。

在老旧住区绿色重构中，采用渗水路面替换原有的混凝土路面，如图 6.2 所示，使雨水能够及时渗透，对于住区的交通及环境保护都起了促进作用。

（4）路灯改造方法。一些老旧住区路灯由于年久失修，部分已经失去使用功能，成为摆设，在绿色重构中将路灯安置在树枝上面，如图 6.3 所示，减少灯杆的使用，还增加了住区的美观性。

图 6.1　住区外部结构利用　　　　图 6.2　渗水路面　　　　图 6.3　路灯改造

（5）其他改造方法。在绿色重构的过程中，还可利用不少其他新方法，例如采用新式涂料增加墙体保温，采用太阳能屋面，使用清洁能源、无声雨棚等，对老旧住区绿色重构之后居民生活环境都有极大的提升。

6.1.1.2　调查方法

调查是通过各种途径，直接或间接了解被调查者心理活动的一种研究方法。它要求人们通过各种方法和手段，进行有目的的实地调研与考察，了解掌握客观事物的各种实际情况，从而获取信息的过程。调查总体上易于进行，但在调查的过程中往往会因为被调查者记忆不够准确等原因使调查结果的可靠性受到影响。

对老旧住区的价值分析，首要任务就是对老旧住区进行绿色重构的现状调查，熟悉把握老旧住区的绿色重构现状，然后才能进行绿色重构价值的分析，建立绿色重构价值评定的指标体系。

最常用的调查方法主要有实地走访观察法、访谈法、问卷调查法、文献调查法、蹲点调查法、访问调查法、集体访谈法、座谈法、教育经验总结法、个案法与网络搜集法等，然而对于老旧住区绿色重构现状的调查方法并非全部适用，应根据实际情况进行选择。为了确保老旧住区绿色重构现状调查的全面、高效、真实，在调查过程中应针对不同住区采取不同的调查方法，注意每种调查方法特点及注意事项，本节主要以老旧住区重构现状调查的几个常见的调查方法进行阐述，调查方法及其主要内容见表 6.1。

表 6.1　调查方法及具体描述

调查方法	主　要　内　容
蹲点调查法	蹲点调查法是调查者深入到一个或几个基层单位持续一段较长时间，通过全面深入的调查研究，认识调查对象本质及其发展规律，探索解决社会问题途径的方法
访问调查法	访问者通过口头交谈等方式直接向被访问者了解社会情况或探讨社会问题的调查方法。它是访问者与被访问者面对面的双向传导的互动式的口头直接调查，在访问之前，准备访问提纲，学习与调查内容有关的知识，选好访谈时间、地点和场合，尽可能了解被访问者

续表6.1

调查方法	主　要　内　容
集体访谈法	调查者邀请若干被调查者，通过集体座谈方式了解社会情况或研究社会问题的调查方法。在集体访谈之前，要明确会议主题、准备调查提纲、确定会议规模、物色到会人员、选好会议场所和时间、做好技术准备。在集体访谈过程中，要创造良好氛围，开展民主、平等对话，把握会议的主题，做好被调查者之间的协调工作，做好会议记录
座谈法	采取开座谈会了解情况是调查的一种基本方法。其类型主要有两种：结构式座谈，即座谈会按调查预先设计的问题结构顺序进行（一般在调查者对所调查的问题已掌握初步情况，需要进一步了解时采用）；非结构式座谈，即开座谈会一般只确定中心议题，勾画出大致范围，由与会人员自由发表意见（常在开始调查时采用，为进一步调查提供线索）。座谈法，适用于对涉及面广、需广泛搜集反映、无需严格保密问题的了解。开座谈会，能使被调查者在比较自然的情况下发表见解，反映情况；能就讨论的内容相互启发、补充和验证；能使零碎的情况得以系统，模糊的印象逐渐清晰；能在较短的时间里接触较多的调查对象，了解更多的情况。能不能开好座谈会，取决于事先的准备工作和主持人掌控会议的能力。在对老旧住区进行绿色重构的调查过程中对于了解住区历史等情况可采取此类方法
教育经验总结法	教育经验总结法是依据教育实践所提供的事实，按照科学研究的程序，分析和概括教育现象，揭示其内在联系和规律，使之上升为教育理论的一种教育科研方法。教育经验总结法是指教育工作者对自己工作经验作出的总结

6.1.2　住区绿色重构价值构成

老旧住区绿色重构价值是指对于建筑年代久远或建筑功能名存实亡、文化传承举步维艰、人口逐步迁出的住区，进行既有建筑、设备再利用和传统文化的传承，在原有基础上采用绿色节能环保可持续的手法，使其重构后具有新的价值。住区绿色重构价值主要由空间安全、投资价值、文化价值、生态价值、社会价值5个分项构成。

（1）空间安全。空间安全是对老旧住区外部空间改造和功能结构更新过程的安全保证，是指某一特定空间范围内建筑物、构筑物、环境安全及人员的安全。在老旧住区绿色重构中，确保住区的空间安全，主要是保证评定对象的地上、地下安全和住区周边环境的安全。

住区空间安全主要包括绿色重构方案选择的合理性、建筑物结构安全以及环境安全三个方面。在对住区空间安全进行绿色重构价值评定的过程中，不仅要考虑住区结构的稳定性，还要考虑其周边环境的合理性。

（2）投资价值。投资价值是指老旧住区绿色重构对于具有明确投资目标的不确定性投资所带来的隐形价值。资金对于一个项目的成败起着决定性的作用，是保证工程项目能够顺利建设的前提。投资价值方面主要考虑建筑绿色重构规模的合理性、绿色重构对投资的影响、绿色重构投资成本、投资收益的相关预算四个方面。

（3）文化价值。文化价值是社会活动的产物，在艺术设计中，文化遗产也得到了非常广泛的应用，并具有其独特的艺术价值，是人类在社会历史发展过程中所创造的物质财富和精神财富的总和。住区的文化价值需要通过人们的文化创造活动来体现，老旧住区绿色重构文化价值评定主要包括绿色重构设计理念和文脉传承两个评定方面。

（4）生态价值。生态价值是指老旧住区在满足基本使用功能的前提下，利用敏感性分析的方法分析各因素所得最有利的生态系统的服务价值。老旧住区绿色重构的生态价值应遵循公众利益与平衡发展、公共设施建设的优先权、居民融合、公众参与、自然环境的修复、人文景观的保护、循环经济的普及等理念，充分依托住区建筑的既有形式与结构类型进行资源配置，并应依据住区及建筑的使用功能，统筹考虑土地、能源、水和各种资源的利用对住区绿色重构的影响。

（5）社会价值。老旧住区绿色重构社会价值主要通过可持续发展的崭新视角，从满足人们日益增长的需求而又不损害后代发展的要求出发所带来的价值。老旧住区绿色重构社会价值评定应遵循"以人为本"的原则，充分考虑住区重构对人的生活水平提高及社会文明程度提高的影响、社会环境的交融程度以及项目可能带来的社会风险等因素。

老旧住区绿色重构社会价值主要包括社会影响、社会风险和互适影响三个方面。社会影响方面评定要充分考虑对住区及周边居民的影响及真切感受；对于社会风险评定应综合考虑经济、社会文明、自然环境、安全等各方面因素；对于互适影响的评定应根据政府政策支持程度、产业发展类型、教育文化科技水平进行综合打分。

6.1.3　住区绿色重构整体价值

老旧住区绿色重构的整体价值可以通过最终的评定结果体现，每个住区根据城市类型可以分为经济主导城市内的住区、历史文化古城内的住区、协调发展城市内的住区三种，每种类型城市的老旧住区绿色重构价值评定结果均有"可行""优化后可行""不可行"三种结果。

6.1.3.1　经济主导城市内的住区

通过住区价值评定最终得分得到处于经济主导型城市的老旧住区的评定结果，若住区的绿色重构价值被评定为可行，则说明老旧住区采用的绿色重构方案满足经济主导型城市对老旧住区的重构要求，对住区所在的区域的经济发展、社会进步和文化传承都有一定的促进作用，可以依照此方案继续进行老旧住区的绿色重构。

若住区绿色重构价值被评为优化后可行，则说明该绿色重构方案可推动住区所在区域的经济发展和社会文明进步，但是效果较小。因此，对于此类情况，应对原住区绿色重构方案进行优化调整，增加在经济发展上面的力度，使之能够适应所在区域经济的发展。

若其绿色重构价值被评为不可行，则说明老旧住区重构后没有带动所在区域的经济发展或效果不明显，故此方案在该区域不适用。对于该住区应该重新制定绿色重构方案，将方案调整至推动该住区所在区域的经济发展和社会文明进步的方向。

6.1.3.2　历史文化古城内的住区

通过住区价值评定最终得分得到处于历史文化古城的老旧住区的评定结果，若住区绿色重构方案被评定为可行，说明老旧住区采用该绿色重构方案对老旧住区的发展、住区历史文化的保护与传承都有很大促进作用，符合当前历史文化古城对老旧住区绿色重构的要求，依照此方案继续对老旧住区进行绿色重构。

若住区绿色重构价值被评定为优化后可行，则说明老旧住区采用的绿色重构方案虽然有考虑对历史文化的保护和传承，但是不能很好地体现出来，对原有的历史文化遗迹保护不当。对于此类情况，应该在原有的重构方案上进行适当优化调整，增加在历史文化方面的保护与传承措施，使调整后的重构方案能够充分传承和保护所在区域的文化。

若住区绿色重构价值被评定为不可行，则说明该绿色重构方案没有考虑住区的历史文化的发展和传统文化的传承，或绿色重构方案对住区的历史文化的发展和传统文化的传承的促进作用很小，对于此类情况，对该住区应制定新的重构方案，加强对住区历史文化的发展和传统文化的传承的考虑，满足历史文化古城对于老旧住区重构的要求。

6.1.3.3　协调发展城市内的住区

通过住区价值评定最终得分得到处于协调发展型城市的老旧住区的评定结果，若住区绿色重构方案被评定为可行，则说明老旧住区采用该绿色重构方案能够充分满足住区与城市发展之间的协调关系，可以依照此方案继续对老旧住区进行绿色重构。

若住区绿色重构方案被评定为优化后可行，则说明在该住区重构方案中没有充分考虑到住区与城市发展的协调性，因此应在住区重构方案中，加强住区与城市发展相协调的措施，使得方案在优化调整后更能满足协调发展型城市的要求。

若住区绿色重构方案被评定为不可行，则说明该绿色重构方案没有充分考虑住区发展与所在城市之间的协调性，该方案没有达到住区与城市协调发展的要求，应重新制定住区重构方案，使其满足住区与城市协调发展的要求。

6.2　住区绿色重构价值评定方法

老旧住区绿色重构价值评定应采取适当的方法，本节对于老旧住区绿色重构的价值评定运用因子分析法确定。从方法概述、方法发展、方法原理三个方面对因子分析法进行阐述。

6.2.1　住区价值评定方法概述

因子分析的基本目的就是用少数几个因子去描述许多指标或因素之间的联系，将相关比较密切的几个变量归在同一类中，每一类变量就成为一个因子，以较少的几个因子反映原资料的大部分信息。运用这种方法，我们可以方便地找出影响老旧住区绿色重构价值评定的主要因素，以及这些因素对老旧住区绿色重构价值评定的影响程度。

因子分析是指研究从变量群中提取共性因子的统计技术，最早由英国心理学家斯皮尔曼提出，是一种有效的降维方法，其核心思想是用较少公共因子的线性函数和特定因子之和表达变量达到合理解释变量的相关性和筛选变量的目的。因子分析可在许多变量中找出隐藏的具有代表性的因子，将相同本质的变量归入一个因子，可减少变量的数目，还可检验变量间关系的假设。

本节采用因子分析法计算权重。首先，对各个指标进行比较，建立价值评定的指标体系，并按照主因子层、次因子层的顺序得出相关的判断矩阵；其次，对矩阵进行计算，并得出各单项指标的最终权重；最后，邀请专家对每个指标进行打分，并乘各指标项的权重，求和得出总分，从而进行价值的评定。

6.2.2　住区价值评定方法原理

（1）确立指标体系。利用因子分析法构建出基本的指标体系（详见6.3.1节）并对其进行指标优化（详见6.3.2节），最终确立指标体系。

（2）构造判断矩阵。采用常见的三标度（0，1，2）法，按照"主因子、次因子"的顺序，分别对两两指标进行比对后，构造其判断矩阵。例如主因子判断矩阵的构造，见表6.2。

表6.2　主因子判断矩阵的构造

	A 空间安全	B 投资价值	C 文化价值	D 生态价值	E 社会价值
A 空间安全	1	2	2	1	1
B 投资价值	0	1	2	1	1
C 文化价值	0	0	1	1	0
D 生态价值	1	1	1	1	1
E 社会价值	1	1	2	1	1

（3）指标权重计算。x 的方差可表示为

$$\mathrm{Var}(x_i)=a_{i1}^2+a_{i2}^2+\cdots+a_{im}^2+\delta_i \tag{6.1}$$

设 h_i^2 是 m 个公共因子对第 i 个变量的贡献，称为第 i 个共同度，它是全部公共因子对 x_i 的方差所做出的贡献。

$$h_i^2=a_{i1}^2+a_{i2}^2+\cdots+a_{im}^2 \tag{6.2}$$

δ_i 称为特殊方差，是不能由公共因子解释的部分因子荷载（负荷），a_{ij} 是随机变量 x_i 与公共因子 f_j 的相关系数。

方差贡献率

$$e_j=(h_i^2)/(h_1^2+h_2^2+\cdots+h_i^2) \tag{6.3}$$

设 g_i^2 为公共因子 f_j 对 x 的贡献，$j=1$，2，$\cdots$，m。

$$g_j^2=\sum_{i=1}^{P}a_{ij}{}^2 \tag{6.4}$$

各指标权重 ω_i

$$\omega_i=\frac{\sum\limits_{j=1}^{m}\beta_{ji}\,e_j}{\sum\limits_{i=1}^{p}\sum\limits_{j=1}^{m}\beta_{ji}\,e_j} \tag{6.5}$$

式中，β_{ji} 代表第 i 个指标在第 j 个主因子上的荷载。

（4）根据住区重构相关资料及专家打分、问卷调查打分等方式得出每个决策方案层（打分项）各指标得分 A_{11}、A_{12}、$A_{13}\cdots E_{32}$，并分别计算出 A 空间安全、B 投资价值、C 文化价值、D 生态价值、E 社会价值各因子层得分，并根据表6.3对各准则层进行价值评定。

表 6.3　*A/B/C/D/E* 评定等级划分表

等　级	状况描述	分　值
一级	满足要求	[90，100]
二级	比较满足要求	[80，90）
三级	基本满足要求	[60，80）
四级	不满足要求	[0，60）

6.3　住区绿色重构价值评定指标体系

确定价值评定指标体系要考虑到各个指标之间的独立性和科学性，初步确定的指标数量多，其中一部分存在着相互包含的关系，还有一部分指标则不适用于进行价值评定，因此，需要对价值评定的指标体系进行优化。构建价值评定指标体系的过程包括三个环节：价值评定指标体系的建立、价值评定指标体系的优化、评定指标体系权重的确定。

6.3.1　价值评定指标体系的建立

（1）空间安全指标。从整体来讲，方案的选择对住区最终的绿色重构效果十分重要，方案制定是否合理关系到整个住区重构的效果和空间安全，因此在制定方案时应充分考虑老旧住区的实际情况，制定科学合理、切实可行的方案。

（2）投资价值指标。投资价值是指评估对象对于具有明确投资目标的特定投资者或某一类投资者所具有的价值。对建筑规模和投资规模进行综合评定，有助于对投资进行较为准确的预算。投资成本评定主要是对老旧住区绿色重构项目进行预估的综合评定。

（3）文化价值指标。老旧住区绿色重构文化价值评定应以"对住区文化保护与延续，对住区历史地段的建筑维修改善与整治"为宗旨，统筹考虑建筑风貌、住区遗存等条件，从整体文化、个性层面、特征层面等进行保护和传承。

设计理念的评定主要考察在对住区进行绿色重构的过程中是否融合老旧住区的文化，在设计过程中是否考虑到对非物质文化的传承，尤其是对于文化价值明显的住区的修缮，对原建筑的外貌、结构、式样等进行保留。

文脉传承的评定是对融入建筑文脉特色理念的方式方法进行综合性评定，文脉传承的有效做法之一就是记录住区的发展足迹，并通过丰富的形式表达、展现出来；在进行老旧住区绿色重构时，要把现有技术与原有住区的文化结合起来，突出住区的独特创意之处；对历史遗产相关资料进行归档并妥善保存，对住区文化进行有效的保护传承。

（4）生态价值指标。生态价值是对绿色重构住区及结构设计理念的综合评定，结合住区的生态自然环境采取技术可行、经济合理、环境和社会可接受的措施，来提高能源资源的利用效率。在绿色重构过程中围护结构应大量使用原结构并改善和提高围护结构的热工性能，在结构上满足造型简约，不添加大量的装饰性构件，这样既有利于建筑外观的保护又有利于节约能源。

（5）社会价值。社会影响主要是预估项目对住区内居民的切实影响，以项目为周边区域建设和服务效益对居民的影响力为估算指标进行价值的评定，根据经济影响的作用程度进行评分。社会风险主要包括评估项目政策性风险、经济利益风险、自然环境风险、安全风险。

老旧住区绿色重构价值评定优化前指标见表6.4。

表6.4　老旧住区绿色重构价值评定优化前指标

分项指标		单项指标	指标解释
空间安全 *A*	建（构） 筑物安全	耐久性	是否满足耐久性要求
		功能空间布局	功能空间布局是否合理
		消防系统及设施	消防系统及设施是符合规定
	住区安全	管线、道路和消防管道敷设	管线、道路和消防管道敷设是否合理
		各级道路	绿色住区内各级道路满足无障碍要求
		排水系统	排水系统采用同层排水方式
	环境安全	环境噪声	住区环境噪声是否符合规定
		防眩光	采用防眩光措施
		空气污染物	室内空气污染物指标不超过现行国家标准的有关规定
		固体废物储存处置	固体废物储存处置是否符合规定
投资价值 *B*	建设规模	绿地率	绿地率是否超过25%
		建筑密度	是否合理设置建筑密度
		容积率	是否合理设置容积率
		建筑高度	建筑高度是否符合净空保护的规定
	投资成本	自有资金比例	自有资金是否不低于投资总额的30%
		成本估算	成本估算是否合理
	投资收益	投资收益模式	投资收益模式是否明确
		盈亏平衡分析	进行盈亏平衡分析
		敏感性分析	进行敏感性分析
		静态投资回收期	静态投资回收期是否小于基准投资回收期
文化价值 *C*	设计理念	住区设施	原住区设施利用程度
		空间建筑元素	空间建筑元素丰富程度
		建筑特征美	建筑特征美展现程度
		建筑社会化、城市化	建筑社会化、城市化表达情况
		住区建筑外貌整体	住区建筑外貌整体保护程度
		承载人本文化	承载人本文化程度
		住区设计	住区设计采用标准化与多样化的原则
	文脉传承	地域文化	绿色住区建设注重地域文化
		现代化建设与住区文化	现代化建设与住区文化融合度
		建筑遗存资料	归档整理建筑遗存资料，保护传承文化场所

续表 6.4

分项指标		单项指标	指标解释
生态价值 D	节约能源	清洁能源和可再生能源利用	能源系统选用符合清洁能源和可再生能源的使用标准
		围护结构热工性能	建筑围护结构热工性能指标符合或优于国家现行相关建筑节能标准
	节约用水	水资源利用	绿色住区规划用各种水资源
		节水灌溉	公用绿化采用节水灌溉方式
		建筑平均用水量	建筑平均用水量低于节水用水定额的上限值要求
	节约用材	建筑垃圾的回收	绿色住区施工统筹安排建筑垃圾的回收措施
	节约用地	地下空间开发利用	地下空间开发利用程度、高效利用土地
		用地计划方案	是否编制用地计划方案
	环境保护	保护场地内既有生态环境	对场地内既有生态环境是否制定保护措施方案
		供暖通风与空调	供暖通风与空调系统能耗标准符合或优于现行国家标准
社会价值 E	社会影响	生活条件和质量	对周边居民生活条件和质量的影响程度
		无障碍建设	绿色住区交通符合城市无障碍建设的要求
		区域经济	对区域经济的影响范围和程度
		步行主路宽度	步行主路宽度是否符合要求
	社会风险	自然环境风险控制方案	是否编制自然环境风险控制方案
		经济利益风险预防方案	是否编制经济利益风险预防方案
		安全风险控制方案	是否编制安全风险控制方案
	互适影响	绿色生活	引导居民绿色生活方式，并保证住区设施及时得到维护
		区域现有技术和文化状况	区域现有技术和文化状况对项目的适用程度
		区域组织	区域组织可支持和配合程度

由各打分项乘相应的权重得到老旧住区绿色重构价值评定的总得分 M，即 $M=A_{11}\omega_1+A_{12}\omega_2+A_{13}\omega_3+\cdots+A_{32}\omega_m$，根据各主因子的价值评定结果及《旧工业建筑再生利用价值评定标准》（T/CMCA 3004）总体分值评定表，如表 6.5 所示，进行价值评定。总体分值 M 的下限由"满足条件"的最低要求分数与对应权重的乘积之和算得，例如经济主导型城市内的"可行"情况，根据表 6.3，计算式为 $M=80\times0.423+90\times0.154+60\times0.022+60\times0.138+60\times0.263=73.08$。

表 6.5　总体分值评定表

城市类型	满足条件	总体分值 M	评定结果
经济主导型	A 满足一级或二级，B 满足一级，其余满足三级	> 73.08	可行
	A 满足三级，B 满足二级或三级，E 满足一级或二级	> 65.26	优化后可行
	其他		不可行
历史文化型	A 满足一级，C 满足一级	> 73.35	可行
	A 满足三级，C 满足二级或三级，B、D、E 满足一级或二级	> 71.1	优化后可行
	其他		不可行

城市类型	满足条件	总体分值 M	评定结果
协调发展型	A满足一级或二级，B、C、D、E满足二级	> 80	可行
	A、B、C、D、E满足三级	> 60	优化后可行
	其他		不可行

6.3.2　价值评定指标体系的优化

初步确定的老旧住区绿色重构价值评定指标体系种类数量繁多，有些指标的实用性不高，会导致打分的过程繁琐且低效，因此，对价值评定的指标体系进行优化成为价值评定的重要一步。

对老旧住区绿色重构价值的空间安全、投资价值、文化价值、生态价值以及社会价值下的若干个分项指标进行优化，并以优化后的指标作为打分项，优化具体过程如下（以下指标优化中的编号均在表6.6中体现）：

（1）空间安全指标优化。对"建（构）筑物安全 A_1"分项指标进行单项指标优化时应以建（构）筑物为单项指标主体，对于其安全进行综合考虑，对原单项指标中的" $a_{11} \sim a_{13}$ 是对建筑空间安全是否满足耐久性要求、住区建筑功能空间布局是否合理、住区消防系统及设施是否符合规定"等指标进行价值评定，将这些指标优化后编号分别为 A_{11}、A_{12}、A_{13}。

对"住区安全 A_2"分项指标进行优化时，原单项指标中" $a_{21} \sim a_{23}$ 分别是对管线、道路、消防、管道的重构"价值评定，可概括为优化后打分项" A_{21} 管线、道路（消防车道）、管道布设合理程度"。

对"环境安全 A_3"分项的下设单项进行优化，其中" $a_{31} \sim a_{34}$ 分别描述老旧住区绿色重构后声污染、光污染、空气污染、固体废弃物排放等对住区的影响"，为了使打分项更加简洁，做到言简意赅，将其概括为" A_{31} 绿色重构后住区声、光、空气污染及固体废物排放符合要求程度"。

（2）投资价值指标优化。对"建设规模 B_1"分项指标进行单项指标优化时，原单项指标中" $b_1 \sim b_4$ 分别是对绿地率、建筑密度、容积率、建筑高度的重构"价值评定，可以优化并概括为打分项" B_{11} 老旧住区绿色重构是否考虑建筑密度、容积率、绿地率、净空高度等要求"。

对"投资成本 B_2"分项指标进行优化时，原单项指标中" b_{21} 自有资金比例保留"，优化后编号为 B_{21}；原单项指标中" b_{22} 成本估算是否合理进行保留"，优化后打分项编号为 B_{22}。

对"投资收益 B_3"分项的下设单项进行优化，原单项指标中" b_{31} 投资收益模式"保留其中，优化后编号为 B_{31}；其中" $b_{32} \sim b_{34}$ 分别对老旧住区绿色重构后盈亏平衡分析、敏感性分析、静态投资回收期"等经济性指标进行分析，为了使打分项更加简洁，做到言简意赅，将其概括为" B_{32} 进行项目经济评价指标的分析"。

（3）文化价值指标优化。对"设计理念 C_1"分项下的指标进行优化，原单项指标中" c_{11}

原住区设施利用程度"将其保留，优化后编号为 C_{11}，原单项指标中"$c_{12}\sim c_{17}$ 是对空间建筑元素、建筑特征美、建筑社会化、城市化、住区建筑外貌整体、承载人本文化、住区设计"的评定指标，将其 6 个指标整合后优化为"C_{12} 绿色改造过程中对建筑特色保护及文化表达程度"。

对"文脉传承 C_2"分项下的指标进行优化，原单项指标中"$c_{21}\sim c_{23}$ 是对老旧住区所处的地域文化、绿色重构过程中的现代化建设与住区文化的结合度、资料整理、新旧文化结合"等方面对老旧住区绿色重构价值进行评定，将其优化后为"C_{21} 对老旧住区文化的保护与传承程度以及与现代文化的融合"。

（4）生态价值指标优化。对"节约能源 D_1"分项下的指标进行优化，原单项指标中"$d_{11}\sim d_{12}$ 是对绿色重构中能源系统选用符合清洁能源和可再生能源的使用标准、建筑围护结构热工性能指标符合或优于国家现行相关建筑节能标准"的指标，将这 2 个指标整合后优化为"D_{11} 选用符合标准的清洁能源、再生能源和围护结构"。

对"节约用水 D_2"分项下的指标进行优化，原单项指标中"$d_{21}\sim d_{22}$ 是对绿色改造过程中各种水资源的合理利用和采用节水灌溉方式"，可以将其优化为"D_{21} 采用合理的绿色节水灌溉方式及合理利用各种水资源"；原单项指标中"d_{23} 建筑平均用水量低于节水用水定额的上限值要求"将其保留不变，优化后编号为 D_{22}。

对"节约用材 D_3"分项下的指标进行优化，原单项指标中"d_{31} 绿色住区施工统筹安排建筑垃圾的回收措施"保留不变，优化后编号为 D_{31}。

对"节约用地 D_4"分项下的指标进行优化，原单项指标中"$d_{41}\sim d_{42}$ 是对老旧住区绿色重构中地下空间开发利用和用地计划方案"，为使指标看起来更加简洁，可将其优化为"D_{41} 绿色重构过程编制用地方案，以及对空间开发利用程度"。

对"环境保护 D_5"分项下的指标进行优化，原单项指标中"d_{51} 保护场地内既有生态环境"的指标进行保留，优化后编号为 D_{51}；原单项指标中"d_{52} 供暖通风与空调系统能耗标准符合或优于现行国家标准"指标进行保留，优化后编号为 D_{52}。

（5）社会价值指标优化。对"社会影响 E_1"分项下的指标进行优化，原单项指标中"$e_{11}\sim e_{13}$ 对老旧住区绿色重构后的生活条件和质量、无障碍建设、步行主路宽度"等方面进行价值评定，将三个指标优化后为"E_{11} 绿色重构后对居民生活质量的影响和生活质量的改善"；原单项指标中"e_{14} 是从对老旧住区改造后的区域经济的影响范围和程度"方面进行价值评定，将其指标进行保留，优化后编号为 E_{12}。

对"社会风险 E_2"分项下的指标进行优化，将单项指标中"$e_{21}\sim e_{23}$ 自然环境风险控制方案、经济利益风险预防方案、安全风险控制方案"三个单项指标整合优化后为"E_{21} 绿色重构是否编制经济、自然、安全风险控制方案"。

对"互适影响 E_3"分项下的指标进行优化，主要从不同群体间互适影响及区域内组织、技术、文化利用等方面进行价值评定，将单项指标中"e_{31} 引导居民绿色生活方式"指标保留不变，优化后编号为 E_{31}；将单项指标中"e_{32} 区域组织可支持、配合程度"指标保留不变，优化后编号为 E_{32}；将单项指标中"e_{33} 区域现有技术和文化状况对项目的适用程度"指标保留不变，优化后编号为 E_{33}。老旧住区绿色重构价值评定指标优化前后对照，见表 6.6。

表 6.6 老旧住区绿色重构价值评定指标优化前后对照表

分项指标		编号	（原）单项指标	编号	（优化后）单项指标
一级指标	二级指标				
空间安全 A	建（构）筑物安全 A₁	a_{11}	耐久性	A_{11}	耐久性
		a_{12}	功能空间布局	A_{12}	功能空间布局
		a_{13}	消防系统及设施	A_{13}	消防系统及设施
	住区安全 A₂	a_{21}	管线、道路和消防管道敷设	A_{21}	管线、道路（消防车道）、管道布设合理程度
		a_{22}	各级道路		
		a_{23}	排水系统		
	环境安全 A₃	a_{31}	环境噪声	A_{31}	绿色重构后住区声、光、空气污染及固体废物排放符合要求程度
		a_{32}	防眩光		
		a_{33}	空气污染物		
		a_{34}	固体废物储存处置		
投资价值 B	建设规模 B₁	b_{11}	绿地率	B_{11}	老旧住区绿色重构是否考虑建筑密度、容积率、绿地率、净空高度等要求
		b_{12}	建筑密度		
		b_{13}	容积率		
		b_{14}	建筑高度		
	投资成本 B₂	b_{21}	自有资金比例	B_{21}	自有资金比例
		b_{22}	成本估算	B_{22}	成本估算
	投资收益 B₃	b_{31}	投资收益模式	B_{31}	投资收益模式
		b_{32}	盈亏平衡分析	B_{32}	进行项目经济评价指标的分析
		b_{33}	敏感性分析		
		b_{34}	静态投资回收期		
文化价值 C	设计理念 C₁	c_{11}	住区设施	C_{11}	住区设施
		c_{12}	空间建筑元素	C_{12}	绿色改造过程中对建筑特色保护及文化表达程度
		c_{13}	建筑特征美		
		c_{14}	建筑社会化、城市化		
		c_{15}	住区建筑外貌整体		
		c_{16}	承载人本文化		
		c_{17}	住区设计		
	文脉传承 C₂	c_{21}	地域文化	C_{21}	对老旧住区文化的保护与传承程度以及与现代文化的融合
		c_{22}	现代化建设与住区文化		
		c_{23}	建筑遗存资料		
生态价值 D	节约能源 D₁	d_{11}	清洁能源和可再生能源利用	D_{11}	选用符合标准的清洁能源、再生能源和围护结构
		d_{12}	围护结构热工性能		
	节约用水 D₂	d_{21}	水资源利用	D_{21}	采用合理的绿色节水灌溉方式及合理利用各种水资源
		d_{22}	节水灌溉		
		d_{23}	建筑平均用水量	D_{22}	建筑平均用水量
	节约用材 D₃	d_{31}	建筑垃圾的回收	D_{31}	建筑垃圾的回收
	节约用地 D₄	d_{41}	地下空间开发利用	D_{41}	绿色重构过程编制用地方案，以及对空间开发利用程度
		d_{42}	用地计划方案		
	环境保护 D₅	d_{51}	保护场地内既有生态环境	D_{51}	保护场地内既有生态环境
		d_{52}	供暖通风与空调	D_{52}	供暖通风与空调

续表 6.6

分项指标		编号	（原）单项指标	编号	（优化后）单项指标
一级指标	二级指标				
社会价值 E	社会影响 E_1	e_{11}	生活条件和质量	E_{11}	绿色重构后对居民生活质量的影响和生活质量的改善
		e_{12}	无障碍建设		
		e_{13}	步行主路宽度		
		e_{14}	区域经济	E_{12}	绿色重构对区域经济的影响范围和程度
	社会风险 E_2	e_{21}	自然环境风险控制方案	E_{21}	是否编制经济、自然、安全风险控制方案
		e_{22}	经济利益风险预防方案		
		e_{23}	安全风险控制方案		
	互适影响 E_3	e_{31}	绿色生活	E_{31}	引导居民绿色生活方式
		e_{32}	区域组织	E_{32}	区域组织可支持、配合程度
		e_{33}	区域现有技术和文化状况	E_{33}	区域现有技术和文化状况对项目的适用程度

6.3.3 评定指标体系因子的权重

对老旧住区的绿色重构价值评定因子进行权重评定时应充分考虑各因子对于价值评定的影响程度。因此在权重确定时，首先对分项指标进行因子分析，确定其主次因子，然后再计算权重。

权重确定的方法有很多，常见的有德尔菲法、熵权法、综合赋权法、层次权重法、结构方程模型法、因子分析法、灰色关联度分析法、模糊综合评判法等，本章选用因子分析法确定各指标因子的权重。算得一级指标权重：空间安全权重为 0.423，投资价值权重为 0.154，文化价值权重为 0.022，生态价值权重为 0.138，社会价值权重为 0.263。采用同样方法对二、三级指标进行权重确定，见表 6.7。

表 6.7 各指标权重计算表

分项指标			二级指标编号	三级指标最终权重
一级指标	一级指标权重	二级指标		
空间安全 A	0.423	建（构）筑物安全 A_1	A_{11}	0.425
			A_{12}	0.193
			A_{13}	0.193
		住区安全 A_2	A_{21}	0.139
		环境安全 A_3	A_{31}	0.05
投资价值 B	0.154	建设规模 B_1	B_{11}	0.185
		投资成本 B_2	B_{21}	0.021
			B_{22}	0.254
		投资收益 B_3	B_{31}	0.133
			B_{32}	0.407
文化价值 C	0.022	设计理念 C_1	C_{11}	0.485
			C_{12}	0.03
		文脉传承 C_2	C_{21}	0.485

分项指标			二级指标编号	三级指标最终权重
一级指标	一级指标权重	二级指标		
生态价值 D	0.138	节约能源 D_1	D_{11}	0.245
		节约用水 D_2	D_{21}	0.102
			D_{22}	0.075
		节约用材 D_3	D_{31}	0.034
		节约用地 D_4	D_{41}	0.335
		环境保护 D_5	D_{51}	0.075
			D_{52}	0.134
社会价值 E	0.263	社会影响 E_1	E_{11}	0.337
			E_{12}	0.261
		社会风险 E_2	E_{21}	0.043
		互适影响 E_3	E_{31}	0.261
			E_{32}	0.025
			E_{33}	0.043

6.4 住区绿色重构价值评定案例

6.4.1 住区项目概况

6.4.1.1 发展历程

本节以重庆市渝中区上清寺街道嘉陵桥西村为案例进行分析，嘉陵桥西村位于重庆市渝中区上清寺嘉陵江大桥南桥头，属于上清寺路社区，紧临嘉陵江大桥和渝澳大桥，区位优势显著，住区位置如图 6.4 所示。住区面积 0.23km²，总建筑面积 85.02 万平方米，住区常住人员 2308 户，居民 6799 人，辖区实际居住房屋套数（不含门面）2412 户。

1958 年，重庆第一座嘉陵江公路大桥——嘉陵江大桥开工，坡地一分为二，形成了今天的嘉陵桥西村和嘉陵桥东村以及嘉陵桥路。随着经济发展和人口增长，由原来的新住区随着时间的更迭变为现在的老旧住区，面临着大量继续改进的问题，如老旧建筑外墙瓷砖脱落，存在较大的安全隐患，如图 6.5 所示；建筑立面附着物（店招、防盗栏、空调外机、雨棚等）安装凌乱，如图 6.6 所示；架空线路构织的"蜘蛛网"纵横交错，如图 6.7 所示。

2010 年，为了响应国家政策，整治市容市貌，由重庆市渝中区市人民政府上清寺街道办事处耗资对嘉陵桥西村进行改造。

嘉陵桥西村社区在前期"去"掉小区累赘、"复原"百姓所需、"增"设硬件设施的基础上，施以全域景区式精细化城市管理举措和引入智能门禁系统的智慧社区创建，在解决民生所需上，问需于民，根据居民意见在相应点位增设了近 40 个便民座椅等。同时，社区推进垃圾分类工作，共设立 3 组共 12 个分类垃圾桶，引导居民垃圾分类。

图 6.4 住区位置

图 6.5 外墙瓷砖脱落

图 6.6 外立面附着物凌乱

图 6.7 管线错杂

6.4.1.2 再生重构

嘉陵桥西村社区位于渝中区上清寺嘉陵江大桥南桥头,这里有着保存较为完好的老街巷,高低错落、弯曲连绵,有着青石板、黄桷树、石栏杆等具有浓郁老重庆城市风韵的景致,让嘉西村既保留城市风貌的重庆风格,又彰显出厚重典雅的人文气息,住区与景区交相辉映。嘉陵桥西村在绿色重构过程中,通过拆除原有住区的一些不合理的建筑和基础设施,修复住区居民所需要的一些基础设施,增建可以提高居民生活质量的一些硬件设施,实施全域景区式精细化的城市管理举措和引入智能门禁系统,使原有住区既能满足居住的基本功能,又能提高居民的生活品质。

A 住区部分的绿色重构

一些老旧住区虽然功能老化,但大部分住区还保留着很强的空间稳定性,在生态建设的前提下,一味地拆除重建并不是对原有老旧住区的最合理利用,同时也浪费了时间、金钱和精力,且对原有住区的文化传承造成了破坏,对结构安全能够满足居民使用的住区应以修旧补旧为原则进行绿色重构,首先对原建筑的结构安全进行检测鉴定,在满足安全性要求的基础上,保留住区内外部结构并加以改造。

在嘉陵桥西村老旧住区绿色重构的时候,充分保留原有的建筑空间结构,对原有的山城特色的建筑物、构筑物进行保留,充分利用原有结构,减少资源的使用和建筑垃圾的产生，从根本上节约资源，保护环境。

在对住区进行安全重构的时候，住区安全也是应该优先考虑的方面，重构后的路面采用地砖铺垫，在保证通行无碍的同时，也使地面雨水等水源能够渗入地表以下，减少水资源的浪费；休闲广场的地面采用木制地面，使得居民能够拥有舒适的休息场所，如图 6.8 所示；对管网的重构采用管线集中处理、将管线收束至管线盒，如图 6.9 所示；实行水、污分流，如图 6.10、图 6.11 所示。住区增加功能性设施休息座椅（凳）、护柱、种植容器、垃圾容器和指示标牌等，这些都是住区中不可或缺的功能性设施。

图 6.8 木质地面

图 6.9 管线重构

图 6.10 供水管网

图 6.11 排水管网

明确垃圾分类在老旧住区绿色重构中有着举足轻重的作用，将各类不同垃圾分类处理，不仅采用了普通的垃圾箱明确垃圾分类，还采用了先进技术确定垃圾分类，如图 6.12 所示，将有毒有害垃圾分类筛选出来，进行专门处理，防止对其他垃圾造成污染，这对住区范围内的环境品质的提升起到了明显的作用，而且能通过垃圾分类之后将可回收垃圾进行回收利用，最大化利用资源。

对老旧住区的绿色重构，文化宣传是必不可少的一个方面，重构之后的住区在各方各面都体现了对建设文明社会的宣传，如图 6.13 所示，这些宣传标语的使用，有助于约束居民的不文明行为，对住区的环境保护和文化宣传都起到了不可估量的作用。

图 6.12 智能垃圾分类

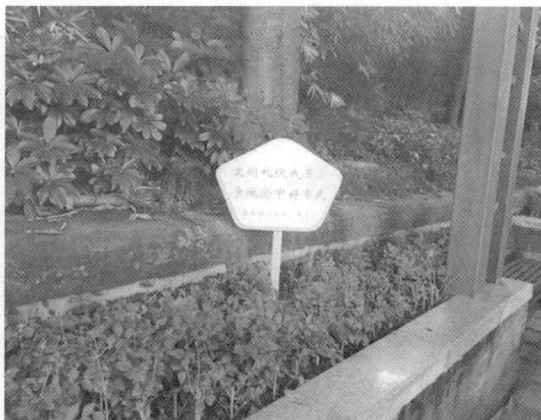

图 6.13 文明标语牌

随着居民可支配收入的增加，居民对基本物质生活更加满意，同时也希望获得各种文化娱乐活动，以满足精神文化方面的需求。一方面，面对工作和生活的多重压力和日益激烈的竞争环境，人们越来越重视工作与休闲的平衡；另一方面，住宅社区的儿童和老人有充足的时间参加文化和体育活动作为平日放松的渠道。老旧住区重构过程中也正是考虑到居民对于健身娱乐设施的需求，增设了不少健身器材供居民使用，如图 6.14 所示。

在老旧住区绿色重构过程中，绿化率是在投资价值中必须考虑的话题，一方面是为了"绿化"的功能，可以给住区居民提供一个环境优美、景色宜人的休闲场所，同时给人提供令人愉悦的视觉体验；另一方面是"使用"的功能，在住宅区的绿色区域种植了足够的花草树木，净化空气，调节气候。

绿地在规划设计中，充分结合社区自然地形、绿地分布及居住区分布情况，采取规则式布局、自然式布局或两者结合的方式布置。景观设计上，继续保留既有住区内的树木，重新改造绿地中的花草，新加入植物的配置上，采用安全、无毒、无刺、无异味的绿化植物形成高低错落、层次饱满、色彩丰富、季相变化鲜明的植物群落，如图 6.15 所示。

图 6.14 健身设施

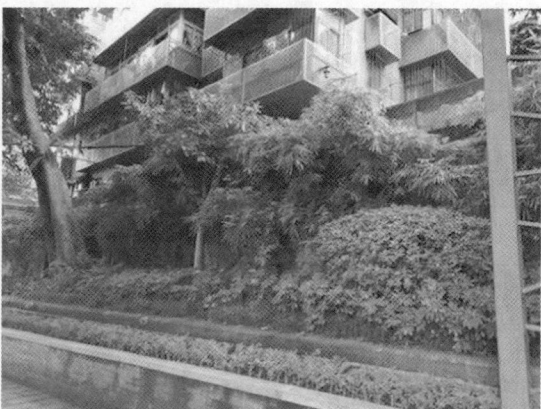

图 6.15 社区绿地

住区的消防安全设施是住区消防安全得到保障的前提，一个住区的消防安全设施是否完善会直接影响到住区火灾的救援效率。住区的消防安全设施主要是指消防给水设施和消防通信设备等。消防给水设施主要包括消防水池、室外消防栓和水泵接合器等。这些室外消防设施的位置和数量的布置是否合理会对住区的消防安全救援效率产生直接的影响。在老旧住区绿色重构过程中，消防安全是一个重要的方面，对居民的生命安全起到极大的保障作用。住区的消防安全设施主要包括住区的基础设施、住区的消防应急设施和住区的安全标识设施等。图 6.16 所示为住区的消防安全灭火器材，这种灭火箱的设置，在一定程度上加强了住区的消防安全；对于一些不是很懂消防安全知识的居民，还在一些必要的位置安装了疏散引导器材，如图 6.17 所示，引导居民正确使用器材。

| 图 6.16　消防安全灭火器材 | 图 6.17　疏散引导器材 |

　　许多老旧住宅中的公共厕所早已年久失修，或是无人管理；老年人行动不便，出门活动常会因此而带来许多麻烦，且公共厕所地面常有积水，对住区居民来说存在极大危险。住区的绿色重构中，对原有住区内休闲区域的公共厕所的改造采取更换地面面砖且采用防滑地砖的方法，或加设其他防滑装置，重新清理地漏确保排水通畅；厕所内应具有自然通风采光，并采用换气扇来加强排风效果，如图 6.18 所示，为改善住区的公共卫生环境起到了很大作用。

　　合理的照明设施可以有效提高能见度，帮助居民提前预防潜在危险，确保自身安全，也能为居民夜间行走提供方便。夜间部分的能见度低，存在着不少的潜在性威胁，如因为路况不好而摔倒，因其他不法分子而受到威胁。夜间照明的主要视觉要求是能够快速识别路况和保证自身的安全。

　　由于现在生活水平的提高，居民对身体健康的要求也越来越高，但是由于工作性质的因素，大多数的居民白天没有时间去锻炼身体，因此越来越多的居民选择夜间户外锻炼，而户外运动本身就存在一定的不安全性，尤其是对于夜间运动者，那就更要考虑其安全问题。对这些区域的照明要进行谨慎严格的设计，有时甚至需要运用专用夜间运动场地的照明系统。在住区绿色重构过程中采用一杆多用的方法，如图 6.19 所示，在一根电线杆上安装照明路灯、摄像头、无线 Wi-Fi、小区广播等，极大地节约了空间和材料。

　　重构之后的住区安全成了住区的首要问题，在重构后的住区新安装了门禁系统。这些门禁系统融合了光学、计算机技术、电子和机械等诸多不同的专业技术，增加了住区安全性，如图 6.20 所示。

图 6.18　公共厕所　　　　　图 6.19　一杆多用　　　　　图 6.20　先进门禁系统

B　文化区域绿色重构

由胡光麃的别墅重构之后的住区保留了原来的外部结构，胡光麃的别墅以怡园著称，是因抗战期间，宋子文与夫人张乐怡在此生活了一年多，张乐怡名字中的"怡"字，因此让这栋别墅有了"怡园"的称号，并传承了该住区的文化历史，如图 6.21、图 6.22 所示。怡园的整修坚持"修旧如旧"原则，布展以"重庆谈判"为主题，展出了关于"重庆谈判"的大量史实资料。

图 6.21　宋子文官邸　　　　　　　　　　图 6.22　宋子文官邸旧址

特园位于风景秀丽的嘉陵江畔，始建于 1931 年，是一处拥有十余幢楼房的花园别墅群。这里曾是众多国共要员、民主人士的活动场所，亦是中共中央南方局在重庆贯彻党的抗日民族统一战线政策的历史见证，被董必武誉为"民主之家"。

特园的主体"鲜宅"则在与康庄一街相隔的嘉陵桥西村里，鲜宅主楼达观楼毁于一场大火中，仅留存书斋小院和偏房。重构后的特园雕塑了周恩来等人雕塑，缅怀革命先烈，如今的鲜宅设立了嘉西村市民学校和社区服务站的办公室，还设立了嘉西村居民议事会所，成为了社区居民的"民主之家"，如图 6.23 所示。

重构后的民主之家加强宣扬社会主义核心价值观，引导居民弘扬爱国主义精神，创作出了不少弘扬爱国主义教育主题作品，重构后的住区保留了原有墙壁上的浮雕长廊，如图 6.24 所示，浮雕长廊记录了嘉陵桥西村的历史，成为住区一道独特的风景。

图 6.23 民主之家

图 6.24 爱国主义教育主题作品

6.4.2 住区绿色重构价值评定模型

以嘉陵桥西村绿色重构为例,确立住区绿色重构价值评定模型,本节主要分为因子层指标打分、主因子层价值评定、总体得分价值评定三部分。

6.4.2.1 因子层指标打分

通过实地走访情况、住区资料调查结果及 6.4.1 节中对嘉陵桥西村绿色重构住区概况的了解,依据 6.3.3 节中"表 6.7 各指标权重计算表",调整后得出"嘉陵桥西村绿色重构指标项打分及权重表",并邀请相关专家对各项进行打分,取得各专家打分的均值,见表 6.8。

表 6.8 嘉陵桥西村绿色重构指标项打分及权重表

分项指标		决策方案层编号	决策方案层最终权重	得 分
准则层指标	准则层指标权重			
空间安全 A	0.423	A_{11}	0.425	90
		A_{12}	0.193	85
		A_{13}	0.193	80
		A_{21}	0.139	80
		A_{31}	0.05	95
投资价值 B	0.154	B_{11}	0.185	95
		B_{21}	0.021	85
		B_{22}	0.254	85
		B_{31}	0.133	90
		B_{32}	0.407	90
文化价值 C	0.022	C_{11}	0.485	85
		C_{12}	0.03	90
		C_{21}	0.485	95

分项指标		决策方案层编号	决策方案层最终权重	得 分
准则层指标	准则层指标权重			
生态价值 D	0.138	D_{11}	0.245	90
		D_{21}	0.102	90
		D_{22}	0.075	95
		D_{31}	0.034	95
		D_{41}	0.335	90
		D_{51}	0.075	95
		D_{52}	0.134	90
社会价值 E	0.263	E_{11}	0.337	95
		E_{12}	0.261	85
		E_{21}	0.043	90
		E_{31}	0.261	95
		E_{32}	0.025	90
		E_{33}	0.043	80

6.4.2.2 主因子层价值评定

对于主因子层——空间安全得分进行计算，得到其总得分为 85.97 分，据"表 6.3A 空间安全评定等级划分表"评定等级为二级，评定结论为"空间安全"。

对于主因子层——投资价值得分进行计算，得到其总得分为 89.55 分，据"表 6.3B 投资价值评定等级划分表"评定等级为二级，评定结论为"效益一般"。

对于主因子层——文化价值得分进行计算，得到其总得分为 90.00 分，据"表 6.3C 文化价值评定等级划分表"评定等级为一级，评定结论为"文化价值重要"。

对于主因子层——生态价值得分进行计算，得到其总得分为 90.92 分，据"表 6.3D 生态价值评定等级划分表"评定等级为一级，评定结论为"生态价值良好"。

对于主因子层——社会价值得分进行计算，得到其总得分为 88.56 分，据"表 6.3E 社会价值评定等级划分表"评定等级为二级，评定结论为"社会价值良好"。

各因子层得分情况如表 6.9 所示。

表 6.9 主因子层得分情况

主因子层	得 分
空间安全	85.97
投资价值	89.55
文化价值	90.00
生态价值	90.92
社会价值	88.56

6.4.2.3 总体得分价值评定

嘉陵桥西村所在城市——重庆，属于历史文化型城市，根据 $M=A_{11}\omega_1+A_{12}\omega_2+A_{13}\omega_3+\cdots+A_{32}\omega_m$，算得嘉陵桥西村绿色重构总体得分为 89.66 分，空间安全评定分值为 85.97 分，投资价值评定分值为 89.55 分，文化价值评定分值为 90 分，生态价值评定分值为 90.92 分，社会价值评定分值为 88.56 分，根据各因子层的价值评定结果及《旧工业建筑再生利用价值评定标准》（T/CMCA 3004）及表 6.4 总体分值评定表，评定结果为方案可行。

6.4.3 住区绿色重构结论及建议

由本章 6.4.2 住区绿色重构价值评定模型及评定结果可知，嘉陵桥西村绿色重构方案满足《旧工业建筑再生利用价值评定标准》（T/CMCA 3004）的要求，由绿色重构价值总体得分可将其评定等级为一级，故可依据该重构方案进行老旧住区的改造。

从主因子层的评定结果可知，"文化价值""生态价值"得分较高，等级均评定为一级，说明该方案能够体现住区绿色重构价值。然而"空间安全"得分为 85.97，说明投资方案仍有可优化的空间，可以从"功能空间布局""消防系统及设施""管线、道路（消防车道）、管道布设合理程度"三个方面入手，进行方案优化；"投资价值"得分为 89.55，在二级得分区间内处于较高得分，可以从"自有资金比例""成本估算""投资收益模式""进行项目经济评价指标的分析"四个方面入手，进行方案优化；"社会价值"得分 88.56 分，说明投资方案仍有可优化的空间，"绿色重构对区域经济的影响范围和程度""是否编制经济、自然、安全风险控制方案""区域组织可支持、配合程度""区域现有技术和文化状况对项目的适用程度"方面方案欠妥，仍需优化。

7 老旧街区绿色重构价值评定

街区是城市中以某种特征划分的地区，在城市规划中扮演着重要的角色，集中体现了城市的发展历史和文化底蕴。老旧街区是指对目前的城市来讲，不能满足快速发展需要的之前的街区。老旧街区往往是处于老城区的中心，对于整个城市的发展和城市面貌的展现有着举足轻重的地位。为响应党和国家"建设资源节约型、环境友好型社会"的号召，并充分利用老旧街区的既有资源，有必要对老旧街区进行绿色重构，以促进老旧街区可持续发展。而对老旧街区进行绿色重构的首要工作就是进行价值评定。

7.1 街区绿色重构价值分析

街区绿色重构价值分析是在项目开发设计阶段即进行价值与成本的革新活动，是对项目价值、功能与成本进一步的思考与探索，是进行价值评定的首要工作。对老旧街区进行绿色重构，首先应充分了解分析街区的具体情况，对街区现状进行调查；其次应明确街区价值构成的框架，在价值构成框架的基础上分析其整体价值。

7.1.1 街区绿色重构价值调查

进行街区价值调查时，首先应实地走访，观览整个街区，因地制宜地研究，结合所要调研的街区采取不同的调查方法。

7.1.1.1 调查内容

老旧街区绿色重构的调查内容主要包括绿色重构要素和绿色重构策略两部分。绿色重构要素是指老旧街区具体改造方面，如建筑结构、街区环境、街区历史文化等，绿色重构策略则是为达到绿色改造目的的具体改造方法。

（1）绿色重构要素。老旧街区中存在许多需要进行绿色重构的要素。街区行车路、步行街道、小路建设不合理，街区内路灯等基础设施不完善、不美观，生活功能设施配套不全等问题都亟需解决。步行街道的重构，如图7.1所示。

为节约资源、保护环境，构建绿色和谐社会，在对街区原有空间结构进行重构时可将原有主体风貌保留，如图7.2所示，对于破旧程度不严重的街区设施可采取"修旧如旧"的方法进行重构。这种充分利用原街区结构的做法不仅极大减少了人力、物力、财力的浪费以及建筑垃圾的产生，还使历史遗留文化街区得到了最大程度的保护与传承，是街区绿色重构的重要体现。

（2）街区观赏设施重构。老旧街区绿化种植面积小，植被种类不够丰富，房屋建筑外

图 7.1 步行街施工图

图 7.2 改造效果图

形不够美观，为打造街区景观环境，在原有种植绿色植被的区域丰富绿化品类，加大绿化面积，对建筑的内在和外在装饰均进行适当翻新和创新，营造舒适良好的街区环境。将老旧设施进行加工创新，设计成街区雕塑和创意摆件等，如图 7.3、图 7.4 所示，这种在原有环境设施基础上进行创新是老旧街区绿色重构的重要体现。

图 7.3 街区雕塑

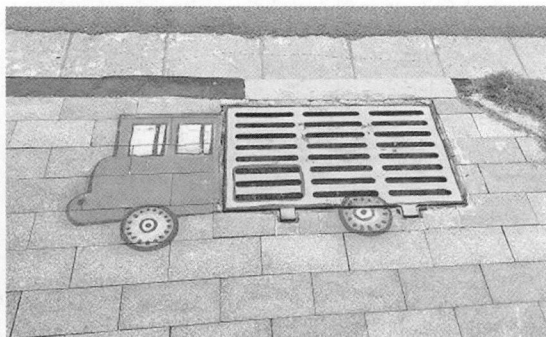

图 7.4 创意井盖

（3）街区基础设施重构。老旧街区基础设施是指为了满足街区居民的生活需求，为街区居民提供基本生活服务和社会服务，重构采取的措施如新建健身器材、绿色健身小广场等，使街区内部场地实现功能多样化，如图 7.5、图 7.6 所示。

图 7.5 小广场

图 7.6 健身器材

7.1.1.2 调查方法

在对街区进行价值分析前，需对街区绿色重构的现状进行调查，只有熟悉现状且获取到所需要的信息后，才能深入探讨绿色重构的价值，进而确定绿色重构价值评定的指标。

对于街区重构后的使用体验、街区及周边居民的影响等主观评价的调查往往需要大量的调查数据，可以采用问卷调查法；对于具有较长发展历史及文化背景的老旧街区，在进行街区发展历史、街区文化调查时，可以查找翻阅历史文献进行借鉴参考；对于周边环境存在时代变革的老旧街区可以进行实地走访取证等。由上可见，对于老旧街区重构现状进行调查时采用单一方法具有一定的局限性，往往是多种方法结合进行考量。

（1）查阅文献法。查阅文献法主要是通过搜集国内外相关文献和网站资料，对街区重构的相关理论进行梳理与归纳，广泛搜集国内外一些学科关于街区重构资料，系统总结并应用到街区重构中。

（2）案例分析法。通过案例分析的方法，从项目的开发、运营和管理各方面总结国内外街区重构的资料，汲取成功的经验，结合国内实际情况探索适合的重构方案。

（3）实地调研法。实地调研法是在街区调研中采取与居民沟通、发放问卷进而搜集资料的方法。了解居民对街区的认同感和归属感，通过现场拍照、走访物业、询问居民、入户调研等方法获取街区的相关资料。

（4）问卷调查法。所谓问卷，是社会调查中用来收集资料的一种工具。问卷调查法适用于人群众多且分布广泛的街区，具有容易量化、节省时间、便于统计等特点。

7.1.2 街区绿色重构价值构成

老旧街区绿色重构价值是指对于建筑年代久远、破旧的街区，进行既有建筑、设施再利用，在原有基础上采用绿色节能环保的手法重构或重建后的价值。街区绿色重构价值主要由空间安全、投资价值、文化价值、生态价值和社会价值5个分项构成。

（1）空间安全。居民居住在街区内需要的基本条件是安全性和私密性。街区内部可划分为封闭空间和开放空间两部分。封闭空间主要通过围墙等硬件设施实现其防卫职能，而开放空间的街区空间更多地依赖于邻里间的监督和安装监控发挥作用。街区中建筑、公服设施、道路、景观绿化的开放，促进了街区空间与城市的融合，便利了居民的生活。

街区空间安全主要包括建（构）筑物结构安全、街区安全以及环境安全三个方面。在对空间安全进行绿色重构价值评定的过程中，应现场核实以保证街区内部以及周边环境的安全可靠性。

（2）投资价值。老旧街区所处的地理位置一般较好，随着城市的发展逐渐变为城市中心或者副中心，地价不断上升，开发商一般通过拆低层建高层或者改变土地性质来提高容积率的方式带来经济效益。但是这种方式一方面会导致居住舒适度下降，另一方面不利于城市的多样化发展。本书中提到的绿色重构是建立在市场经济规律的前提下，根据以人为本的思想创造出全新的迎合现代人需求的街区，在保证居民的居住和原有街区经济发展的前提下吸引新的商机，实现一定的经济目标。

投资价值方面主要考虑建筑绿色重构规模对投资的影响、绿色重构投资成本、投资收益的相关预算三个方面。在进行投资价值分析时，应根据投资项目的具体情况把握整体投资情况，使投资收益最大化。

（3）文化价值。街区历史文化就像一张名片，而建筑作为街区历史文化传承的载体，是街区发展中有形的文化资产，是一种凝固的历史记忆。对于街区居民而言，生活是最基本的需求，而街道建筑是承载居住文化的载体，是经过几代人的长期积淀形成的生活方式和物质形态，这种生活方式会因社会变迁而消失，一旦消失就难以恢复，因此在街区的重构中应该努力保护这种长期形成的居住文化并传承下去。

老旧街区绿色重构文化价值评定主要包括绿色重构设计理念、文脉传承两个方面。在对文化价值分析的过程中应考虑街区原有的建筑特色、历史遗迹、人本文化等，并在绿色重构过程中对这些文化特色进行传承与保护。

（4）生态价值。城市是自然环境的一部分，城市的布局要与自然要素和谐共处，而街区又是城市的重要组成部分，因此街区的环境要对应自然环境，形成恰当的呼应和联系，即处理好街区和自然环境的关系。

街区设计要尊重自然特质，一方面，采用围合、渗透的建筑布局方式实现街区和自然的融合，另一方面提取自然要素的肌理或特征，创造和谐的人工景观和建筑景观，最终实现建筑和自然的共生合一。老旧街区绿色重构生态价值评定应主要考虑节能、节水、节材、节地、环境保护五个方面的要求，应充分利用既有资源，合理规划设计，进行"生态友好型"老旧街区绿色重构。

（5）社会价值。舒适的街区环境意味着能够为生活提供多种选择以及工作机会。能保留至今的老旧街区，充分说明其地理位置的优越性。城市中老旧街区的地理位置决定了周边已经发展起来的多样功能，为老旧街区更新中的功能重构提供了优越的条件。

老旧街区绿色重构社会价值主要包括社会影响、社会风险和互适影响三个方面。社会影响方面评定要充分考虑对街区及周边居民的影响及真切感受，因此，在评定过程中要实地走访重构的老旧街区，必要时应有针对性地进行问卷调查；对于社会风险评定应综合考虑经济、自然环境、安全等各方面因素；对于互适影响的评定应根据政府政策支持程度、产业发展类型、文化科技水平进行综合评价。

7.1.3 街区绿色重构整体价值

街区所在的城市按照城市类型可以分为经济主导型、历史文化型、协调发展型三种。老旧街区绿色重构的整体价值可由城区三种类型的最终的评定结果体现，每种类型城市的老旧街区绿色重构价值评定结果均有"可行""优化后可行""不可行"三种结果。

7.1.3.1 经济主导型城市内的街区

处于经济主导型城市的老旧街区，根据街区价值评定最终得分可得到评定结果。若老旧街区绿色重构价值被评定为可行，则说明老旧街区采用该绿色重构方案进行重构后能够适应经济主导型城市对老旧街区重构的要求，对所在区域的经济发展有一定的促进作用，可以依照此方案进行老旧街区的绿色重构。

若老旧街区绿色重构价值被评为优化后可行，则说明该绿色重构方案对所在区域的经济发展有一定的推进作用，但作用略小。对于此类情况，应在原街区绿色重构方案的基础上，加大对街区经济发展有利的投入，使得街区在绿色重构后带动经济更好的发展。

若老旧街区绿色重构价值被评为不可行，则说明街区重构后对经济发展并无贡献或贡献甚微，所以在经济主导型城市该街区的方案不可行。对于该街区应该重新制定绿色重构方案。

7.1.3.2 历史文化古城内的街区

处于历史文化古城的老旧街区，根据街区重构方案的最终得分可以得到评定结果，若街区绿色重构方案被评定为可行，则说明老旧街区采用该绿色重构方案能使历史建筑文化得到充分保护，满足历史文化古城对老旧街区绿色重构的要求，可依照此方案对老旧街区进行绿色重构。

若街区绿色重构价值被评定为优化后可行，则说明该重构方案对历史文化的保护有一定的影响，但不够充分。对于该类情况应对街区重构方案进行适当地调整，仔细找寻需要增加在历史文化方面的保护与传承措施，使得方案在优化调整后更能体现该城市对历史文化的保护。

若评定为不可行，则说明该绿色重构方案没有充分考虑对于街区发展的人文历史、文化进行科学合理的保护及再生利用，对于城市的历史文化发展没有较大贡献。对该街区应制定新的重构方案，应充分考虑对街区历史、人文发展、街区文化的保护，满足历史文化古城对于老旧街区重构的要求。

7.1.3.3 协调发展城市内的街区

处于协调发展型城市的老旧街区，根据街区重构方案的最终得分可以得到评定结果，若街区绿色重构方案被评定为可行，则说明老旧街区采用该绿色重构方案能够充分满足街区与城市发展之间的协调关系，体现街区重构后的社会价值，可以继续实行此方案。

若老旧街区绿色重构方案被评定为优化后可行，则说明在该街区重构方案中有考虑到与城市发展的协调性，但体现得不够全面，因此应在街区重构方案中加强有关城市协调发展方面的措施，增加对街区社会价值重要性的体现，使得方案在优化调整后更能满足协调发展型城市的要求。

若评定为不可行，则说明该绿色重构方案没有充分考虑街区发展与所在城市之间的协调性，应重新制定街区重构方案，提高街区发展与城市发展之间的协调性。

7.2 街区绿色重构价值评定方法

7.2.1 街区价值评定方法概述

本节采用主成分分析法对老旧街区绿色重构价值加以评定，主成分分析又称主分量分析，是由皮尔逊在 1901 年首次引入，之后由霍特林在 1933 年进行了发展。主成分分析法是一种通过降维技术把多个变量化为少数几个主成分（即综合变量）的多元统计方法，这些主成分能够反映原始变量的大部分信息。主成分分析在很多领域都有广泛的应用，一般来说，当研究的问题涉及多个变量，并且变量间相关性明显，即包含的信息有所重叠时，可以考虑用主成分分析的方法，这样更容易抓住事物的主要矛盾，使问题简化，进而建立老旧街区绿色重构价值评定模型。权重确定的具体步骤，如图7.7所示。

图 7.7 权重确定流程

主成分分析法经过不断的发展改善，存在以下优势:（1）可消除指标之间的相关影响。主成分分析法在对原始数据指标变量进行变换后形成了彼此相互独立的主成分，而且实践证明指标间相关程度越高，主成分分析效果越好。（2）可有效减少指标选择的工作量。其他方法由于难以消除指标间的相关影响，所以选择指标时要耗费不少精力，而主成分分析法可以消除这种相关影响，故进行指标选择时相对简单些。（3）主成分分析中各主成分是按方差大小顺序依次排列的，在分析问题时，可以舍弃一部分主成分，只取前面方差较大的几个主成分来代表原变量，从而减少了计算工作量。用主成分分析法时，由于选择的原则是累计贡献率≥85%，不存在因为节省工作量却把关键指标漏掉而影响结果的问题。其缺点在于:（1）在主成分分析中，首先应保证所提取的前几个主成分的累计贡献率达到一个较高的水平（即变量降维后的信息量须保持在一个较高水平上），其次对这些被提取的主成分都必须能够给出符合实际背景和意义的解释（否则主成分将空有信息量而无实际含义）。（2）主成分的解释具有模糊性，不像原始变量的含义那么清楚、确切，这是变量降维过程中不得不付出的代价。因此，提取的主成分个数 m 通常应明显小于原始变量个数 p（除非 p 本身较小），否则维数降低的"利"可能抵不过主成分含义不如原始变量清楚的"弊"。

7.2.2 街区价值评定方法原理

（1）确立指标体系。利用主成分分析法构建出基本的指标体系并对其进行指标优化，最终确立指标体系。

（2）主成分的确定。假设需确定权重的指标个数为 n 个，分别咨询 p 位专家得出 p 组权重评分值，其中每组评分值中均有 n 个元素。

1）构造样本阵

$$X = \begin{bmatrix} x_{11} & x_{12} & \cdots & x_{1p} \\ x_{21} & x_{22} & \cdots & x_{2p} \\ \vdots & \vdots & & \vdots \\ x_{n1} & x_{n2} & \cdots & x_{np} \end{bmatrix} \tag{7.1}$$

2）将 X 的每一行（代表一个属性字段）进行零均值化，即减去他们的均值，并求出协方差矩阵

$$C = \frac{1}{n} XX^{\mathrm{T}} \tag{7.2}$$

3）求协方差矩阵的特征值 λ_i 及对应的正交化单位特征向量 $\boldsymbol{a}_i$，前 m 个较大的特征值 $\lambda_1 \geqslant \lambda_2 \geqslant \cdots \lambda_m > 0$，就是前 m 个主成分，确定方法为

$$\frac{\sum\limits_{j=1}^{m} \lambda_j}{\sum\limits_{j=1}^{n} \lambda_j} \geqslant 0.85 \tag{7.3}$$

（3）权重确定。λ_i 对应的单位特征向量 $\boldsymbol{a}_i$ 就是主成分关于原变量的系数，特征值 λ_i 表示各主成分方差贡献率，方差贡献率越大则该主成分的重要性越强。因此，方差贡献率可以看成是不同主成分的权重。由于原有指标基本可以用 m 个主成分代替，因此，指标系数 V_i 可以看成是以 m 个主成分方差贡献率为权重，对指标在 m 个主成分线性组合中的系数做加权平均，构建综合评价函数 $V_i = \dfrac{\sum\limits_{i=1}^{m} a_i \lambda_i}{\sum\limits_{i=1}^{m} \lambda_i}$。归一化可得各指标权重为 $\omega_i = V_i \Big/ \sum\limits_{i=1}^{n} V_i$。

（4）根据街区重构相关资料及专家打分、问卷调查等方式得出每个指标层（打分项）各指标得分 A_{11}、A_{12}、$A_{13} \cdots E_{32}$，并分别计算出 A 空间安全、B 投资价值、C 文化价值、D 生态价值、E 社会价值各指标得分。

（5）根据街区重构相关资料及专家打分、问卷调查打分等方式得出每个指标层（打分项）各指标得分 A_{11}、A_{12}、$A_{13} \cdots E_{32}$，并分别计算出 A 空间安全、B 投资价值、C 文化价值、D 生态价值、E 社会价值各指标层得分，并根据表 7.1 对各项指标层进行价值评定。

表 7.1　*A/B/C/D/E* 评定等级划分表

等　级	状况描述	分　值
一级	满足要求	[90, 100]
二级	比较满足要求	[80, 90)
三级	基本满足要求	[60, 80)
四级	不满足要求	[0, 60)

7.3　街区绿色重构价值评定的指标体系

度量或评定老旧街区绿色重构的价值是一个连续且复杂的过程，这个过程涉及价值评定的各个方面。本章通过建立全面可行的评定指标体系进行老旧街区绿色重构价值的分析和评价。

7.3.1　价值评定指标体系的建立

指标体系的建立是进行研究的前提和基础，它是将抽象的价值按其属性或特征分解成具体可操作的结构。本节在老旧街区绿色重构价值评定过程中主要考虑空间安全、投资价

值、文化价值、生态价值、社会价值这五个方面。

（1）空间安全指标。老旧街区空间安全指标应从建（构）筑物安全、街区消防和管线道路安全以及街区环境安全三方面考虑。

建（构）筑物安全方面应考虑建（构）筑物结构安全和结构性能，同时还应把建（构）筑物的空间布局纳入考虑范围之内，从结构的稳定性、防震抗震性、荷载承受能力以及建（构）筑物材料的防水性和防火性等多方面进行综合评定。

街区消防和管线道路安全方面，应严格按照规定检验老旧街区的建筑消防设施，街区的水、电、暖、通信管线敷设以及出入口和道路布置是否合理也会直接关系到街区绿色重构的效果。

街区环境安全方面，街区的空气质量、水、噪声等会影响街区的环境安全，大气污染物的排放、固体废弃物处理以及声、光污染等会影响街区的环境质量，为了使街区环境安全性整体提高，应对以上各方面进行监测评定。

（2）投资价值指标。投资价值指标主要从建设规模、投资成本和投资收益三方面进行考虑。

建设规模从建筑规模和投资规模两方面综合评定。对老旧建筑绿色重构时，应修旧如旧，尽量保护原建筑的外貌特征和历史价值。投资规模应从整体把握，充分考虑节约成本的因素，编写投资估算文件。

投资成本主要是对再生项目预估的综合评定。进行投资估算时要充分考虑国家和地方扶持政策，同时合理控制自有资金占有比例。预估投资成本时应充分利用街区已有资源，确定绿色重构方案是否经济合理。

投资收益评定是对老旧街区绿色重构进行直接收入与潜在收入两方面的综合评定。综合评定时应根据绿色再生模式对投资收益进行预测。

（3）文化价值指标。文化价值指标评定应以"保护遗产，传承历史"为宗旨，统筹当地建筑风貌、历史遗存等因素，从整体文化层面和个性特征层面来保护和传承。老旧街区绿色重构文化价值评定主要包括设计理念和文脉传承两个评定方面。

设计理念的评定主要考察在街区重构过程中，是否将新旧街区文化的融合，历史文化的保护与传承，历史建筑的修缮，原建筑的外貌、结构、式样等的保留，区域特色的展现，居民生活水平的提高，居民生活品质的改善考虑在内。

文脉传承评定是对老旧街区建筑文脉特色的融入方式进行综合评定。文脉传承的有效做法之一就是记录街区的发展足迹并表达和展现出来。

（4）生态价值指标。老旧街区生态价值指标绿色重构评定应统筹协调各方面因素，主要考虑节能、节水、节材、节地和环境保护五个方面。

节约能源是对街区建筑及结构设计理念的综合评定。在街区重构过程中，应充分考虑街区的自然环境，对建筑结构、密度及街区容积率进行优化，使建筑更适宜人们居住使用。

节约用水评定是对街区管道及其设施的综合评定。中水可用于街区的绿化浇灌、车辆冲洗、道路冲洗、厕所冲洗等，如图7.8所示。在日常生活中要宣传节约用水的重要性，如图7.9所示。

节约用材是对材料的综合评定。在土建设计时提前考虑装修设计的需要，事先铺设管道、预留孔洞、埋设固定件，避免装修时再进行打凿、穿孔。重构过程中应采用可再循环、

图 7.8　绿化喷洒车

图 7.9　节水创意灯

耐久性好、易维护、本地生产的建筑材料。

　　节约用地评定是对老旧街区土地再生利用的合理性和设计理念的综合评定，分为地上和地下两部分，将街区地下空间开发用作停车场或大型地下商场能有效节约用地。

　　环境保护评定是对街区环境保护方案和设计理念的评定。对周围公共卫生环境造成的影响制定缓解措施，制定生活用水和雨水处理措施。街区应实施垃圾分类，使垃圾回收利用，减少资源浪费，如图 7.10 所示。

(a)

(b)

图 7.10　垃圾分类

(a) 分类垃圾桶；(b) 烟头垃圾桶

　　（5）社会价值指标。社会价值指标主要包括社会影响、社会风险和互适影响三个评定项目。

　　社会影响评定主要是预估街区绿色再生方案对区域经济的影响，以街区绿色再生方案为周边区域供给的社会商品和服务效益的影响力为估算指标进行价值评定，根据其经济影响的程度进行评分。

　　社会风险包括评估再生方案的政策性风险、经济利益风险、自然环境风险和安全风险，只有在合理合法的情况下，绿色重构价值才会有意义，所以重构方案应有满足需求的社会风险控制方案。

　　互适影响方面，不同利益群体对项目建设和运营的支持程度都不尽相同，应对其可能的行动采取防范措施；明确项目和政策导向的一致性，确定调研项目区域现有技术和文化状况对项目的适用程度，引导居民采用绿色生活方式。

老旧街区绿色重构价值评定优化前指标众多，见表 7.2。

表 7.2 老旧街区绿色重构价值评定优化前指标表

分项指标		单项指标	指标解释
空间安全 A	建（构）筑物安全 A_1	结构安全	是否进行结构安全检测
		结构性能	是否进行结构性能评定
		空间布局	功能空间布局是否合理
	街区消防和管线道路安全 A_2	消防系统及设施	消防系统及设施是否符合规定
		消防车道设置	消防车道设置是否满足要求
		安全通道布置	街区安全通道布置是否合理
		给排水系统	给排水系统是否合理，管道铺设是否安全
		道路设计	道路设计是否满足总体规划和平面布置要求
	环境安全 A_3	建设环境	建设环境是否满足要求
		大气污染物	大气污染物排放是否符合规定
		环境噪声	环境噪声是否符合规定
		街区内污染监测	是否制定街区内污染监测方案
		光污染	光污染是否符合规定
投资价值 B	建设规模 B_1	建设高度	街区建筑高度是否符合净空保护的规定
		投资估算文件	是否编制投资估算文件
	投资成本 B_2	方案经济比选	是否对绿色重构的各个方案进行经济比选
		资金政策扶持	是否满足相关资金政策扶持条件
		自有资金	自有资金是否不低于投资总额的 30%
		成本估算	成本估算是否合理
	投资收益 B_3	盈亏平衡分析和敏感性分析	是否进行盈亏平衡和敏感性分析
		投资回收期	重构投资回收期是否小于基准投资回收期
		投资收益模式	投资收益模式是否明确
		投资收益率	计算投资收益率并分析
文化价值 C	设计理念 C_1	空间建筑元素	是否合理充分展现空间建筑元素
		人本文化	承载人本文化程度
		街区特征美和风俗习惯	是否充分展现街区特征美以及风俗习惯
		形式多样性	街区设计元素多元化，形式多样性程度
	文脉传承 C_2	文化区域特色	展现街区文化区域特色程度
		历史发展足迹	保存街区历史发展足迹程度
		非物质文化遗产	非物质文化遗产保护与继承程度
		精神文化	是否顺应人民群众对精神文化的需求
		认同感和归属感	居民的认同感和归属感提高程度

分项指标		单项指标	指标解释
生态价值 D	环境保护 D_1	污染检测	是否制定污染检测方案
		垃圾分类	垃圾是否分类回收处理
		绿植保护措施	对场地内既有植被，苗木是否制定保护措施方案
		生态水处理技术	是否制定生态水处理技术措施
		周围环境的缓解措施	对周围公共卫生环境是否制定缓解措施
	节约用地 D_2	用地计划	是否编制用地计划方案
		地下空间	地下空间开发利用程度
	节约用水 D_3	新旧给排水管	新旧给排水管道是否进行综合设计
		中水回收	是否采用中水回收设施
	节约用材 D_4	建筑材料及制品	是否采用禁止和限制使用的建筑材料及制品
		装饰装修建筑材料	装饰装修建筑材料是否易于维护
	节约能源 D_5	建筑内部采光	建筑内部采光是否合理设计开窗面积
		节能技术	绿色重构是否采用建筑节能与结构一体化技术
社会价值 E	社会风险 E_1	政策性风险	政策性风险是否满足合法性和合理性
		自然环境风险控制	是否编制自然环境风险控制方案
		经济利益风险	是否编制经济利益风险预防方案
		安全风险	是否编制安全风险控制方案
	社会影响 E_2	经济影响	对区域经济影响范围和程度
		对周围居民的影响	对周边居民生活条件和质量的影响程度
		区域产业结构	对区域产业结构的影响程度
		社会美誉度	街区挂牌和街区荣誉获得情况
	互适影响 E_3	街区内各组织	街区内各组织可支持和配合程度
		参与程度与方式	不同利益群体的参与程度与方式
		现有技术和文化	现有技术和文化状况对项目的适用程度

7.3.2 价值评定指标体系的优化

（1）空间安全指标优化。对"建(构)筑物安全 A_1"分项进行单项指标优化时应以建(构)筑物为单项指标主体，对于其安全进行综合考虑，故对原单项指标中的 a_{11}~a_{12} 进行综合，优化为 A_{11} "建筑物结构安全及性能"，原单项指标 a_{13} 仍作保留，优化后编号为 A_{12}。

对街区安全 A_2 分项指标进行优化时，原单项指标中 a_{21}、a_{22}、a_{23} 是对街区消防方面的重构价值评定，可概括为优化后打分项 A_{21} "消防布置的合理性"，另对原单项指标 a_{24}、a_{25} 进行优化，可概括为打分项 "管道布置合理程度"，优化后编号为 A_{22}。

对"环境安全 A_3"分项的下设单项进行优化，其中 a_{31}~a_{35} 分别描述老旧街区绿色重构的建设环境、声污染、光污染、固态气态废弃物排放等对街区的影响以及街区内污染监测，为了使打分项言简意赅，将其概括为"A_{31} 绿色重构后街区声、光和噪声污染及废弃物排放符合要求程度"。

（2）投资价值指标优化。对"建设规模 B_1"分项下的指标进行优化，原单项指标 b_{11} 建筑高度仍作保留，优化为"老旧街区绿色重构是否考虑建筑高度"，优化后编号为 B_{11}，原单项指标 b_{12} 优化为"编制绿色重构投资估算文件"，优化后编号为 B_{12}。

对"投资成本 B_2"分项下的指标进行优化，原指标 b_{21}、b_{22} 是分别基于绿色重构方案经济比选和成本估算进行考量的，两项指标可优化为"B_{21} 对绿色重构和重建方案进行成本估算及经济比选"，原单项指标 b_{23}、b_{24} 分别对"资金政策扶持和自有资金"指标进行优化，优化后指标为"B_{22} 满足相关资金政策扶持条件及自有资金占用比例"。

对"投资收益 B_3"分项下的指标进行优化，原指标 b_{31} 是对绿色重构投资收益模式进行投资预测，指标仍作保留，优化为"投资收益模式"，优化后编号为 B_{31}，原单项指标 b_{32}~b_{34} 分别对"投资回收期、盈亏平衡分析和敏感性分析以及投资收益率"等指标进行打分评定，这些评价指标均可归类为项目经济评价指标，故将其优化为"进行项目经济评价指标的分析"，优化后编号为 B_{32}。

（3）文化价值指标优化。对"设计理念 C_1"分项下的指标进行优化，原指标 c_{11}~c_{13} 是对空间建筑元素、人本文化以及街区特征美和风俗习惯的评定指标，将其3个指标整合后优化为"C_{11} 重构过程中对建筑特色保护及文化表达程度"，原单项指标 c_{14} 内容不变，优化后编号为"C_{12}"。

对"文脉传承 C_2"分项下的指标进行优化，原指标 c_{21}~c_{23} 是对文化区域特色、历史发展足迹和非物质文化遗产进行的价值评定，可将其整合为一个指标，优化后为"C_{21} 对老旧街区文化的保护与传承程度"，原指标 c_{24}、c_{25} 是从精神文化及认同感和归属感等方面对老旧街区绿色重构价值进行评定的，将其优化后为"C_{22} 居民的精神文化表达和对改造后街区的认同与归属感"。

（4）生态价值指标优化。对"环境保护 D_1"分项下的指标进行优化，原单项指标分别从污染检测、垃圾分类、绿植保护措施、生态水处理及周围环境的缓解措施等方面对老旧街区绿色重构的环境保护方面进行价值评定，对几个指标进行综合优化后为"绿色重构是否对老旧街区水域、湿地、植被、公共卫生等进行污染检测并制定保护措施及处理方案"，优化后编号为 D_{11}。

对"节约用地 D_2"分项下的指标进行优化，原指标 d_{21}、d_{22} 两指标均是对绿色重构土地利用价值评定，整合后为"绿色重构过程是否编制用地方案以及对空间开发利用程度"，优化后编号为 D_{21}。

对"节约用水 D_3"分项下的指标进行优化，原有指标 d_{31} 是对绿色改造过程中对原有街区管道的利用、改造情况进行评定，优化后为"绿色重构是否结合原有街区的给排水管网进行综合设计"，优化后编号为 D_{31}，原指标 d_{22} 从中水方面对街区水回收系统重构进行价值评定，为使语言简洁优化后为"是否采用中水等水资源收集回用系统"，优化后编号为 D_{32}。

对"节约用材 D_4"分项下的指标进行优化，原指标 d_{41}~d_{42} 分别从建筑材料及制品和装饰装修材料进行价值评定，综合为"各个环节的节约用材程度"，优化后编号为 D_{41}。

对"节约能源 D_5"分项下的指标进行优化，原指标 d_{51}~d_{52} 内容分别从建筑内部采光和新型节能技术两方面进行价值评定，将其合并为"绿色重构采用设备设施节能达标程度"，

优化后编号为 D_{51}。

（5）社会价值指标优化。对"社会风险 E_1"分项下的指标进行优化，将原指标 $e_{11}\sim e_{14}$ 整合优化后为" E_{11} 绿色重构是否满足政策要求，是否编制经济、自然、安全风险控制方案"。

对"社会影响 E_2"分项下的指标进行优化，原单项指标 e_{21}、e_{22} 对老旧街区改造后的区域经济及产业结构两方面进行价值评定，将两指标优化后为" E_{21} 老旧街区绿色重构对区域经济及产业结构的影响"，原单项指标 e_{23} 是从老旧街区对居民生活影响方面进行价值评定，优化后仍作保留，为" E_{22} 对周围居民的影响"，原单项指标 e_{24} 社会美誉度仍作保留，优化后编号为 E_{23}。

对"互适影响 E_3"分项下的指标进行优化，主要从不同群体间互适影响及区域内技术、文化利用等方面进行价值评定，优化后为" E_{31} 不同利益群体的参与程度及组织可支持、配合程度"及" E_{32} 区域现有技术和文化状况对项目的适用程度"。

老旧街区绿色重构价值评定指标优化前后对比见表 7.3。

表 7.3 老旧厂区绿色重构价值评定指标优化前后对照表

分项指标		编号（前）	单项指标（优化前）	编号（后）	单项指标（优化后）
一级指标	二级指标				
空间安全 A	建（构）筑物安全 A_1	a_{11}	结构安全	A_{11}	建筑物结构安全及性能
		a_{12}	结构性能		
		a_{13}	空间布局	A_{12}	绿色重构的空间布局安全合理
	街区消防和管线道路安全 A_2	a_{21}	消防系统及设施	A_{21}	消防布置的合理性
		a_{22}	消防车道设置		
		a_{23}	安全通道布置		
		a_{24}	给排水系统	A_{22}	管线道路布置合理程度
		a_{25}	道路设计		
	环境安全 A_3	a_{31}	建设环境	A_{31}	绿色重构后街区声、光和噪声污染及废弃物排放符合要求程度
		a_{32}	大气污染物		
		a_{33}	环境噪声		
		a_{34}	街区内污染监测		
		a_{35}	光污染		
投资价值 B	建设规模 B_1	b_{11}	建设高度	B_{11}	老旧街区绿色重构是否考虑建筑高度
		b_{12}	投资估算文件	B_{12}	编制绿色重构投资估算文件
	投资成本 B_2	b_{21}	方案经济比选	B_{21}	对绿色重构和重建方案进行成本估算及经济比选
		b_{22}	成本估算		
		b_{23}	资金政策扶持	B_{22}	满足相关资金政策扶持条件及自有资金占用比例
		b_{24}	自有资金		
	投资收益 B_3	b_{31}	投资收益模式	B_{31}	投资收益模式
		b_{32}	投资回收期	B_{32}	进行项目经济评价指标的分析
		b_{33}	盈亏平衡分析和敏感性分析		
		b_{34}	投资收益率		

分项指标		编号（前）	单项指标（优化前）	编号（后）	单项指标（优化后）
一级指标	二级指标				
文化价值 C	设计理念 C_1	c_{11}	空间建筑元素	C_{11}	重构过程中对建筑特色的保护及文化表达程度
		c_{12}	人本文化		
		c_{13}	街区特征美和风俗习惯		
		c_{14}	形式多样性	C_{12}	建筑形式的多样性
	文脉传承 C_2	c_{21}	文化区域特色	C_{21}	对老旧街区文化的保护与传承程度
		c_{22}	历史发展足迹		
		c_{23}	非物质文化遗产		
		c_{24}	精神文化	C_{22}	居民的精神文化表达和对改造后街区的认同与归属感
		c_{25}	认同感和归属感		
生态价值 D	环境保护 D_1	d_{11}	污染检测	D_{11}	绿色重构是否对老旧街区水域、湿地、植被、公共卫生等进行污染检测并制定保护措施及处理方案
		d_{12}	垃圾分类		
		d_{13}	绿植保护措施		
		d_{14}	生态水处理技术		
		d_{15}	周围环境的缓解措施		
	节约用地 D_2	d_{21}	用地计划	D_{21}	绿色重构过程编制用地方案以及对空间开发利用程度
		d_{22}	地下空间		
	节约用水 D_3	d_{31}	新旧给排水管	D_{31}	绿色重构是否结合原有街区的给排水管网进行综合设计
		d_{32}	中水回收	D_{32}	采用中水等水资源收集回用
	节约用材 D_4	d_{41}	建筑材料及制品	D_{41}	各个环节的节约用材程度
		d_{42}	装饰装修材料		
	节约能源 D_5	d_{51}	建筑内部采光	D_{51}	绿色重构采用设备节能达标程度
		d_{52}	节能技术		
社会价值 E	社会风险 E_1	e_{11}	政策性风险	E_{11}	绿色重构是否满足政策要求，是否编制经济、自然和安全风险控制方案
		e_{12}	自然环境风险控制		
		e_{13}	经济利益风险		
		e_{14}	安全风险		
	社会影响 E_2	e_{21}	经济影响	E_{21}	老旧街区绿色重构对区域经济及产业结构的影响
		e_{22}	区域产业结构		
		e_{23}	对周围居民的影响	E_{22}	对周围居民的影响
		e_{24}	社会美誉度	E_{23}	对社会美誉度的影响
	互适影响 E_3	e_{31}	街区内各组织	E_{31}	不同利益群体的参与程度及组织可支持和配合程度
		e_{32}	参与程度与方式		
		e_{33}	现有技术和文化	E_{32}	区域现有技术和文化状况对项目的适用程度

7.3.3 评价指标体系因子的权重

本节采用主成分分析法来确定评价指标体系内各因子的权重。依次算得一级指标权重：空间安全权重为 0.199，投资价值权重为 0.185，文化价值权重为 0.163，生态价值权重为 0.245，社会价值权重为 0.208。同样方法对单项指标进行权重确定，结果见表 7.4。

表 7.4 老旧街区绿色重构价值评定指标权重表

分项指标			三级指标编号	三级指标最终权重
一级指标	一级指标权重	二级指标		
空间安全 A	0.199	建构筑物安全 A_1	A_{11}	0.221
			A_{12}	0.307
		街区消防和管线道路安全 A_2	A_{21}	0.357
			A_{22}	0.04
		环境安全 A_3	A_{31}	0.075
投资价值 B	0.185	建设规模 B_1	B_{11}	0.135
			B_{12}	0.157
		投资成本 B_2	B_{21}	0.146
			B_{22}	0.135
		投资收益 B_3	B_{31}	0.124
			B_{32}	0.303
文化价值 C	0.163	设计理念 C_1	C_{11}	0.006
			C_{12}	0.424
		文脉传承 C_2	C_{21}	0.104
			C_{22}	0.466
生态价值 D	0.245	环境保护 D_1	D_{11}	0.078
		节约用地 D_2	D_{21}	0.049
		节约用水 D_3	D_{31}	0.118
			D_{32}	0.278
		节约用材 D_4	D_{41}	0.151
		节约能源 D_5	D_{51}	0.326
社会价值 E	0.208	社会风险 E_1	E_{11}	0.12
		社会影响 E_2	E_{21}	0.038
			E_{22}	0.178
			E_{23}	0.178
		互适影响 E_3	E_{31}	0.308
			E_{32}	0.178

由各打分项乘相应的权重得到老旧街区绿色重构价值评定的总得分 M，即 $M=A_{11}\omega_1+A_{12}\omega_2+\cdots+E_{32}\omega_m$，根据各项指标的价值评定结果及《旧工业建筑再生利用价值评定标准》（T/CMCA 3004）总体分值评定表，见表 7.5，进行价值评定。表中总体分值 M 的下限由"满足条件"的最低要求分数与对应权重的乘积之和算得，例如经济主导型城市内的"可行"情况，根据表 7.1，计算式为 $M=80\times0.199+90\times0.185+60\times0.163+60\times0.245+60\times0.208=69.53$。

表 7.5　总体分值评定表

城市类型	满足条件	总体分值 M	评定结果
经济主导型	A 满足一级或二级，B 满足一级，其余满足三级	> 69.53	可行
	A 满足三级，B 满足二级或三级，E 满足一级或二级	> 64.16	优化后可行
	其他		不可行
历史文化型	A 满足一级，C 满足一级	> 72.76	可行
	A 满足三级，C 满足二级或三级，B、D、E 满足一级或二级	> 70.86	优化后可行
	其他		不可行
协调发展型	A 满足一级或二级，B、C、D、E 满足二级	> 80	可行
	A、B、C、D、E 满足三级	> 60	优化后可行
	其他		不可行

7.4　街区绿色重构价值评定案例

7.4.1　街区项目概况

7.4.1.1　发展历程

（1）地理位置。西安创业咖啡街区位于高新二路与光华路口东侧，处于西安众创示范街的核心腹地，东起高新路，西至高新四路，南接科技路，北临二环南路。规划总占地面积达 100 万平方米，其中核心区域 30 万平方米，如图 7.11、图 7.12 所示。

图 7.11　街区规划图

图 7.12　核心区域图

（2）西安创业咖啡街区的发展。随着社会的发展进步，为了顺应时代潮流，满足人们日益增长的文化需求，西安创业咖啡街区的街心花园重构为以咖啡为主题的特色创业街区，如图 7.13 所示。

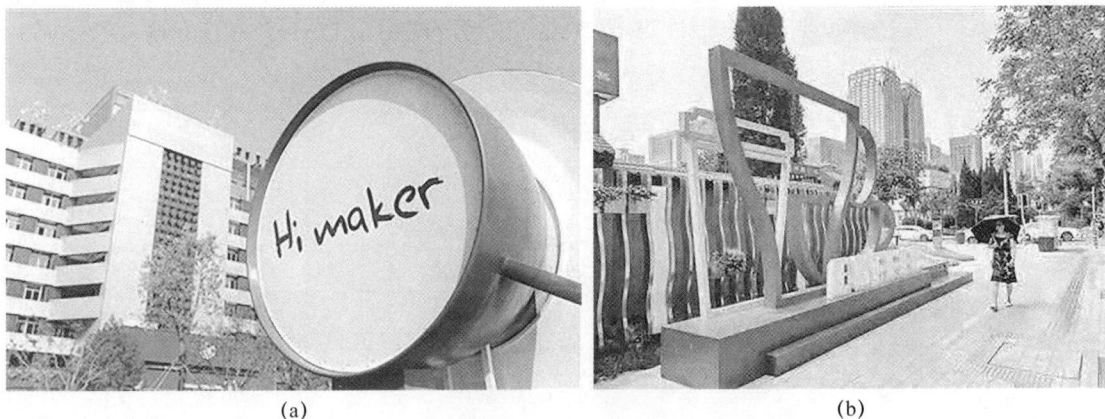

图 7.13 街区景观图
(a) 字母咖啡杯； (b) 镂空咖啡杯

7.4.1.2 街区发展规划

西安创业咖啡街区地处西安高新区西安众创示范街区核心腹地，根据规划，街区内原建筑的改造更注重时尚和潮流，加入现代元素，对高新区实施城市修补，优化城市风貌，重整空间秩序，打造以咖啡创业为主题的创业特色街区，如图 7.14、图 7.15 所示。

图 7.14 西安创业咖啡街区

图 7.15 街区鸟瞰图

7.4.1.3 街区再生重构

（1）建筑外立面的改造。建筑外立面是整个建筑的第一形象，老旧街区建筑的外立面经过时间的洗礼更是存在许多问题，墙体颜色黯淡、瓷砖松动掉落等。基于以上问题，可用新型复合材料或立面外包等方法来重构，立面改造前后对比明显，如图 7.16、图 7.17 所示，外立面用彩钢板外包，既增加了建筑的安全性，防止坠物伤人，又使建筑物大气美观，是街区重构再生的关键一步。

图 7.16　立面改造前

图 7.17　立面改造后

（2）道路形态的变迁。老旧街区的道路经过重新布置整修，完全不见之前又窄又旧的踪影，变成一条条干净明亮的宽道，以崭新的面貌重新展现在人们视野当中，和周围的环境相得益彰，如图 7.18 所示。

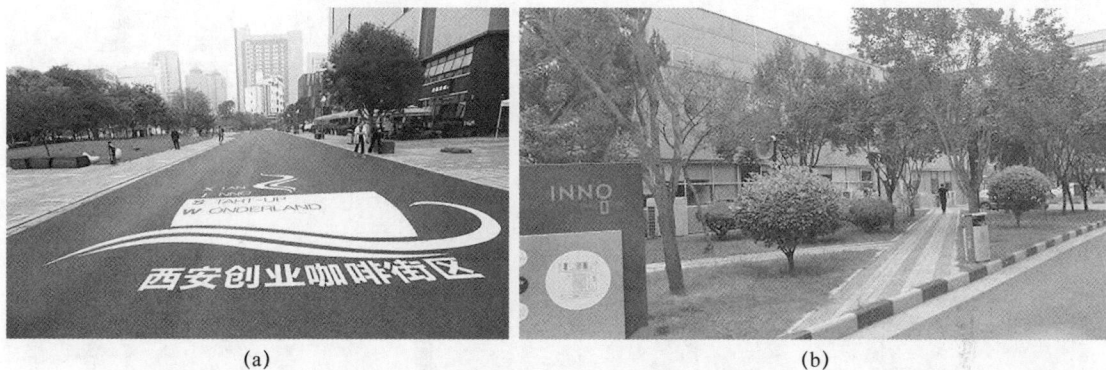

(a)

(b)

图 7.18　街区道路图
(a) 街区主路；　(b) 街区小道

（3）建筑照明设施的重构。改造前的街区建筑大都基础照明不足，街道、建筑部分有照明设施并且亮度不协调；氛围照明严重缺失，灯光只起到简单的照明作用；整个区域的光照手法单一，缺失特色和创意；同时存在夜间照明区域性不明显的问题，有较大的安全隐患。重构后的咖啡街区全面升级，是个炫彩夺目的不夜街区，如图 7.19（b）所示。

（4）公共设施的改造。改造后的咖啡街区吸引无数创业人士前来办公，也有许多的市民来此休闲散步，需有配套的公共设施供人使用。重构后的咖啡街区对花园空间结构重新调整，合理安排景观小品以及街区 Logo，适当安置休息座椅，让居民在花园夜景中得以放松，如图 7.20、图 7.21 所示。

（5）街区绿化的改造。改造后的街区一扫之前暮气沉沉的颓象，平面绿化和立体绿化双管齐下，创意绿植墙和绿植楼梯的设计不仅美观耐看，还充分利用既有空间增加了街区的绿化，达到更加环保的效果。随处可见的绿化景观使街区充满了生气，让人心旷神怡，如图 7.22 所示。

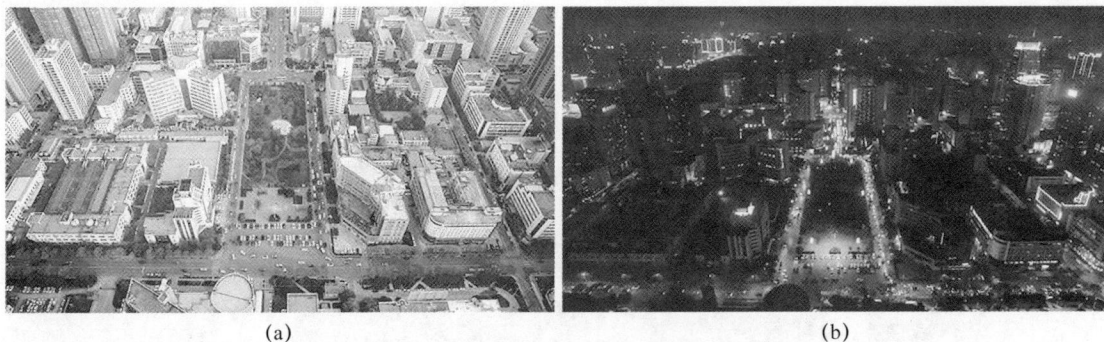

(a)　　　　　　　　　　　　　　　　　　　　(b)

图 7.19　改造后昼夜效果对比

(a) 昼间效果；　(b) 夜间效果

图 7.20　休息座椅　　　　　　　　　　图 7.21　花园夜景

(a)　　　　　　　　　　(b)　　　　　　　　　　(c)

图 7.22　街区绿化

(a) 绿植楼梯；　(b) 绿植墙；　(c) 绿化景观

7.4.2　街区绿色重构价值评定模型

以西安创业咖啡街区绿色重构为例，确立街区绿色重构价值评定模型，本节主要分为一级指标打分、分层价值评定、总体得分价值评定三部分。

（1）通过实地走访情况、街区资料调查结果及对咖啡街区绿色重构街区概况的了解，依据老旧街区绿色重构价值评定指标权重表，调整后得出咖啡街区绿色重构指标项打分及权重表，并采用德尔菲法请相关专家对各项进行打分，取得各专家打分的均值，得分整理后见表 7.6。

表 7.6 咖啡街区绿色重构指标项打分及权重表

分项指标			三级指标编号	权重	得分
一级指标	一级指标权重	二级指标			
空间安全 A	0.199	建构筑物安全 A_1	A_{11}	0.221	89.0
			A_{12}	0.307	84.7
		街区消防和管线道路安全 A_2	A_{21}	0.357	78.5
			A_{22}	0.040	81.1
		环境安全 A_3	A_{31}	0.075	78.3
投资价值 B	0.185	建设规模 B_1	B_{11}	0.135	76.2
			B_{12}	0.157	80.1
		投资成本 B_2	B_{21}	0.146	79.5
			B_{22}	0.135	83.8
		投资收益 B_3	B_{31}	0.124	84.4
			B_{32}	0.303	80.4
文化价值 C	0.163	设计理念 C_1	C_{11}	0.006	79.2
			C_{12}	0.424	80.3
		文脉传承 C_2	C_{21}	0.104	79.5
			C_{22}	0.466	76.7
生态价值 D	0.245	环境保护 D_1	D_{11}	0.078	76.9
		节约用地 D_2	D_{21}	0.049	89.9
		节约用水 D_3	D_{31}	0.118	64.0
			D_{32}	0.278	67.1
		节约用材 D_4	D_{41}	0.151	83.2
		节约能源 D_5	D_{51}	0.326	83.3
社会价值 E	0.208	社会风险 E_1	E_{11}	0.120	78.9
		社会影响 E_2	E_{21}	0.038	87.7
			E_{22}	0.178	75.7
			E_{23}	0.178	84.5
		互适影响 E_3	E_{31}	0.308	72.2
			E_{32}	0.178	71.5

（2）指标层价值评定。

对于一级指标——空间安全得分进行计算，得到其总得分为82.813分，据"空间安全 A 评定等级划分表"评定等级为二级，评定结论为"空间比较安全"。

对于一级指标——投资价值得分进行计算，得到其总得分为88.5分，据"投资价值 B 评定等级划分表"评定等级为二级，评定结论为"效益一般"。

对于一级指标——文化价值得分进行计算，得到其总得分为89.66分，据"文化价值 C 评定等级划分表"评定等级为一级，评定结论为"文化价值重要"。

对于一级指标——生态价值得分进行计算，得到其总得分为84.815分，据"生态价值 D 评定等级划分表"评定等级为二级，评定结论为"生态价值较好"。

对于一级指标——社会价值得分进行计算，得到其总得分为91.045分，据"社会价

值 E 评定等级划分表"评定等级为一级，评定结论为"社会价值良好"。

（3）总体得分价值评定。根据 $M=A_{11}\omega_1+A_{12}\omega_2+A_{13}\omega_3+\cdots+E_{33}\omega_m$，算出咖啡街区绿色重构总体得分为 78.760 分，空间安全评定分值为 82.813，对比总体分值评定表，评定该绿色重构方案可行。

7.4.3 街区绿色重构结论及建议

从一级指标的评定结果可知，"文化价值""社会价值"得分较高，等级均为一级，说明此绿色重构方案在这两个方面能够体现价值；"空间安全"得分 82.813，说明方案在空间方面仍有可优化的空间，可以从"建（构）筑物安全""街区消防和管线道路安全"和"环境安全"三个方面入手；"投资价值"得分 88.5，说明方案在投资方面仍有可优化的空间，可以从"建设规模""投资成本"和"投资收益"三个方面入手，进行方案优化；"生态价值"得分 84.815，说明在生态方面仍有可优化的空间，可以从"节能""节材""节水""节地"和"环境保护"五个大方面入手，进行方案优化，使其最终能符合绿色重构方案的价值标准，满足绿色重构方案的要求。

8   综合城区绿色重构价值评定

综合城区是以城镇主城区为主体，包括邻近各功能组团以及需要加强土地用途管制的空间区域，是政治、经济、文化中心。现如今，我国城市已经开始迈向关键的转型期，"五位一体"总体布局为我国城市协调发展、绿色发展指明了道路，并成为我国城市优化内部结构的重要手段。为充分利用城区资源、使用绿色重构技术、促进综合城区绿色发展、评定综合城区绿色重构价值，成为当今社会的重要课题。

8.1   城区绿色重构价值评定基础

8.1.1   城区绿色重构价值调查

8.1.1.1   调查内容

综合城区绿色重构的调查内容主要包括绿色重构要素和绿色重构策略两部分。绿色重构要素是指综合城区中具有城区特色的具体改造方面，诸如建（构）筑结构、公共建筑特色、城区文化特色等，绿色重构策略则是为达到绿色改造目的的具体改造方法。

（1）城区空间安全重构。建筑物立面的装饰体现了建筑物的美感，对于城区老旧建筑物的立面重构，常采用玻璃幕墙、瓷砖等材料改善立面的效果，但是在安全上没有保障。为了保留原建筑物的形状和功能，在重构时采用外立面雕花铝板幕墙对其进行改造，不仅能达到装饰的效果，还能很好地保护建筑物主体，防止高空坠物等不安全事故发生，同时又使建筑物更具保温隔热的功能，如图 8.1 所示，这种既能保留原有建筑物功能又能增加其安全性的改造是绿色重构价值的重要体现。

(a)   (b)

图 8.1   建筑物外立面改造效果
(a) 立面重构（一）；(b) 立面重构（二）

轨道作为城市轨道交通的运输载体，在城区中较为常见，轨道的稳定性直接影响到城区交通安全。火车轨道压板由原先的双孔压板，如图 8.2 所示，改造成现在的弹条压板，如图 8.3 所示，提高了铁路运行的安全性，减少更换次数，节省材料，体现了绿色重构对于节约用材的要求。

图 8.2 双孔压板

图 8.3 弹条压板

车辆数量的快速增加给城市交通带来很大的压力，汽车轴载的增大也导致原有水泥混凝土路面结构承载力不足致使城市道路出现损坏，且混凝土路面由于其韧性和可塑性不如沥青路面，经过一段时间的使用会出现裂缝问题，影响交通且易出现事故，如图 8.4 所示，所以从节能和节材的角度出发将其改造为沥青路面，如图 8.5 所示。

图 8.4 改造前路面裂缝

图 8.5 改造后沥青路面

（2）城区管网重构。城区管网系统作为社会基础设施的一部分，是综合城区绿色重构主要的对象，管网系统的好坏直接影响城区居民生活质量。对于综合城区管网的重构，应科学规划管网布设，采用合流制转变成分流制、规整电路管线的重构策略等，如图 8.6 所示，使城区内雨污水更有效、电气线路更安全地被利用。

（3）城区便民设施重构。城区内基础设施的设立是提升市民满意度的重要途径，同时也见证着城市发展的文明程度。人行道上休息座椅改造成木质，使其更贴近自然，满足绿色重构的要求，如图 8.7 所示；慢跑道的设置给市民提供了更加舒适的运动场地，增强了全民运动的意识，如图 8.8 所示。

(a)　　　　　　　　　　　　　　　　　　　(b)

图 8.6　电路管线的规整

(a) 管线；　(b) 电缆

图 8.7　休息座椅　　　　　　　　　　图 8.8　慢跑道

　　（4）城区绿植景观重构。为响应"环境友好型社会"的发展要求，增加城区绿化面积，局部增加水体设计元素会使城市看起来更有灵性，增加城区居民与自然的亲切感，体现绿色重构的理念，如图 8.9 所示。

(a)　　　　　　　　　　　　　　　　　　　(b)

图 8.9　城区绿植景观重构

(a) 示例一；　(b) 示例二

8.1.1.2 调查方法

在对综合城区进行价值分析前，需对城区绿色重构的现状进行调查，从而获得我们所需要的信息。对于有文献记载的城区可借鉴具有参考价值的城区文献；对于无相关资料记载的城区，应进行实地走访，通过调研进行实证性调查；对于已有案例研究的城区，可以对案例进行研究。在实际调查过程中，一般城区情况比较复杂，单一方法具有局限性，所以往往是多种调查方法结合。以下针对几个综合城区重构现状调查的常用方法进行阐述。

（1）实地调查法。实地调查法是指自己通过实地走访去现场了解、掌握第一手资料的调查方法，它是一种定性的研究方法。调研者运用自己的感觉器官和辅助工具，能动地了解处于自然状态下的社会客观现象，通过观察、记录城区内所进行的绿色重构的现状，以获取相关资料，这种方法具有客观性、系统性、全面性等特点。

（2）访谈法。访谈法是访谈者根据调查研究所确定的要求与目的，按照访谈提纲或问卷，通过个别访问或集体交谈的方式，向调查对象进行系统而有计划地收集资料的一种调查方法，它是一种定性研究方法。访谈者通过与调查对象进行面对面或者借助通讯媒介的访谈记录城区绿色重构的现状，以获取相关资料，这种方法具有灵活性强、针对性强、可靠性较强等特点。

（3）问卷调查法。问卷调查法就是研究者用统计和调查的手法，以设问的方式表述问题，对所研究的问题进行度量，从而搜集到可靠资料的方法。由于城区内人群众多且分布广，所以在对综合城区绿色重构价值调查研究过程中问卷调查法被广泛使用。这种方法具有容易量化、节省时间、便于统计等特点。

（4）文献调查法。文献调查法是调查者收集、鉴别、整理文献，并通过研究相关文献形成对事实的科学认识，从而了解事实、探索现象的研究方法。在对城区绿色重构价值调查研究过程中也需要查阅大量相关的文献，使自己的研究更具有科学性。这种方法具有科学性、历史性、间接性等特点。

8.1.2 城区绿色重构价值构成

城区绿色重构价值是指对老旧城区里既有建（构）筑物、生活配套设施、公共活动空间等利用绿色节能环保的手法重新构造或者改造，使其拥有新的价值。城区绿色重构价值主要有空间安全、投资价值、生态价值、文化价值、社会价值5个分项构成。

（1）空间安全。城市的不断扩张和发展使其在面对自然灾害、危险事故等危害时显示了更多的脆弱性，使得城市安全问题越来越受到重视，因此以城市安全为目标的城市规划日益兴起。综合城区的空间安全评定对象从宏观上主要包括地上空间安全、地下空间安全和城区周边环境安全三个方面。

城区空间安全是绿色重构过程中需要考虑的首要因素，是城区绿色重构价值评定的重中之重。城区空间安全主要包括建（构）筑物安全、交通安全、环境安全三个方面。对空间安全进行绿色重构价值评定主要作用包括两个方面：一方面减少因用地布局不合理而引发的人为生产安全事故对城市安全带来的隐患；另一方面建设"人-交通-避难绿地"合理的城市应急管理体系，利于应对突发应急灾害发生时人流的及时疏散。

（2）投资价值。投资是指特定经济主体为了在未来可预见的时期内获得收益或是资金增值，在一定时期内向一定领域投放足够数额的资金或实物的货币等价物的经济行为。投资价值是指资产对于具有明确投资目标的特定投资者或某一类投资者所具有的价值。一个城区的发展最直观体现就是经济，是否具有投资价值就成了城市招商引资最重要的考虑因素。

综合城区的投资价值主要包括城区绿色重构的建设规模、投资成本、投资收益三个方面。在资源合理配置的前提下，确定其投资规模，明确投资效益，对老旧城区进行绿色重构，优化其产业结构和重塑其功能，以良好的区位优势带动周边经济的发展，升华自身的价值。

（3）文化价值。文化价值是一种社会产物，综合城区绿色重构文化价值评定应以"保护与传承"为宗旨。对于综合城区的保护，不仅仅是对综合城区本身建筑空间的修复，更重要的是保护其中的历史文化元素，使得城市历史文脉得以传承。

综合城区绿色重构文化价值评定主要包括绿色重构设计理念、文脉传承两个方面。在对文化价值分析的过程中应考虑城区原有的建筑特色、历史遗迹、人本文化等，并在绿色重构过程中对这些文化特色进行技术性的传承与保护。

（4）生态价值。生态价值是在满足新使用功能的前提下，最大限度尊重自然、顺应自然和保护自然环境及其要素的自在价值、使用价值和审美价值。综合城区绿色重构的生态价值应考虑土地利用、能源利用、资源利用等方面。

综合城区的生态价值评定主要考虑"四节一环保"，即节能、节水、节材、节地、环保五个方面，且应在满足需求的条件下尽可能降低对于能源、水等必需品的使用量；也尽可能降低废热、二氧化碳、甲烷与废水的排放，使其成为经济高度发达、社会繁荣昌盛、人民安居乐业、生态良性循环四者保持高度和谐的城区。

（5）社会价值。社会价值是以国家社会政策为基础，实现国家或地方社会发展目标所作的贡献和产生的影响及其与社会相互适应的影响价值。综合城区绿色重构社会价值评定应充分考虑重构对社会发展的影响，比如对经济的影响、对文化的影响、所带来的风险等。

综合城区绿色重构社会价值评定主要包括社会影响、社会风险、互适影响三个方面。社会影响评定主要考虑对市民生活条件和城区发展的影响程度；社会风险评定主要考虑重构对城区所带来的政策上、经济上、自然环境上的一些风险；互适影响评定主要考虑区域之间的影响。

8.1.3　城区绿色重构整体价值

老旧城区绿色重构的整体价值是由最终的评定结果体现，根据老旧城区所在城市可分为经济主导城市、历史文化古城、协调发展城市三种类型，城市的类型影响着老旧城区绿色重构整体价值的评定，评定内容应包括项目概况、分析评定情况及评定结果，每种类型城市的综合城区绿色重构价值评定结果均有"可行""优化后可行""不可行"三种结果。

8.1.3.1　经济主导城市

以经济为主导的城区价值评定可由专家打分得到评定结果，若其绿色重构方案被评为可行，则说明综合城区采用该绿色重构方案进行重构后能对社会、经济的发展有着促进的作用，能获得较好的社会收益，则可继续使用此重构方案。

若城区绿色重构方案被评为优化后可行，则说明综合城区采用该绿色重构方案对该城区的经济发展有着一定的促进作用，但并没有带来最大的经济效益，在这样的情况下，应该在原有重构方案基础上进行适当的调整，增加经济方面的投入力度，使重构方案能更加适用。

若城区绿色重构方案被评为不可行，则说明城区绿色重构方案对该城区的经济没有促进作用或效果甚微，没有带动城区的经济发展，在这样的情况下，应该重新制定城区绿色重构方案，将方案调整至有利于城区经济发展的方向。

8.1.3.2 历史文化古城

以历史文化著名的城区价值评定可以由专家打分得到评定结果，若其绿色重构方案被评为可行，则说明综合城区采用该绿色重构方案进行重构后能够较大程度保护保留老建筑的特征和其自身蕴含的丰富文化信息，重新注入新生元素，为老旧城区的发展增添活力，则可继续使用此重构方案。

若城区绿色重构方案被评为优化后可行，则说明综合城区采用该绿色重构方案对该城区的历史文化有着一定的保护，但是在重构方案中体现的不是很充分，在这样的情况下，应在原有的重构方案上进行适当的调整，增加在历史文化方面的保护与传承措施，使重构方案能够更加适用。

若城区绿色重构方案被评为不可行，则说明综合城区采用该绿色重构方案对该城区的历史文化方面没有保护措施或者效果甚微，使该城区的传统文化没有得到很好的传承，在这样的情况下，应该重新制定城区绿色重构方案，使其满足历史文化城区对于重构的要求。

8.1.3.3 协调发展城市

以协调发展为核心的综合城区价值评定可以由专家打分得到评定结果，若其绿色重构方案被评为可行，则说明采用该绿色重构方案进行重构后能够很好地体现出城区内各区域之间发展的协调性，使城区发展更具整体性，则可继续使用此重构方案。

若城区绿色重构方案被评为优化后可行，则说明综合城区采用该绿色重构方案考虑到该城区内各区域之间发展的协调性，但是在重构方案中体现得不是很充分，在这样的情况下，应该在原有的重构方案上进行适当的调整，在重构方案中增加能够体现区域之间发展协调性的措施，使重构方案能够更加适用。

若城区绿色重构方案被评为不可行，则说明综合城区采用该绿色重构方案没有体现区域之间发展的协调性，该方案没有达到城市发展的要求，在这样的情况下，应该重新制定城区绿色重构方案，使其满足区域间协调发展的要求和区域间配合程度的要求。

8.2 城区绿色重构价值评定方法

8.2.1 城区价值评定方法概述

本节采用层次分析法对老旧城区绿色重构价值加以评定，层次分析法是将与决策总是有关的元素分解成目标、准则、方案等层次，在此基础之上进行定性和定量分析的决策方法。该方法将定量分析与定性分析结合起来，用决策者的经验判断各衡量目标能否实现其标准之间的相对重要程度，并合理地给出每个决策方案的每个标准的权数，利用权数求出各方案的优劣次序，层次分析法大致的技术流程，如图 8.10 所示。

图 8.10　AHP 技术流程图

层次分析法（AHP）是美国运筹学家匹茨堡大学教授萨蒂于 20 世纪 70 年代初，在为美国国防部研究"根据各个工业部门对国家福利的贡献大小而进行电力分配"课题时，应用网络系统理论和多目标综合评价方法提出的一种层次权重决策分析方法。此后 AHP 在决策问题的很多领域得到应用，同时 AHP 的理论也在使用过程中不断完善，现已日趋成熟。

层次分析法根据问题的性质和要达到的总目标，将问题分解为不同的组成因素，并按照因素间的相互关联影响以及隶属关系将因素按不同层次聚集组合，形成一个多层次的分析结构模型，从而最终使问题归结为最低层（供决策的方案、措施等）相对于最高层（总目标）的相对重要权值的确定或相对优劣次序的排定。

层次分析法的特点是在对复杂决策问题的本质、影响因素及其内在关系等深入分析的基础上，利用较少的定量信息使决策的思维过程数学化，从而为多目标、多准则或无结构特性的复杂决策问题提供简便的决策方法，尤其适合于决策结果很难直接准确计量的场合。

8.2.2　城区价值评定方法原理

（1）建立层次结构模型。

（2）构造两两比较的判断矩阵。构造比较矩阵主要是通过比较同一层次上的各因素对上一层相关因素的影响作用，而不是把所有因素放在一起比较，即将同一层的各因素进行两两对比，比较时采用相对尺度标准度量，减少主观因素对结果造成的影响。

设要比较 n 个因素 C_1, C_2, $\cdots$, C_n 对上一层（如目标层）的影响程度，既要确定它在目标层中所占的比重，对任意两个因素 C_i 和 C_j，用 a_{ij}（i, j=1, 2, $\cdots$, n）表示 C_i 和 C_j 对目标层的影响程度之比，按 1-9 标度方法来度量 a_{ij}（i, j=1, 2, $\cdots$, n），这样就得到了两两比较的判断矩阵 $A=(a_{ij})n \times n$，显然

$$a_{ij}>0, \quad a_{ji}=\frac{1}{a_{ij}}, \quad a_{ii}=1 \ (i, \ j=1, \ 2, \ \cdots, \ n) \tag{8.1}$$

因此，又称判断矩阵为正互反矩阵。

1-9 标度的确定原则，如表 8.1 所示。

表 8.1 1-9 标度表

a_{ij} 赋值	重要性等级
1	i, j 两元素同等重要
3	i 元素比 j 元素稍重要
5	i 元素比 j 元素明显重要
7	i 元素比 j 元素强烈重要
9	i 元素比 j 元素极端重要
1/3	i 元素比 j 元素稍不重要
1/5	i 元素比 j 元素明显不重要
1/7	i 元素比 j 元素强烈不重要
1/9	i 元素比 j 元素极端不重要

注：2，4，6，8 和 1/2，1/4，1/6，1/8 介于其间。

由正互反矩阵的性质可知，只要确定 A 的上（或下）三角的 $n(n-1)/2$ 个元素即可。若判断矩阵 A 满足：

$$a_{ik} \cdot a_{kj} = a_{ij} \ (i, j, k=1, 2, \cdots, n) \tag{8.2}$$

则称 A 为一致性矩阵，简称一致阵。

（3）相对权重向量的确定。本章采用和积法确定相对权重向量，取判断矩阵 n 个列（行）向量归一化后的算术平均值，近似作为权重，即

$$\omega_i = \frac{1}{n} \sum_{j=1}^{n} \frac{a_{ij}}{\sum_{k=1}^{n} a_{kj}} \tag{8.3}$$

（4）一致性检验。通常情况下，要求实际得到的判断矩阵大体上是一致的，即不一致的程度应在容许的范围内，主要考察以下指标：

1）一致性指标 CI：

$$CI = \frac{\lambda_{\max} - n}{n-1} \tag{8.4}$$

2）随机一致性指标 RI：RI 通常是给定的，如表 8.2 所示。

表 8.2 随机一致性指标表

阶数	1	2	3	4	5	6	7	8
RI	0	0	0.52	0.89	1.12	1.26	1.36	1.41

阶数	9	10	11	12	13	14	15
RI	1.46	1.49	1.52	1.54	1.56	1.58	1.59

3）一致性比率指标 CR：$CR = \dfrac{CI}{RI}$，当 CR<0.10 时，认为判断矩阵的一致性是可以接受的，则 $\lambda_{\max}$ 对应的特征向量可以作为排序的权重向量，此时

$$\lambda_{\max} = \sum_{i=1}^{n} \frac{(A \cdot W)_i}{n\omega_i} = \frac{1}{n} \sum_{i=1}^{n} \frac{\sum_{j=1}^{n} a_{ij} \omega_{ij}}{\omega_i} \qquad (8.5)$$

式中，$(A \cdot W)_i$ 表示 $A \cdot W$ 的第 i 个分量。

（5）根据综合城区绿色重构相关资料对每个决策方案层（打分项）各指标得分 A_{11}、A_{12}、A_{13}…E_{32}，并分别计算出空间安全 A、投资价值 B、文化价值 C、生态价值 D、社会价值 E 各准则层得分，并对各准则层进行价值评定，见表 8.3。

表 8.3　*A/B/C/D/E* 评定等级划分表

等　级	状况描述	分　值
一级	满足要求	[90，100]
二级	比较满足要求	[80，90)
三级	基本满足要求	[60，80)
四级	不满足要求	[0，60)

8.3　城区绿色重构价值评定的指标体系

指标体系是由多个相关且又相互独立的指标所构成的具有内部结构的有机整体，指标体系的确定应该体现科学性、规范性、系统性、目的性、可比性和综合性。构建价值评定指标体系是辩证的过程，包括价值评定指标体系的建立、评定指标体系的优化、评定指标体系权重的确定。

8.3.1　价值评定指标体系的建立

综合城区绿色重构价值评定过程中主要考虑空间安全、投资价值、文化价值、生态价值和社会价值五个指标。

（1）空间安全指标。建（构）筑物安全方面，应该考虑建（构）筑物单体结构性能状况和设备设施设置情况。交通安全方面，依据国家现行标准《城市道路交通设施设计规范》（GB 50688）的规定，对绿色重构过程中公共交通设置、道路隔离带设置、消防车道设置的合理性进行评定。环境安全方面，城区大气污染物的排放、噪声污染、光污染等都会影响市民的生活质量，城区绿化率、容积率等都会影响整体环境体验，对于这些方面应进行全方位的评定，以提升城区空间安全系数。

（2）投资价值指标。建设规模是对城区的建筑规模和投资规模进行综合评定，绿色重构过程中应考虑建设规模的合理性，要以较低的建筑密度保证合理的容积率。

投资成本评定是对综合城区再生利用的成本进行预估的综合评定，绿色重构应充分考虑是否满足国家或地方相关政策和资金扶持条件，是否能够充分利用原有建筑、管网、道路等既有资源，以减少绿色重构成本。重构过程中为了减少成本，应控制合理的自有资金比例。

投资收益评定是对综合城区再生利用可能产生的直接收入和潜在收入进行预估的综合

评定，投资收益应根据供需结构、物价水平及汇率等因素确定。

（3）文化价值指标。综合城区绿色重构文化价值评定应以"保护与传承"为宗旨，从城区整体文化特色、个性建筑特色进行保护传承。

设计理念的评定主要包括重构方案是否以提高人的生活质量、城市的环境质量、景观艺术水平为目标；是否能推进城市精神与城市文化的成长；是否充分尊重文化价值明显的建筑的历史特征；是否能够体现新元素与旧元素的结合；是否能够满足人们对文化产品的消费需求；是否能够体现城区风格的文化多样性。文脉传承的评定是对融入原有城区建筑文脉特色理念的方式方法进行的综合评定。

（4）生态价值指标。对综合城区进行绿色重构设计，是对其既有资源的一个良好利用过程，具有良好的环保生态价值，从"四节一环保"对生态价值指标进行评定。

节约能源的评定是对绿色重构城区建筑及结构设计理念的综合评定。节约用水的评定是对再生利用城区管道及设施设计理念的综合评定。节约用材的评定是对再生利用材料合规性和可再利用材料的设计理念进行的综合评定。节约用地的评定是对再生利用土地合理性和可再利用土地的设计理念进行的综合评定。环境保护的评定是对城区环境保护方案设计理念进行的综合评定。

（5）社会价值指标。社会影响的评定首先是需要预估重构方案对区域经济的影响，以重构方案为周边区域供给的社会商品和服务效益的影响力为估算指标进行价值评定，以经济影响对方案进行评分。社会风险的评定首先要评估重构方案的政策性风险，包括方案的合法性和合理性，重构方案只有基于合法合理性谈价值才有意义。互适影响的评定，由于项目涉及不同的利益群体，不同的群体对于项目支持程度都不尽相同，所以需要预估与项目直接相关的不同利益群体对该项目建设和运营的支持程度，对可能阻碍项目存在与发展的因素提出防范措施。综合城区绿色重构价值评定优化前指标，见表8.4。

表8.4　综合城区绿色重构价值评定优化前指标表

分项指标		单项指标	指标解释
空间安全 A	建（构）筑物安全 A_1	结构安全检测	对城区建筑进行结构安全检测
		结构性能评定	对城区建筑进行结构性能评定
		隔震、消能减震技术	绿色重构是否采用隔震、消能减震技术
		高耐久性材料	绿色重构技术是否采用高耐久性材料
		消防系统及设备	消防系统及设备是否符合规定
		功能空间布局	功能空间布局是否合理
	城区安全 A_2	管线、道路的敷设	市政管网、道路和消防管道敷设是否合理
		安全通道的布置	城区内安全通道是否分散布置
		消防车道的设置	城区消防车道的设置是否满足要求
		道路隔离带的设计	自行车道与机动车道之间设立道路隔离带
		公共交通设置	城区内公共自行车、公共汽车专用道、地铁路线的设置是否安全合理
		公共场所安全	是否制定城区内公共场所的安全措施
	环境安全 A_3	城区内污染监测	是否制定城区内污染监测方案
		垃圾分类	城区内垃圾分类是否满足要求
		空气污染	PM2.5平均浓度达标天数是否符合规定

分项指标	单项指标		指标解释
空间安全 A	环境安全 A₃	噪声处理	环境噪声区达标覆盖率是否符合要求
		碳排放量	人均碳排放量和单位地域面积碳排放量是否达到要求
		能源节约利用	绿色重构过程中是否考虑能源节约利用方案
		绿化覆盖率	城区绿化覆盖率是否符合规定
投资价值 B	建设规模 B₁	建筑密度和容积率	绿色重构过程中是否充分考虑城区建筑密度和容积率
		建筑高度	绿色重构建筑高度是否符合净空保护的规定
		用地规模	制定城区发展所需的建设用地规模指标
		投资估算文件	编制绿色重构投资估算文件
	投资成本 B₂	资金政策扶持	绿色重构是否满足相关资金政策扶持条件
		自有资金	自有资金是否不低于投资总额的30%
		重建方案的经济比选	对绿色重构和重建方案进行经济比选
	投资收益 B₃	绿色重构模式	根据拟选择的绿色重构模式进行预测
		投资收益模式	投资收益模式是否明确
		静态投资回收期	静态投资回收期是否小于基准投资回收率
		盈亏平衡分析	进行盈亏平衡分析
		敏感性分析	进行敏感性分析
		基准收益率	基准收益率设置是否合理
文化价值 C	设计理念 C₁	文化特色	城区建筑是否展现本地的文化特色
		城区风格	城区风格是否存在文化多样性
		文化因素的保护	绿色重构过程中是否考虑旧城区的文化因素并加以保护
		文化产业	绿色重构过程中是否丰富了文化产业
		文化消费需求	满足人们对文化产品的消费需求
	文脉传承 C₂	非物质文化遗产传承	绿色重构对非物质文化遗产保护传承是否合理
		建筑文化传承	在不破坏老建筑外观的前提下进行绿色改造
		原城区文化场所	绿色重构过程中是否保护传承原城区文化场所
		精神文化	顺应人民群众对精神文化的需求
		人本文化	承载人本文化程度
生态价值 D	节约能源 D₁	照明系统	城区内照明系统是否利用自然能源
		建筑内部采光	建筑内部采光是否合理设计开窗面积
		通风设计	绿色重构后建筑通风设计是否利用原有外窗结构
		节能技术	绿色重构是否采用土建与装饰一体化技术
		保温材料的使用	送暖管道、墙体屋面是否充分利用保温材料
	节约用水 D₂	居民生活用水量	居民生活用水量是否不高于国家规定
		再生水供水系统	再生水供水系统覆盖率是否合理
		水资源回收	城区内水资源回收设施是否完善
		绿植灌溉	绿植灌溉是否采用节水灌溉方式
		节水技术	绿色重构是否考虑利用更先进的节水技术
	节约用材 D₃	建筑材料与制品	是否采用禁止和限制的建筑材料与制品
		绿色材料	是否采用绿色可再利用材料、可再循环材料
		建筑材料管理	绿色重构过程中是否加强建筑材料管理

续表8.4

分项指标		单项指标	指标解释
生态价值 D	节约用材 D_3	装修装饰材料	装修装饰建筑材料是否符合环保要求且易维护
		修旧利废	是否利用工程的下脚料制造施工工具
	节约用地 D_4	用地计划方案	制订用地计划方案
		地下空间利用	地下空间的整体利用是否充分
		废弃场地再利用	绿色重构过程中废弃场地开发再利用是否合理
		公共路网密度	合理规划城区公共路网密度
	环境保护 D_5	生态水处理	制定生态水处理技术措施
		可再生资源利用	对可再生资源进行回收利用
		公共卫生环境	对周围公共卫生环境是否制定缓解措施
		减排策略	是否制定系统、规范的管理制度和有效的减排策略
社会价值 E	社会影响 E_1	城区基础设施	绿色重构对于城区基础设施的影响程度
		生活条件和质量	绿色重构对于市民生活条件和质量的影响程度
		市民生活生态环境	绿色重构对于市民生活生态环境的影响
		城区经济发展	绿色重构对于城区经济发展的影响程度
		协调发展	是否促进城乡、区域、经济社会、人与自然的协调发展
	社会风险 E_2	政策性风险	政策性风险是否满足合法性和合理性
		自然环境风险	编制自然环境风险控制方案
		经济利益风险	编制经济利益风险预防方案
		安全风险	编制安全风险控制方案
	互适影响 E_3	群体参与程度	不同利益群体的参与程度和方式
		区域配合	区域组织可支持和配合程度
		技术与文化	区域现有技术和文化状况对项目的适用程度

8.3.2 价值评定指标体系的优化

（1）空间安全指标优化。对"建（构）筑物安全 A_1"分项指标进行单项指标优化时，考虑建筑物本身结构性能，合并 $a_{11} \sim a_{14}$，优化为 A_{11} "对建（构）筑物结构性能与安全施工技术进行检测与评定"，原单项指标 a_{15}、a_{16} 仍作保留，编号分别为 A_{12}、A_{13}。

对"厂区安全 A_2"分项指标进行单项指标优化时，考虑城区管线、道路的设置合理性，合并 $a_{21} \sim a_{25}$，优化为 A_{21} "管线、道路、公共交通的设置的合理性"，原单项指标 a_{26} 仍作保留，编号为 A_{22}。

对"环境安全 A_3"分项指标进行单项指标优化时，以城区内空气、噪声、光污染等的排放作为标准，合并 $a_{31} \sim a_{36}$，优化为 A_{31} "城区内污染物排放是否符合要求"，原单项指标 a_{37} 仍作保留，编号为 A_{32}。

（2）投资价值指标优化。对"建设规模 B_1"分项指标进行单项指标优化时，宜综合考虑建筑密度、容积率、建设高度以及用地规模等指标，合并 $b_{11} \sim b_{13}$，优化为 B_{11} "绿色重构是否考虑建筑密度、容积率、建筑高度、用地规模的规定"，原单项指标 b_{14} 仍作保留，编号为 B_{12}。

对"投资成本 B_2"分项指标进行单项指标优化时，宜综合考虑城区资金扶持政策、资金来源配比指标，合并 b_{21}~b_{22}，优化为 B_{21} "绿色重构是否满足资金政策扶持条件和自有资金占有比例"，原单项指标 b_{23} 仍作保留，编号为 B_{22}。

对"投资收益 B_3"分项指标进行单项指标优化时，考虑绿色重构模式和投资收益模式，合并 b_{31}~b_{32}，优化为 B_{31} "明确绿色重构和投资收益模式"，对绿色重构方案进行经济评价，合并 b_{33}~b_{36}，优化为 B_{32} "对绿色重构方案进行经济评价指标的分析"。

（3）文化价值指标优化。对"设计理念 C_1"分项指标进行单项指标优化时，综合考虑绿色重构对原有文化的保护与展现，合并 c_{11}~c_{13}，优化为 C_{11} "城区绿色重构对原有文化特色、文化因素以及城区风格多样性的保护与展现"，考虑到文化产业与文化消费，合并 c_{14}~c_{15}，优化为 C_{12} "绿色重构是否丰富了文化产业，满足人们对文化消费的需求"。

对"文脉传承 C_2"分项指标进行单项指标优化时，将传承不同文化的指标 c_{21}~c_{23} 进行合并，优化为 C_{21} "绿色重构对不同文化及文化场所的传承"，从人本、精神方面将 c_{24}~c_{25} 进行合并，优化为 C_{22} "绿色重构承载人本文化，顺应人们对精神文化的程度"。

（4）生态价值指标优化。对"节约能源 D_1"分项指标进行单项指标优化时，原指标 d_{11}~d_{13} 都是利用自然资源，故优化为 D_{11} "城区绿色重构能否充分利用自然资源，减少电能的使用"，综合考虑节能技术与节能材料，合并 d_{14}~d_{15}，优化为 D_{12} "城区绿色重构能否重复使用节能技术与节能材料"。

对"节约用水 D_2"分项指标进行单项指标优化时，按照水资源的回收利用，合并 d_{21}~d_{23}，优化为 D_{21} "水资源回收设施、再生水供水系统是否完善，居民用水量是否在控制范围之内"，考虑绿色重构过程中一些节水技术和节水方式，合并 d_{24}~d_{25}，优化为 D_{22} "绿色重构是否考虑节水技术和绿植灌溉节水方式"。

对"节约用材 D_3"分项指标进行单项指标优化时，按照对重构方案材料的要求，合并 d_{31}~d_{34}，优化为 D_{31} "绿色重构材料的使用是否符合环保易维护的要求，是否加强材料的管理"，原单项指标 d_{35} 仍作保留，编号为 D_{32}。

对"节约用地 D_4"分项指标进行单项指标优化时，综合考虑绿色重构对于废旧场地及地下空间的利用程度，合并 d_{41}~d_{43}，优化为 D_{41} "绿色重构是否编制用地计划方案，利用地下空间和废旧场地的程度"，原单项指标 d_{44} 仍作保留，编号为 D_{42}。

对"环境保护 D_5"分项指标进行单项指标优化时，考虑到绿色重构方案对于可再生资源的处理与利用，合并 d_{51}~d_{52}，优化为 D_{51} "可再生资源利用与生态水处理的程度"，原单项指标 d_{53}、d_{54} 仍作保留，编号分别为 D_{52}、D_{53}。

（5）社会价值指标优化。对"社会影响 E_1"分项指标进行单项指标优化时，考虑到绿色重构方案对城区基础设施和市民生活环境的影响程度，合并 e_{11}~e_{13}，优化为 E_{11} "绿色重构对于城区基础设施、市民生活环境的影响程度"，考虑到绿色重构方案促进整个城区协调发展，合并 e_{14}~e_{15}，优化为 E_{12} "促进城乡、区域、经济社会、人与自然的协调发展"。

对"社会风险 E_2"分项指标进行单项指标优化时，从满足政府政策要求、制定各项风险控制方案考虑，合并 e_{21}~e_{24}，优化为 E_{21} "绿色重构是否满足政策要求，是否编制自然环境、经济利益以及安全风险控制方案"。

对"互适影响 E_3"分项指标进行单项指标优化时，合并 e_{31}~e_{32}，优化为 E_{31} "各区域、不同利益群体的参与程度与方式"，原单项指标 e_{33} 仍作保留，编号为 E_{32}。综合城区绿色重构价值评定指标优化前后比对，见表8.5。

表8.5 综合城区绿色重构价值评定指标优化前后对照表

分项指标		编号	（原）单项指标	编号	（优化后）单项指标
一级指标	二级指标				
空间安全 A	建（构）筑物安全 A_1	a_{11}	结构安全检测	A_{11}	对建（构）筑物结构性能与安全施工技术进行检测与评定
		a_{12}	结构性能评定		
		a_{13}	隔震、消能减震技术		
		a_{14}	高耐久性材料		
		a_{15}	消防系统及设备	A_{12}	消防系统及设备布置
		a_{16}	功能空间布局	A_{13}	绿色重构的功能空间布局
	城区安全 A_2	a_{21}	管线、道路的敷设	A_{21}	管线、道路、公共交通的设置的合理性
		a_{22}	安全通道的布置		
		a_{23}	消防车道的设置		
		a_{24}	道路隔离带的设计		
		a_{25}	公共交通设置		
		a_{26}	公共场所安全	A_{22}	公共场所安全措施
	环境安全 A_3	a_{31}	城区内污染监测	A_{31}	城区内污染物排放是否符合要求
		a_{32}	垃圾分类		
		a_{33}	空气污染		
		a_{34}	噪声处理		
		a_{35}	碳排放量		
		a_{36}	能源节约利用		
		a_{37}	绿化覆盖率	A_{32}	绿色重构的绿化覆盖率
投资价值 B	建设规模 B_1	b_{11}	建筑密度和容积率	B_{11}	绿色重构是否考虑建筑密度、容积率、建筑高度、用地规模的规定
		b_{12}	建筑高度		
		b_{13}	用地规模		
		b_{14}	投资估算文件	B_{12}	编制绿色重构投资估算文件
	投资成本 B_2	b_{21}	资金政策扶持	B_{21}	绿色重构是否满足资金政策扶持条件和自有资金占有比例
		b_{22}	自有资金		
		b_{23}	重建方案的经济比选	B_{22}	对绿色重构和重建方案进行经济比选
	投资收益 B_3	b_{31}	绿色重构模式	B_{31}	明确绿色重构和投资收益模式
		b_{32}	投资收益模式		
		b_{33}	静态投资回收期	B_{32}	对绿色重构方案进行经济评价指标的分析
		b_{34}	盈亏平衡分析		
		b_{35}	敏感性分析		
		b_{36}	基准收益率		
文化价值 C	设计理念 C_1	c_{11}	文化特色	C_{11}	城区绿色重构对原有文化特色、文化因素以及城区风格多样性的保护与展现
		c_{12}	城区风格		
		c_{13}	文化因素的保护		
		c_{14}	文化产业	C_{12}	绿色重构是否丰富了文化产业，满足人们对文化消费的需求
		c_{15}	文化消费需求		

分项指标		编号	（原）单项指标	编号	（优化后）单项指标
一级指标	二级指标				
文化价值 C	文脉传承 C_2	c_{21}	非物质文化遗产传承	C_{21}	绿色重构对不同文化及文化场所的传承
		c_{22}	建筑文化传承		
		c_{23}	原城区文化场所		
		c_{24}	精神文化	C_{22}	绿色重构承载人本文化，顺应人们对精神文化的程度
		c_{25}	人本文化		
生态价值 D	节约能源 D_1	d_{11}	照明系统	D_{11}	城区绿色重构能否充分利用自然资源，减少电能的使用
		d_{12}	建筑内部采光		
		d_{13}	通风设计		
		d_{14}	节能技术	D_{12}	城区绿色重构能否重复使用节能技术与节能材料
		d_{15}	保温材料的使用		
	节约用水 D_2	d_{21}	居民生活用水量	D_{21}	水资源回收设施、再生水供水系统是否完善，居民用水量是否在控制范围之内
		d_{22}	再生水供水系统		
		d_{23}	水资源回收		
		d_{24}	绿植灌溉	D_{22}	绿色重构是否考虑节水技术和绿植灌溉节水方式
		d_{25}	节水技术		
	节约用材 D_3	d_{31}	建筑材料与制品	D_{31}	绿色重构材料的使用是否符合环保易维护的要求，是否加强材料的管理
		d_{32}	绿色材料		
		d_{33}	建筑材料管理		
		d_{34}	装修装饰材料		
		d_{35}	修废利旧	D_{32}	充分利用建筑材料
	节约用地 D_4	d_{41}	用地计划方案	D_{41}	绿色重构是否编制用地计划方案，利用地下空间和废旧场地的程度
		d_{42}	地下空间利用		
		d_{43}	废弃场地再利用		
		d_{44}	公共路网密度	D_{42}	是否合理规划公共路网密度
	环境保护 D_5	d_{51}	生态水处理	D_{51}	可再生资源利用与生态水处理的程度
		d_{52}	可再生资源利用		
		d_{53}	公共卫生环境	D_{52}	对周围公共卫生环境是否制定缓解措施
		d_{54}	减排策略	D_{53}	是否制定系统、规范的管理制度和有效的减排策略
社会价值 E	社会影响 E_1	e_{11}	城区基础设施	E_{11}	绿色重构对于城区基础设施、市民生活环境的影响程度
		e_{12}	生活条件和质量		
		e_{13}	市民生活生态环境		
		e_{14}	城区经济发展	E_{12}	是否促进城乡、区域、经济社会、人与自然的协调发展
		e_{15}	协调发展		
	社会风险 E_2	e_{21}	政策性风险	E_{21}	绿色重构是否满足政策要求，是否编制自然环境、经济利益以及安全风险控制方案
		e_{22}	自然环境风险		
		e_{13}	经济利益风险		
		e_{24}	安全风险		
	互适影响 E_3	e_{31}	群体参与程度	E_{31}	各区域、不同利益群体的参与程度与方式
		e_{32}	区域配合		
		e_{33}	技术与文化	E_{32}	区域现有技术和文化状况对项目的适用程度

8.3.3 评定指标体系因子的权重

利用层次分析法研究绿色重构问题时，首先要把所有的元素分为不同的层次，然后构造出一个层次结构模型。一般问题的层次结构模型分为三层，即最高层为目标层，中间层为决策层，最底层为方案层，如图 8.11 所示。

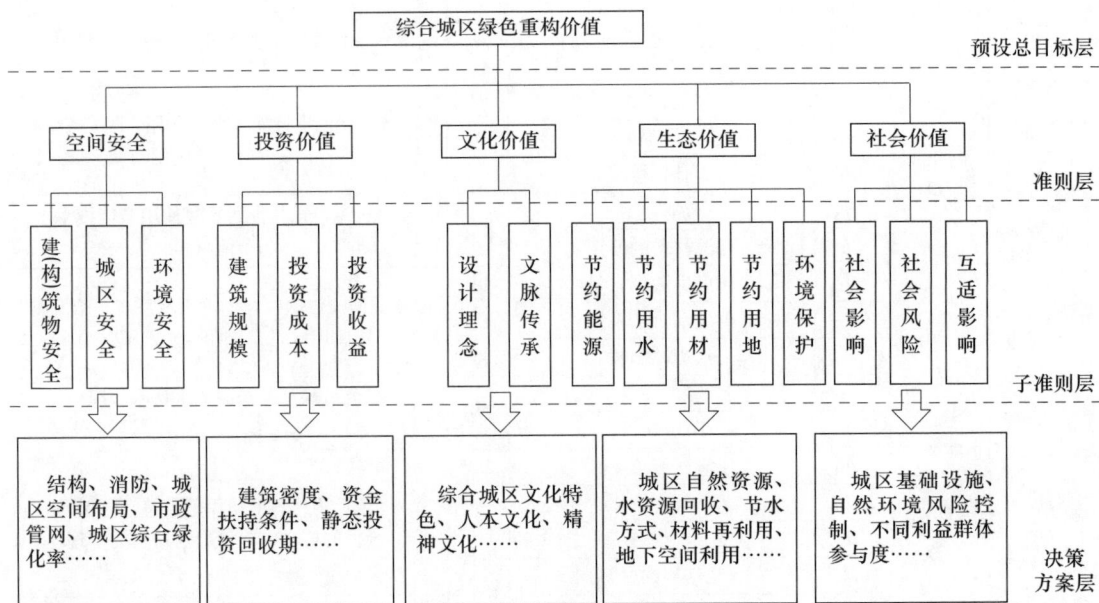

图 8.11 综合城区绿色重构层次分析结构模型

由上述过程得出准则层指标权重：空间安全权重 0.376，投资价值权重 0.052，文化价值权重 0.08，生态价值权重 0.246，社会价值权重 0.246。利用同样的方法算出子准则层、决策方案层的权重 ω_1、ω_2、ω_3、$\cdots$、ω_n，见表 8.6。

表 8.6 综合城区绿色重构价值评定指标权重表

分项指标			决策方案层编号	决策方案层最终权重
准则层指标	准则层指标权重	子准则层指标		
空间安全 A	0.376	建（构）筑物安全 A_1	A_{11}	0.328
			A_{12}	0.127
			A_{13}	0.222
		城区安全 A_2	A_{21}	0.053
			A_{22}	0.134
		环境安全 A_3	A_{31}	0.08
			A_{32}	0.056
投资价值 B	0.052	建设规模 B_1	B_{11}	0.318
			B_{12}	0.033
		投资成本 B_2	B_{21}	0.063
			B_{22}	0.318

续表 8.6

分项指标			决策方案层编号	决策方案层最终权重
准则层指标	准则层指标权重	子准则层指标		
投资价值 B	0.052	投资收益 B_3	B_{31}	0.134
			B_{32}	0.134
文化价值 C	0.08	设计理念 C_1	C_{11}	0.558
			C_{12}	0.122
		文脉传承 C_2	C_{21}	0.263
			C_{22}	0.057
生态价值 D	0.246	节约能源 D_1	D_{11}	0.248
			D_{12}	0.12
		节约用水 D_2	D_{21}	0.172
			D_{22}	0.024
		节约用材 D_3	D_{31}	0.172
			D_{32}	0.037
		节约用地 D_4	D_{41}	0.037
			D_{42}	0.084
		环境保护 D_5	D_{51}	0.058
			D_{52}	0.024
			D_{53}	0.024
社会价值 E	0.246	社会影响 E_1	E_{11}	0.505
			E_{12}	0.127
		社会风险 E_2	E_{21}	0.258
		互适影响 E_3	E_{31}	0.055
			E_{32}	0.055

由各打分项乘相应的权重得到综合城区绿色重构价值评定的总得分 M，即 $M=A_{11}\omega_1+A_{12}\omega_2+\cdots+E_{32}\omega_m$，结合各准则层的价值评定结果按照总体分值评定表对项目总体分值进行价值评定，见表 8.7。

表 8.7 总体分值评定表

城市类型	满足条件	总体分值 M	评定结果
经济主导型	A 满足一级或二级，B 满足一级，其余满足三级	>69	可行
	A 满足三级，B 满足二级或三级，E 满足一级或二级	>65	优化后可行
	其他		不可行
历史文化型	A 满足一级或二级，C 满足一级	>70	可行
	A 满足三级，C 满足二级或三级 B、D 满足一级或二级	>64	优化后可行
	其他		不可行
协调发展型	A 满足一级或二级，B、C、D、E 满足二级	>80	可行
	A、B、C、D、E 满足三级	>60	优化后可行
	其他		不可行

8.4 城区绿色重构价值评定案例

8.4.1 城区项目概况

8.4.1.1 城区概况

遂宁市地处四川盆地中部,是长江上游重要生态屏障,位于成渝城市群中心,是环成都平原经济圈的重要组成部分,拥有良好的自然生态本底和绿色发展实践。近年来老城区局部基础设施条件差,排水能力不足,逢雨易涝;新城区建设硬质铺装较多,渗透率低,地表径流增大,城市内涝和水体污染等"城市病"长期存在。2015年4月,遂宁成功申报成为全国首批海绵城市建设试点市。

8.4.1.2 城区规划

遂宁市绿色重构按照《三年实施计划》,重构试点区包括部分老城区、河东新区和圣莲岛,试点面积为25.8km²,其中,老城区2.4km²,河东新区21.9km²(其中河东一期8.8km²、河东二期13.1km²),圣莲岛1.5km²,计划总投资58.28亿元,共7大类346个试点项目,试点区规划如图8.12所示。2015年至2017年这三年来,在重构过程中,坚持问题导向和目标导向相结合,采用"渗、滞、蓄、净、用、排"海绵城市建设技术措施。三年来共完成绿色重构建设试点区域内314个项目,完成投资56.1亿元,径流控制率达到78.4%,城市内涝、黑臭水体基本消除,城区绿色重构效果显著。在试点区域实施了盐关街片区、鹭栖湖公园、镇江寺片区、仁里古镇、开发区产业新城片区等建设项目。

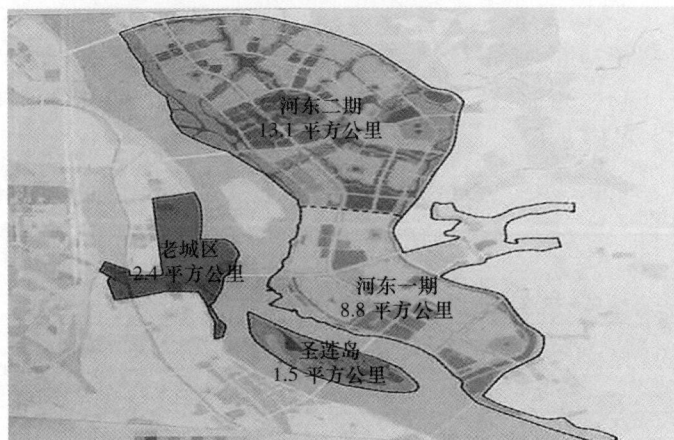

图8.12 试点区规划图

遂宁绿色重构总体建设规划分为7大类,分别是建设小区类、市政道路类、公园湿地类、排水设施类、生态修复类、供水保障类、能力建设类。通过这七大类的项目建设,提高城市的水资源利用和排水能力,充分再利用城区雨水资源,构建完善的再生水利用系统。七大类建设项目类型结构图和投资结构图如图8.13、图8.14所示。

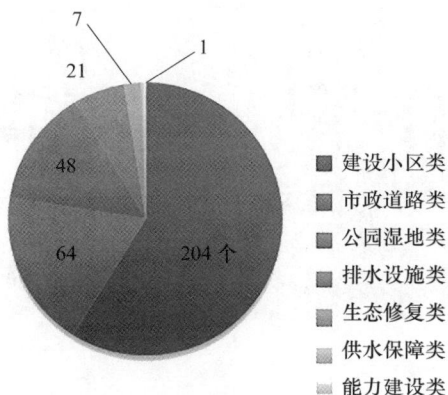

图 8.13　建设项目类型结构图

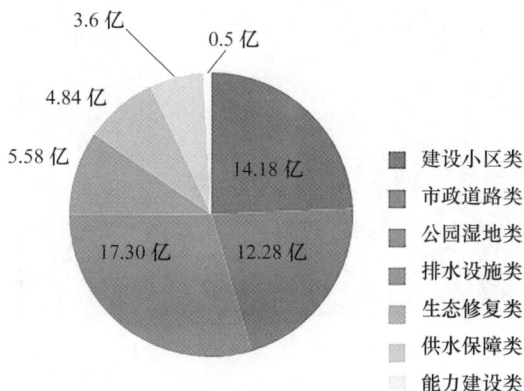

图 8.14　建设项目投资结构图

8.4.1.3　城区重构

以下从总体建设规划的七大类阐述城区绿色重构：

（1）建设小区类。若进行雨污分流改造，则要充分利用地表空间实现径流雨水的滞蓄入渗；若不进行，则需要对雨水管道进行改造，将管道中的雨水引入绿地下的蓄渗空间进行综合利用，多余的雨水可用作绿化灌溉，体现了城区绿色重构节约用水的理念。

小区（或社区）改造典型的案例则是镇江寺片区的大东、百福、朝阳、正兴街、兴隆、紫薇这六个社区。2017 年市政府启动了镇江寺片区"城市双修"及海绵化综合改造项目，西起遂州中路，东至滨江中路，北连育才东路，南接公园路、油街坊，共 0.6km²，常住居民约 4.6 万人，如图 8.15 所示。

图 8.15　社区分布图

从城市层面宏观分析，镇江寺片区的建筑以多层为主，大部分都是老旧建筑，且多层建筑随机点缀，导致该片区空间形态杂乱无序，并且缺乏特征风貌，如图 8.16 所示。从微观上来看，社区主要的问题有建筑立面附着物（防盗网、雨篷、空调机位）安装凌乱、老旧建筑外墙墙面装饰脱落严重、路面存水、管线杂乱等。

图 8.16 社区空间形态

(a) 社区道路; (b) 社区建筑物

建筑立面附着物一般存在以下几点问题: 居民自发搭建的防盗网通常凸出窗户, 防盗网里有花盆、晾晒衣服及其他杂物, 这使得防盗网外观更加杂乱; 由于凸出的防盗网有容纳物品的功能, 其上方通常会搭建雨篷, 雨篷常年积灰, 种类繁杂, 且下雨时雨篷会有噪声, 影响居民休息; 社区建筑老旧, 通常未留设空调机位, 造成居民自发设置的空调机位混乱无章, 如图 8.17 所示。在绿色重构的过程中充分考虑到这些因素, 已经对防盗网以及空调机位进行了统一规划, 统一了雨篷的色彩样式, 并改造为消音雨篷, 如图 8.18、图 8.19 所示, 促进城区绿色发展, 提升人居环境。

图 8.17 改造前的防盗网、空调机位

图 8.18 改造后的防盗网、空调机位

(a)

(b)

图 8.19 改造后的空调机位、消音雨篷

(a) 消音雨篷; (b) 空调机位

老旧建筑外墙墙面装饰一般存在以下几点问题：大部分社区建筑的墙面采用抹灰进行装饰，由于年代久远，抹灰脱落污损较为严重；部分社区建筑墙面贴面砖装饰，面砖剥落易伤人；少数社区建筑墙面没采用任何修饰，直接裸露砌块，影响其美观性。在绿色重构的过程中，建议铲除原有破损面层，采用绿色环保外墙漆进行墙面装饰，体现了绿色重构空间安全、绿色环保的理念，改造过程如图 8.20～图 8.22 所示。

图 8.20　改造前墙面　　　　　图 8.21　改造中墙面　　　　　图 8.22　改造后墙面

大部分社区改造前地面硬化率高，路面破损，存在积水现象，本次绿色重构对社区路面进行了透水铺装，形成了透水路面，使雨水迅速渗入地下，且能够调节社区的温度和湿度，实现了"小雨不积水，大雨不内涝"的重构目标，路面改造过程如图 8.23 所示。

(a)　　　　　　　　　　　(b)　　　　　　　　　　　(c)

图 8.23　透水路面改造过程

(a) 改造前；(b) 改造中；(c) 改造后

大多数社区都会存在架空线路构织的"蜘蛛网"纵横交错问题，如图 8.24 所示，这样既不美观且容易出现火灾等事故，遂宁市绿色重构对社区管线采取尽可能入地敷设，无法入地敷设就在地上空间进行管线整理，如图 8.25 所示。

（2）市政道路类。过去遂宁市的道路由于渗透率低，所以逢雨易涝；如今改造后，把道路两侧较宽的绿化带分片形成低洼蓄渗空间，并实施人行道、车行道、附属停车场及广

图 8.24 管线整理前

图 8.25 管线整理后

场透水铺装，建设下沉式绿地、生态树穴及雨水调蓄池等，以增大地表水渗入量，最大限度发挥道路集水功能，蓄积雨水用于道路浇洒及绿化等。对于没有绿化带的道路，雨水口的重构利用行道树之间的空间实现，如图 8.26~ 图 8.28 所示。海绵卓筒井可以连通地表与地下天然砂石层，实现雨水快速渗透回补地下水，提高市民雨天出行的便利度，如图 8.29所示。

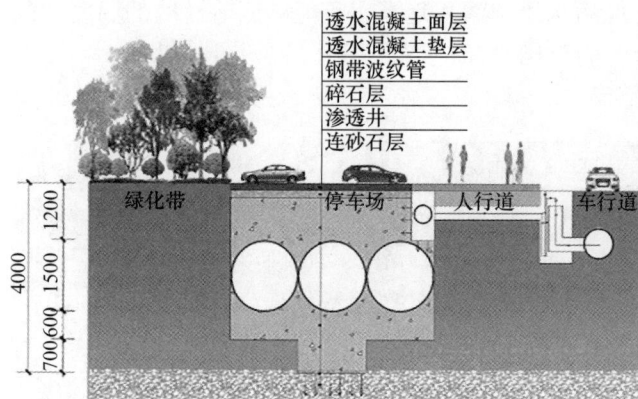

图 8.26 道路透水重构方案

图 8.27 碎石蓄水

图 8.28 雨水口重构

图 8.29 卓筒井

（3）公园湿地类。公园是城区建设的主要内容之一，是城区生态系统、城区景观的重要组成部分，也是为城区居民提供休息、锻炼的文化活动场所。遂宁市西山森林公园绿色重构是将环境保护与功能开发齐抓并进，增设活动场地和娱乐健身设施，在生态恢复中也提高人的参与度。西山森林公园道路组织单一、可达性差，完善路网是公园重构的重点。为了加强城区与公园的联系，本次重构增加一个主要出入口、三个次要出入口。公园内部人行道，除了保留部分道路，还在乔木密集区域新增空中走廊，将林地破坏降到最低，既美观又环保。

湿地本就是蓄水防洪的"天然海绵"，如何将其利用好对城市的建设有着极其重要的意义。首先将绿地通过微地形处理分片形成低洼蓄渗空间，如图 8.30 所示，加强对雨水资源化利用，其次建设植被缓冲带，如图 8.31 所示，提升绿地汇集雨水、蓄洪排涝等功能，使雨水最充分地得到利用。

图 8.30 低洼蓄水空间　　　　　图 8.31 植被缓冲带

（4）排水设施类。为了使城区水资源最大程度得到利用，城区内加快雨污分流管网和污水处理厂建设，将原 DN300 雨污合流管改造成污水管，同时将管径扩大至 DN400，末端接入本片区已雨污分流的污水干管中，雨污分流便于雨水收集利用和集中管理排放，尽量消除合流污水的溢流污染，降低水量对污水处理厂的冲击，提高污水处理厂的处理效率，同时加强城市易涝、低洼积水点的雨水泵站等排水设施建设。采用雨污分流和污水处理的技术，可减少水资源的浪费，达到节能环保的绿色重构目的，如图 8.32 所示。

图 8.32 道路雨污分流管断面示意图

(a) 示意（一）；　(b) 示意（二）

（5）生态修复类。生态修复是以生态系统的自我调节能力或自我恢复能力为主，辅以人工措施，使遭到破坏的生态系统逐步恢复的生态保护方法。遂宁市的生态修复包括河道保护与生态修复、河流疏浚和河道环境治理等内容。河道保护与生态修复是遂宁绿色重构的基本要求，也是城市提升洪涝减灾能力的根本保证，主要建设措施有污水截流、生态护砌、河岸绿化等。河流疏浚工程的目的是加宽和清理现有河道，疏通合流淤积物，恢复天然水系的连通，以提高河道的防洪排涝能力。入河口改造前后如图8.33、图8.34所示，生态恢复如图8.35所示。

图8.33 入河口改造前

图8.34 入河口改造后

(a)

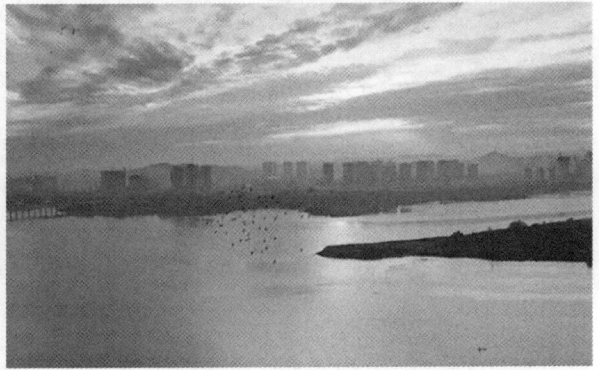

(b)

图8.35 遂宁市生态恢复一角

(a) 河道绿化； (b) 生态景观

（6）供水保障类。遂宁市绿色重构方案对供水保障类的要求为：县级以上城市饮用水水源地水质达标率保持在100%，乡镇集中式饮用水水源地水质达标率达到80%。开展饮用水安全保障行动，督促乡镇饮用水水源地规范化建设，整合优化饮用水水源地，确保饮用水安全；开展水环境管理能力建设行动，督促加快自动监测站建设，提升水环境自动监测能力，强化水环境生态补偿，建立完善流域上下游联防联控机制，按要求落实河长制工作，既能保证市民用水安全，又能满足绿色重构方案对于环保的要求。

（7）能力建设类。在建设海绵城市的过程中，必须建立严格且科学的检测系统，海绵城市建设检测信息平台系统就是遂宁市的能力建设类项目，它是对城市绿色重构建设效果的考核基础，包含排水口检测、管渠关键节点检测及智能评估等功能。

8.4.2 城区绿色重构价值评定模型

以四川遂宁市为例，确立城区绿色重构价值评定模型，本节主要分为决策方案层指标打分、准则层价值评定、总体得分价值评定三部分。

（1）决策方案层指标打分。通过城区的相关资料以及调查结果，结合本章8.3.3节中"表8.6 综合城区绿色重构价值评定指标权重表"，调整后得出"遂宁市绿色重构指标项打分及权重表"，并采用德尔菲法请相关专家对各项进行打分，取得各专家打分的均值，得分整理后，见表8.8。

表 8.8 遂宁市绿色重构指标项打分及权重表

分项指标		决策方案层编号	决策方案层最终权重	得 分
准则层指标	准则层指标权重			
空间安全 *A*	0.376	A_{11}	0.328	95
		A_{12}	0.127	90
		A_{13}	0.222	90
		A_{21}	0.053	80
		A_{22}	0.134	85
		A_{31}	0.08	90
		A_{32}	0.056	85
投资价值 *B*	0.052	B_{11}	0.318	90
		B_{12}	0.033	80
		B_{21}	0.063	80
		B_{22}	0.318	90
		B_{31}	0.134	85
		B_{32}	0.134	85
文化价值 *C*	0.08	C_{11}	0.558	95
		C_{12}	0.122	85
		C_{21}	0.263	95
		C_{22}	0.057	90
生态价值 *D*	0.246	D_{11}	0.248	95
		D_{12}	0.12	95
		D_{21}	0.172	90
		D_{22}	0.024	90
		D_{31}	0.172	85
		D_{32}	0.037	80
		D_{41}	0.037	95
		D_{42}	0.084	85
		D_{51}	0.058	90
		D_{52}	0.024	85
		D_{53}	0.024	90

分项指标		决策方案层编号	决策方案层最终权重	得　分
准则层指标	准则层指标权重			
社会价值 E	0.246	E_{11}	0.505	95
		E_{12}	0.127	90
		E_{21}	0.258	90
		E_{31}	0.055	85
		E_{32}	0.055	80

（2）指标层价值评定。对于准则层——空间安全得分进行计算，得到其总得分为 90.16 分，据"表 8.3 空间安全 A 评定等级划分表"评定等级为一级，评定结论为"空间安全"。

对于准则层——投资价值得分进行计算，得到其总得分为 87.70 分，据"表 8.3 投资价值 B 评定等级划分表"评定等级为二级，评定结论为"效益一般"。

对于准则层——文化价值得分进行计算，得到其总得分为 93.50 分，据"表 8.3 文化价值 C 评定等级划分表"评定等级为一级，评定结论为"文化价值重要"。

对于准则层——生态价值得分进行计算，得到其总得分为 90.30 分，据"表 8.3 生态价值 D 评定等级划分表"评定等级为一级，评定结论为"生态价值良好"。

对于准则层——社会价值得分进行计算，得到其总得分为 91.70 分，据"表 8.3 社会价值 E 评定等级划分表"评定等级为一级，评定结论为"社会价值良好"。

（3）总体得分价值评定。根据 $M=A_{11}\omega_1+A_{12}\omega_2+A_{13}\omega_3+\cdots+E_{32}\omega_m$，算出遂宁市绿色重构总体得分为 90.70 分，空间安全评定分值为 90.16，对比表 8.7 总体分值评定表，评定该绿色重构方案可行。

8.4.3　城区绿色重构结论及建议

本章根据遂宁市所属城市的类型出发，按其满足城市等级不同进行打分，从可行、优化后可行和不可行三个结果对综合城区绿色重构的整体价值进行评定，评定结果如下：

从准则层的评定结果可知，"空间安全""文化价值""生态价值""社会价值"得分较高，等级均为一级，说明遂宁市绿色重构方案在这四个方面能够体现价值。然而投资价值得分较低，说明投资方案没有充分体现绿色重构方案的价值，可以从"建设规模""投资成本""投资收益"三个方面入手，进行方案优化，使其最终能够满足绿色重构方案的价值标准。

参 考 文 献

[1] 李勤，胡昕，刘怡君. 历史老城区保护传承规划设计 [M]. 北京：冶金工业出版社，2019.

[2] 李慧民，张扬. 旧工业建筑绿色再生概论 [M]. 北京：中国建筑工业出版社，2017.

[3] 田丹. 大连旧工业建筑绿色再利用设计研究 [D]. 大连：大连理工大学，2016.

[4] 杨涵. 城市老旧街区建筑功能重构研究 [D]. 武汉：湖北工业大学，2017.

[5] 贾亚勇. 文化遗产廊道资源价值评估及价值创新研究 [D]. 西安：西安建筑科技大学，2017.

[6] 李勤，刘钧宁，裴兴旺. 历史保护建筑加固修复效果模型及应用研究 [J]. 遗产与保护研究，2019，4(04):13~17.

[7] 王青. "城市双修" 理念下昆明市主城区消极空间的修补策略研究 [D]. 昆明：昆明理工大学，2018.

[8] 梅兴龙. 历史文化街区的可持续发展研究 [D]. 扬州：扬州大学，2018.

[9] 张玉云. "城市双修" 理念下的城市水系生态修复策略研究 [J]. 时代农机，2018，45(05):33.

[10] 石维维. 基于生态视角下的老城区城市道路景观设计研究 [D]. 西安：西安建筑科技大学，2017.

[11] 李慧民，等. 旧工业建筑再生利用评价基础 [M]. 北京：中国建筑工业出版社，2016.

[12] 付雪亮. "城市双修" 背景下老旧社区更新策略探讨 [J]. 建材与装饰，2018(39):168~169.

[13] 王文卓. 基于文化传承下的旧城更新研究 [D]. 西安：长安大学，2010.

[14] 韩东松. 基于城市安全的旧城区规划策略与实施路径研究 [D]. 天津：天津大学，2014.

[15] 郭邵诚. 基于 "城市双修" 背景下芜湖县老城区城市更新策略研究 [D]. 合肥：安徽建筑大学，2018.

[16] 于辰龙. 基于城市文脉延续的济南市老城区场所精神塑造设计研究 [D]. 济南：山东建筑大学，2015.

[17] 于磊，青木信夫，徐苏斌. 英美加三国工业遗产价值评定研究 [J]. 建筑学报，2016(02):1~4.

[18] 刘贵文，赵祯，谢宗杰. 城市更新视角下的工业遗产价值实现路径研究 [J]. 建筑经济，2018，39(12): 93~97.

[19] 张静. 旧工业建筑价值评价与存废决策研究 [D]. 郑州：郑州航空工业管理学院，2019.

[20] 陈旭，刘龙，田卫. 由旧工业厂区再生的文创园商业模式竞争力要素评价 [J]. 西安建筑科技大学学报 (自然科学版)，2018，50(06): 826~833.

[21] 赵楠，范桂芳. 价值体系下乌海地区旧工业建筑改造策略的启示 [J]. 建筑与文化，2019(05): 200~202.

[22] 李慧民，段品生. 基于多分类 Logistic 的旧工业建筑再生模式选择分析 [J]. 工程管理学报，2019，33(02): 75~80.

[23] 李勤，尹志洲，程伟. 大三线建设下的军工企业工业遗产再生重构研究 [J]. 自然与文化遗产研究，2019，4(06): 67~71.

[24] 武乾，丁小燕，李雍，等. 旧工业厂区再生利用使用后满意度评价——以陕西某老钢厂创意产业园为例 [J]. 土木工程与管理学报，2019，36(04): 16~20，27.

[25] 李勤，张扬，樊胜军. 基于利益相关者视角的旧工业建筑再生设计指标研究 [J]. 西安建筑科技大学学报 (自然科学版)，2016，48(03):412~416.

[26] Li Zhang. Current Status，Trends and Investment Value of the Digital Content Industry in China[J].

Publishing Research Quarterly，2019，35(3): 463~484.

[27] 李勤，田伟东，程伟，等. 城市存量更新视角下旧工业建筑的再生模式及影响因素——以北京首钢三号高炉再生利用为例 [J]. 自然与文化遗产研究，2019，4(09): 20~24.

[28] 简友发. 旧城改造、城市更新与地方重塑探讨 [J]. 智能城市，2018，4(16): 45~46.

冶金工业出版社部分图书推荐

书　名	作　者	定价（元）
冶金建设工程	李慧民　主编	35.00
土木工程安全检测、鉴定、加固修复案例分析	孟　海　等著	68.00
历史老城区保护传承规划设计	李　勤　等著	79.00
岩土工程测试技术（第2版）（本科教材）	沈　扬　主编	68.50
现代建筑设备工程（第2版）（本科教材）	郑庆红　等编	59.00
土木工程材料（第2版）（本科教材）	廖国胜　主编	43.00
混凝土及砌体结构（本科教材）	王社良　主编	41.00
工程结构抗震（本科教材）	王社良　主编	45.00
工程地质学（本科教材）	张　荫　主编	32.00
建筑结构（本科教材）	高向玲　编著	39.00
建设工程监理概论（本科教材）	杨会东　主编	33.00
土力学地基基础（本科教材）	韩晓雷　主编	36.00
建筑安装工程造价（本科教材）	肖作义　主编	45.00
高层建筑结构设计（第2版）（本科教材）	谭文辉　主编	39.00
土木工程施工组织（本科教材）	蒋红妍　主编	26.00
施工企业会计（第2版）（国规教材）	朱宾梅　主编	46.00
工程荷载与可靠度设计原理（本科教材）	郝圣旺　主编	28.00
流体力学及输配管网（本科教材）	马庆元　主编	49.00
土木工程概论（第2版）（本科教材）	胡长明　主编	32.00
土力学与基础工程（本科教材）	冯志焱　主编	28.00
建筑装饰工程概预算（本科教材）	卢成江　主编	32.00
建筑施工实训指南（本科教材）	韩玉文　主编	28.00
支挡结构设计（本科教材）	汪班桥　主编	30.00
建筑概论（本科教材）	张　亮　主编	35.00
Soil Mechanics（土力学）（本科教材）	缪林昌　主编	25.00
SAP2000结构工程案例分析	陈昌宏　主编	25.00
理论力学（本科教材）	刘俊卿　主编	35.00
岩石力学（高职高专教材）	杨建中　主编	26.00
建筑设备（高职高专教材）	郑敏丽　主编	25.00
岩土材料的环境效应	陈四利　等编著	26.00
建筑施工企业安全评价操作实务	张　超　主编	56.00
现行冶金工程施工标准汇编（上册）		248.00
现行冶金工程施工标准汇编（下册）		248.00